울산광역시교육청

교육공무직

소양평가(인성검사 및 직무능력검사)

울산광역시교육청

교육공무직

소양평가(인성검사 및 직무능력검사)

개정2판 1쇄 발행   2023년 05월 12일
개정3판 1쇄 발행   2024년 10월 04일

편 저 자 | 공무원시험연구소
발 행 처 | (주)서원각
등록번호 | 1999-1A-107호
주   소 | 경기도 고양시 일산서구 덕산로 88-45(가좌동)
대표번호 | 031-923-2051
팩   스 | 031-923-3815
교재문의 | 카카오톡 플러스 친구 [서원각]
홈페이지 | goseowon.com

교육공무직원은 교사들이 학생지도에 전념할 수 있도록 일선 학교에서 교육공무 업무를 담당한다. 교육공무직원은 정년 만 60세의 무기계약근로자로 안정적 신분과 처우로 인하여 그 인기가 높다.

각 시도교육청별로 필요에 따라 공개경쟁으로 채용하는 교육공무직원은 기존에 국어와 일반상식 시험을 치르던 방식을 변경하여 2014년부터는 소양평가(인성검사＋직무능력검사)와 면접으로 인재를 선발하고 있다.

본서는 교육공무직원 채용을 준비하는 수험생을 위해 발행된 소양평가 대비 기본서이다. 공무원 및 공기업 신규 직원 채용 시 시행하는 인적성검사의 유형을 분석하고 가장 대표적인 유형을 엄선하여 교육공무직원 인·적성검사에도 포괄적으로 대비할 수 있도록 구성하였다. 또한 직무능력검사 영역별 핵심이론 및 출제예상문제, 다양한 유형의 인성검사를 수록하여 교육공무직원 채용에 다각도로 대비할 수 있도록 하였다.

교육공무직원을 꿈꾸는 모든 수험생들에게 힘이 되는 교재가 되기 바라며 서원각이 합격을 진심으로 기원합니다.

채용안내

※ 본 안내는 「2024년도 울산광역시교육청 교육공무직 채용시험」 공고문의 내용을 요약한 것으로, 지원 전 반드시 홈페이지의 「2025년도 울산광역시교육청 교육공무직 채용시험」 공고문을 참고하시기 바랍니다.

1. 시험일정

시험공고	원서접수	필기시험	면접시험	합격자발표	근무지 배치
2023.10.25.	2023.11.06. 9시~ 11.08. 18시	2023.12.	2024.01.	2024.01.	2024.01. 이후

※ 시험일정은 기관 사정에 따라 변경될 수 있음

2. 채용 인원

232명(일반전형 212명, 특성화고 전형 10명)

3. 전형별 세부사항

① 일반전형

㉠ 채용직종 및 인원

순	직종명	인원	순	직종명	인원
1	돌봄전담사	18	4	조리실무사	135
2	특수교육실무사	18	5	조리사	25
3	장애인특별고용실무원	1	6	학교운동부지도자	15

㉡ 자격필수직종 : 돌봄전담사, 조리사, 학교운동부지도자

자격증(면허증) 필수 직종 자격요건	
돌봄전담사	• 유 · 초 · 중 · 특수 교사 자격 소지자* * 초 · 중등교육법 제21조 제2항에 해당하는 교원 • 보육교사 1급 · 2급 중 1개 이상 소지자 ※ 둘 중 한 개만 충족
조리사	조리사 면허증 소지자*(구 · 군청 발급) * 식품위생법 제53조 ※ 면허증 없이 조리사 자격증만 소지하고 있는 자는 응시 자격 없음
학교운동부지도자	• 해당 종목 1급 · 2급 전문 스포츠지도사 중 1개 이상 소지자* * 국민체육진흥법 제2조 제6호 • 대한체육회 및 시도체육회로부터 지도자 자격취소 처분을 받거나 정지처분 등을 받고 그 기간 중이 아닌 자 ※ 두 개 모두 충족

㉢ 자격조건 없는 직종 : 특수교육실무사, 체험활동지원실무사, 교육업무실무사, 장애인특별고용실무사, 조리실무사

ⓔ 응시자격

- 응시연령 : 18세 이상(2005. 12. 31.이전 출생자)으로 정년(60세, 1964. 3. 1.이후 출생자)에 도달하지 아니한 자
- 결격사유 : 울산광역시교육청 교육공무직 채용 및 관리조례 시행규칙」 제7조 채용 결격사유에 해당되지 않는 자, 기타 법령에 의하여 응시자격이 정지되지 아니한 사람
- 거주지 제한 : 채용시험 공고일 전일부터 면접 시험일까지 계속하여 본인의 주민등록상 주소지 또는 국내거소신고(재외국민에 한함)가 울산광역시로 되어 있는 자

② 특성화고 전형

㉠ 채용직종 및 인원

순	직종명	인원	순	직종명	인원
1	특수교육실무사	4	3	교육업무실무사	4
2	체험활동지원실무사	2	–	–	–

㉡ 응시자격

- 응시연령 : 18세 이상(2005. 12. 31.이전 출생자), 졸업예정자 중 조기 입학한 17세도 응시 가능, 단 대학 재학·휴학자는 응시 불가
- 응시대상 : 울산광역시 소재 특성화고등학교 졸업(예정)자 단, 졸업자는 졸업일과 제2차 필기시험예정일 (소양평가시험) 사이의 기간이 1년 이내인 사람
- 결격사유 : 울산광역시교육청 교육공무직 채용 및 관리조례 시행규칙」 제7조 채용 결격사유에 해당되지 않는 자, 기타 법령에 의하여 응시자격이 정지되지 아니한 사람
- 거주지 제한 : 채용시험 공고일 전일부터 면접 시험일까지 계속하여 본인의 주민등록상 주소지 또는 국내거소신고(재외국민에 한함)가 울산광역시로 되어 있는 자

4. 2024년 달라진 시험 제도

① 시험 방법 변경

직종	변경 전	변경 후
조리실무사	서류평가 → 필기시험(인성검사) → 면접	서류평가 → 면접

② 서류평가 자격가산 인정기간 적용

직종	변경 전	변경 후
조리실무사	국민체력100(성인기인증단계) 3등급 이상 : 별도 기간 없음	국민체력100(성인기인증단계) 3등급 이상 : 원서접수 마감일 기준 2년 이내 발급

STRUCTURE

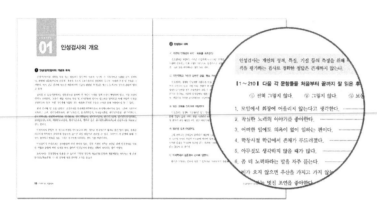

인성검사

근면성, 책임감 등 개인의 성격 및 적성을 파악하는 인성검사의 개념에 대해 소개하고 진위형 및 객관식을 포함한 다양한 유형의 인성검사를 수록하였습니다.

핵심이론정리

직무능력검사 영역별로 문제유형을 구분하여 문제 풀이에 활용할 수 있는 주요 핵심이론을 정리하였습니다.

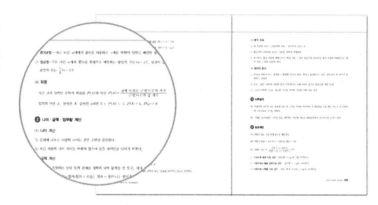

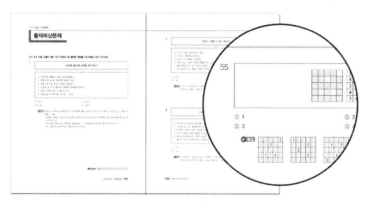

출제예상문제

각 영역별로 출제가 예상되는 다양한 유형과 난도의 문제를 엄선하여 수록하였습니다.

CONTENTS

PART

01

인성검사

인성검사의 개요

❶ 인성(성격)검사의 개념과 목적

인성(성격)이란 개인을 특징 짓는 평범하고 일상적인 사회적 이미지, 즉 지속적이고 일관된 공적 성격이며, 환경에 대응함으로써 선천적·후천적 요소의 상호작용으로 결정화된 심리적·사회적 특성 및 경향을 의미한다. 여러 연구 결과에 따르면 직무에서의 성공과 관련된 특성들은 개인의 능력보다 성격과 관련이 있다고 한다.

공기업 및 공공기관에서는 인성검사를 통하여 각 개인이 어떠한 성격 특성이 발달되어 있고, 어떤 특성이 얼마나 부족한지, 그것이 해당 직무의 특성 및 조직문화와 얼마나 맞는지를 알아보고 이에 적합한 인재를 선발하고자 한다. 또한 개인에게 적합한 직무 배분과 부족한 부분을 교육을 통해 보완하도록 할 수 있다.

현재 공기업 및 공공기관들은 인성검사를 한국행동과학연구소나 한국에스에이치엘 등의 기관에 의뢰하여 시행하고 있다. 한국수력원자력, 한국남동발전, 한국중부발전, 한국동서발전, 한국남부발전, 한국서부발전, 한국전력기술, 한전원자력연료, 한전KDN, 한국석유공사, 한국토지공사, 한국가스공사, 한국방송공사(KBS), 한국방송광고공사, 대한송유관공사, 한국기업평가, 법무부 등은 한국행동과학연구소에 인성검사를 의뢰하고 있는 곳이다.

인성검사의 문항은 각 개인의 특성을 알아보고자 하는 것으로 절대적으로 옳거나 틀린 답이 없다. 결과를 지나치게 의식하여 솔직하게 응답하지 않으면 과장 반응으로 분류될 수 있다. 그러므로 각 문항에 대해 자신의 생각이나 행동을 있는 그대로 솔직하게 나타내는 것이 가장 바람직하다.

인성검사의 측정요소는 검사방법에 따라 차이가 있다. 일부 기관의 경우는 보안을 위해 인성검사를 의뢰한 기업과 문항에 대한 공개를 하지 않아서 인성검사의 유형을 정확히 파악하는 것이 어렵다.

본서에서는 일상생활에 활용할 수 있도록 고안된 인간의 행동유형(성격)과 행동패턴을 파악하는 데 유용한 DISC행동유형, U-K 검사에 대한 간략한 소개를 실었다.

② 인성검사 대책

(1) 기관의 인재상과 비전·목표를 숙지한다.

인성검사를 시행하는 기관은 다양하며 모두 다른 인재상, 비전·목표 등을 규정하고 있다. 그렇기 때문에 기관이 선호하는 인재 유형도 다르므로 본격적으로 시험에 응시하기 전에 준비하는 기관의 인재상이나 비전·목표 등을 파악해두는 것이 도움 된다.

(2) 극단적이고 거짓된 답변은 금물, 평소 자신의 모습을 표현한다.

인성검사는 평범한 일상생활 내용들을 다룬 짧은 문장과 어떤 대상이나 일에 대한 선호를 선택하는 문장으로 구성되어 있다. 가령 '나는 살면서 한 번도 타인에게 짜증을 낸 적이 없다' 등의 질문에서 무조건 '그렇다'라고 답변할 경우 과장반응이 나올 수 있다. 왜냐하면 한 번쯤은 짜증은 내보았을 것이기 때문이다. 그러므로 준비하는 기관의 인재상이나 비전·목표 등을 기반으로 준비하되 극단적이고 거짓된 답변은 금물이다. 어렵지만 최대한 솔직하면서도 무난하게 답변하는 것이 중요하다.

(3) 모든 문제를 신속하게 대답한다

인성검사는 일정한 시간제한을 두고 있다. 인성검사는 개인의 성격과 자질을 알아보기 위한 검사이기 때문에 정답이 없다. 다만, 해당 기관에서 바람직하게 생각하거나 기대되는 결과가 있을 뿐이다. 따라서 시간에 쫓겨서 대충 대답을 하는 것은 바람직하지 못하다.

(4) 일관성 있게 대답한다.

간혹 반복되는 문제들이 출제되기 때문에 일관성 있게 답하지 않으면 감점될 수 있으므로 유의한다. 실제로 공기업 인사부 직원의 인터뷰에 따르면 일관성이 없게 대답한 응시자들이 감점을 받아 탈락했다고 한다. 거짓된 응답을 하다보면 일관성 없는 결과가 나타날 수 있으므로 신속하고 솔직하게 체크하다 보면 일관성 있는 응답이 될 것이다.

(5) 마지막까지 집중해서 검사에 임한다.

장시간 진행되는 검사에 지칠 수 있으므로 마지막까지 집중해서 정확히 답할 수 있도록 해야 한다.

❸ DISC 행동유형

일반적으로 사람들은 태어나서부터 성장하여 현재에 이르기까지 자기 나름대로의 독특한 동기요인에 의해 선택적으로 일정한 방식으로 행동을 취하게 된다. 그것은 하나의 경향성을 이루게 되어 자신이 일하고 있거나 생활하고 있는 환경에서 아주 편안한 상태로 자연스럽게 나타난다. 우리는 그것을 행동 패턴(Behavior Pattern) 또는 행동 스타일(Behavior Style)이라고 한다. 사람들이 이렇게 행동의 경향성을 보이는 것에 대해 1928년 미국 콜롬비아대학 심리학교수인 William Mouston Marston 박사는 독자적인 행동유형모델을 만들어 설명하고 있다. Marston 박사에 의하면 인간은 환경을 어떻게 인식하고 또한 그 환경 속에서 자기 개인의 힘을 어떻게 인식하느냐에 따라 4가지 형태로 행동을 하게 된다고 한다. 이러한 인식을 축으로 한 인간의 행동을 Marston박사는 각각 주도형, 사교형, 안정형, 신중형, 즉 DISC 행동유형으로 부르고 있다. DISC는 인간의 행동유형(성격)을 구성하는 핵심 4개 요소인 주도형(Dominance), 사교형(Influence), 안정형(Steadiness), 신중형(Conscientiousness)의 약자로 다음과 같은 특징을 보인다.

주도형(Dominance) 담즙질	사교형(Influence) 다혈질
D 결과를 성취하기 위해 장애를 극복함으로써 스스로 환경을 조성한다.	I 다른 사람을 설득하거나 영향을 미침으로써 스스로 환경을 조성한다.
• 빠르게 결과를 얻는다. • 다른 사람의 행동을 유발시킨다. • 도전을 받아들인다. • 의사결정을 빠르게 내린다. • 기존의 상태에 문제를 제기한다. • 지도력을 발휘한다. • 어려운 문제를 처리한다. • 문제를 해결한다.	• 사람들과 접촉한다. • 호의적인 인상을 준다. • 말솜씨가 있다. • 다른 사람을 동기 유발시킨다. • 열정적이다. • 사람들을 즐겁게 한다. • 사람과 상황에 대해 낙관적이다. • 그룹활동을 좋아한다.
신중형(Conscientiousness) 우울질	안정형(Steadiness) 점액질
C 업무의 품질과 정확성을 높이기 위해 기존의 환경 안에서 신중하게 일한다.	S 과업을 수행하기 위해서 다른 사람과 협력을 한다.
• 중요한 지시나 기준에 관심을 둔다. • 세부사항에 신경을 쓴다. • 분석적으로 사고하고 찬반, 장단점 등을 고려한다. • 외교적 수완이 있다. • 갈등에 대해 간접적 혹은 우회적으로 접근한다. • 정확성을 점검한다. • 업무수행에 대해 비평적으로 분석한다.	• 예측가능하고 일관성 있게 일을 수행한다. • 참을성을 보인다. • 전문적인 기술을 개발한다. • 다른 사람을 돕고 지원한다. • 충성심을 보인다. • 남의 말을 잘 듣는다. • 흥분한 사람을 진정시킨다. • 안정되고, 조화로운 업무

④ U-K 검사(Uchida - Kraepelin TEST ; 작업검사)

(1) 의의

UK검사란 Uchida Kraepelin 정신작업 검사로 일정한 조건 아래 단순한 작업을 시키고 나서 그 작업량의 패턴에서 인격을 파악하려고 하는 것이다. UK검사는 1~9까지의 숫자를 나열하고 앞과 뒤의 더한 수의 일의 자리 수를 기록하는 방법으로 진행된다. 예를 들어 1 2 3 4 5 6 … 이란 숫자의 나열이 있을 때 1 + 2 = 3이면 3을 1과 2 사이에 기록하고 5 + 6 = 11은 일의 자리 수, 즉 1을 5와 6 사이에 기록한다.

예

```
2 5 7 8 5 1 9 5 8 7 2 6 4 7 1
 7 2 5 3 6 0 4 3 5 9 8 0 1 8
```

각 행마다 1분이 주어지며 1분이 지나면 다음 행으로 넘어가는 방식으로 진행된다. 시험 시작 전에 2분 간 연습이 주어지고 전반부 15분, 휴식 5분, 후반부 15분으로 진행된다. 시간은 시행하는 곳마다 다를 수 있고 결과의 판단은 각 행의 마지막 계산이 있던 곳에 작업량 곡선을 표기하고 오답을 검사한다고 한다.

(2) Kraepelin 작업 5요인설

Kraepelin은 연속 덧셈의 결과 곡선을 다음과 같은 5가지 요소에 의거해 진단하였다.

① **추동**(drive) : 처음 시작할 때 과도하게 진행하는 것을 의미한다. 도입부이므로 의욕도 높고 피로도도 적어서 작업량이 많다.

② **흥분**(excitement) : 흥분 정도에 따라서 곡선의 기복이 나타난다.

③ **경험**(experience) : 학습 효과로 인해 어떻게 하는 건지 익혔음이 곡선에 보인다.

④ **피로**(fatigue) : 시간이 갈수록 지치고 반복에 의해 집중력이 떨어지므로 작업량이 줄어든다.

⑤ **연습**(practice) : 횟수를 거듭할수록 익숙해져서 작업량이 증가한다. 후반부에는 연습과 피로 효과가 동시에 일어난다.

(3) UK검사로 측정되는 것

① **능력** : 일정 시간 동안 주어진 일을 수행할 수 있는 능력을 측정할 수 있다.

② **흥미** : 일정 시간 동안 주어진 일에 대해 보이는 흥미의 정도(변덕스러움)를 측정할 수 있다.

③ **성격** : 대상자가 나타내는 일관적인 기질을 확인할 수 있다.

(4) 일반적인 작업 곡선

① 전반, 후반 모두 처음 1분의 작업량이 많다.

② 대체적으로 2분 이후 작업이 저하되었다가 다시 많아진다.

③ 대체적으로 전기보다 후기의 작업량이 많다(휴식효과).

전반 :

후반 :

(5) 비정상인의 작업곡선

① **초두노력 부족** : 전반, 후반 모두 처음 1분간의 작업량이 눈에 띄게 높지 않다.

② **휴식효과 부족** : 중간에 5분 쉬었는데도 후반의 전체적인 작업량이 증가하지 않는다.

③ **작업량이 일정하지 않음** : 각 행 사이의 작업량이 많고 적음의 차가 극단적이다.

④ **긴장하지 않음** : 작업량이 월등히 적고 아래 행으로 갈수록 작업량이 계속 줄어든다.

⑤ **비정상자** : 오답이 너무 많다.

(6) 예시문제 1

① 전반부

```
5 7 8 4 2 3 6 1 8 9 7 2 1 7 8 9 5 7 8 5 1 8 4 5 6 9 2 3 8
2 8 6 2 4 3 2 4 8 1 9 4 6 5 3 2 1 4 8 4 3 7 1 8 2 5 2 5 8
4 2 5 8 9 1 7 5 3 6 4 8 9 5 2 3 4 1 2 4 9 1 8 2 4 6 1 2 3
2 8 9 5 7 2 6 5 2 7 5 1 6 8 5 4 6 1 2 7 4 5 2 8 6 8 7 5 7
1 3 3 6 1 8 9 7 2 1 3 7 8 5 7 8 4 2 7 5 8 2 3 4 7 1 2 1 5
3 2 4 1 5 9 4 2 2 7 5 4 6 9 1 8 2 4 7 6 7 8 1 2 8 9 5 9 5
5 9 5 4 7 5 3 2 7 1 4 6 4 7 8 4 9 1 5 3 2 4 5 8 5 2 1 3 2
4 4 3 9 5 3 1 1 2 7 8 2 5 8 3 9 4 6 7 5 1 2 8 9 7 3 5 8 4
2 8 5 6 7 1 5 5 3 7 4 7 8 5 9 1 2 6 2 9 6 2 5 6 6 7 4 1 5
1 5 8 3 7 2 4 3 7 4 5 6 9 8 7 1 2 3 5 4 6 8 8 5 3 1 3 1 2
2 3 8 4 6 7 9 5 2 9 5 1 3 7 4 5 1 7 8 5 9 8 2 3 4 1 5 5 7
2 5 5 7 4 9 5 9 5 2 3 5 6 4 6 7 4 6 9 8 5 2 5 3 1 5 6 7 9
```

② 후반부

```
5 7 8 5 1 8 4 5 6 9 2 3 8 2 8 6 2 4 3 2 4 8 1 9 4 6 5 3 5
6 7 9 5 2 9 5 1 3 7 4 5 1 7 8 5 9 4 2 5 8 9 1 7 5 3 6 2 4
2 1 4 8 4 3 7 1 8 2 5 2 4 8 4 3 7 4 5 6 9 8 7 1 2 3 5 4 1
9 5 2 3 4 1 2 4 9 1 8 2 4 6 1 2 3 2 1 6 4 6 7 4 6 3 6 1 9
8 9 7 2 1 7 8 9 5 7 8 8 5 4 6 1 2 7 4 5 2 8 6 8 7 5 7 5 8
1 5 5 3 7 4 7 8 5 9 1 1 5 8 6 1 3 3 7 1 2 1 5 2 4 1 5 5 3
9 4 2 2 7 5 4 6 9 1 8 2 4 7 6 7 8 1 2 8 9 5 9 5 6 8 4 3 1
3 5 6 1 8 9 7 5 8 2 3 4 5 9 5 4 7 5 3 2 7 1 4 6 4 7 8 4 6
1 9 1 5 3 2 4 5 8 5 2 1 3 2 4 4 3 9 5 3 1 1 4 2 5 5 7 4 8
2 9 5 9 5 2 2 7 8 2 5 8 3 9 4 6 7 5 1 2 8 9 7 3 5 8 4 6 5
2 8 5 6 7 2 9 6 2 5 6 6 7 4 1 5 2 9 8 5 2 5 3 1 5 8 3 7 2
3 6 8 8 5 3 1 3 1 2 2 1 3 7 8 5 7 8 4 2 7 2 3 8 4 8 2 3 1
```

(7) 예시문제 2

① 전반부

```
8 5 6 7 5 9 4 2 8 6 3 4 8 7 5 6 1 2 7 1 5 7 8 9 1 5 2 3 4
1 2 3 4 1 5 9 7 3 1 3 0 1 7 3 8 9 1 7 3 7 5 2 4 6 1 3 5 1
2 5 8 7 6 3 4 9 7 8 5 1 1 7 9 2 2 3 8 9 4 5 7 2 3 9 1 4 8
1 2 2 3 2 4 3 4 8 8 6 5 5 6 1 2 7 3 9 4 8 5 6 7 4 2 3 8 6
1 2 3 6 7 2 8 4 1 6 8 9 0 7 6 0 7 9 1 3 4 6 6 5 1 0 9 7 2
6 3 3 7 1 2 1 5 8 2 5 2 4 8 5 1 8 3 4 0 8 7 9 1 2 4 5 5 7
3 2 5 8 9 1 3 7 5 2 0 7 4 7 8 1 0 3 7 6 4 8 7 9 1 7 2 0 4
6 5 3 1 3 1 2 2 1 3 7 8 6 1 5 0 7 6 1 3 0 7 1 5 1 3 0 7 6
6 9 7 8 7 0 1 2 3 6 4 5 7 0 7 8 9 1 2 5 3 4 7 6 2 8 8 3 1
4 0 9 7 0 2 7 3 1 9 7 8 6 1 8 7 3 5 1 6 2 5 0 4 5 6 0 5 6
3 7 8 9 5 7 2 0 9 7 1 1 5 6 5 8 2 1 5 2 4 1 5 5 3 5 5 0 7
8 6 0 7 3 7 5 1 3 6 9 7 0 9 8 1 3 5 7 2 8 6 4 1 8 3 5 7 0
```

② 후반부

```
2 9 5 9 5 2 2 7 1 2 8 9 7 3 5 8 4 6 5 5 9 5 9 5 2 3 4 6 1
2 3 2 1 6 4 6 7 4 6 3 6 1 9 2 4 3 2 4 8 1 9 4 6 5 3 5 5 2
5 3 1 5 8 3 7 2 9 6 1 2 7 4 5 2 8 6 8 7 5 7 5 8 4 1 2 4 9
1 8 2 1 5 5 3 7 4 7 8 5 9 1 1 3 3 6 8 8 5 3 1 3 1 2 2 1 0
3 7 8 5 7 8 4 2 7 2 3 8 4 8 2 3 1 4 5 8 3 1 1 4 2 5 5 7 8
4 8 5 7 8 5 1 8 4 5 6 9 2 3 8 2 8 6 2 9 5 1 3 7 4 5 1 7 7
1 8 2 5 2 4 8 4 3 7 4 5 6 9 8 7 1 2 3 5 4 7 2 1 1 9 1 5 3
5 8 6 1 3 3 7 1 2 1 5 2 4 1 5 5 3 9 4 2 2 7 5 4 6 9 1 8 5
2 4 7 6 8 4 8 1 8 5 9 4 2 5 8 9 1 2 8 5 6 7 2 9 6 2 5 6 6
7 4 1 5 2 9 8 4 5 2 1 3 2 4 4 3 9 5 6 7 8 8 2 5 8 3 9 4 8
6 7 5 1 2 8 9 3 5 6 1 8 9 7 5 8 2 3 4 5 9 5 4 7 5 3 2 7 1
1 4 6 4 7 8 4 6 7 8 9 5 7 8 8 5 6 7 9 5 7 5 3 6 2 2 4 5 7
```

CHAPTER 02

인성검사의 유형

인성검사는 개인의 성격, 특질, 기질 등의 측정을 위해 여러 가지 방법으로 검사가 실시되고 있다. 개인의 인격, 성격을 평가하는 검사로 정확한 정답은 존재하지 않는다.

┃1 ~ 210 ┃ 다음 각 문항들을 처음부터 끝까지 잘 읽은 후 솔직하게 답하시오.

① 전혀 그렇지 않다.　　② 그렇지 않다.　　③ 보통이다.　　④ 그렇다.　　⑤ 매우 그렇다.

1. 모임에서 회장에 어울리지 않는다고 생각한다. ································ ① ② ③ ④ ⑤

2. 착실한 노력의 이야기를 좋아한다. ··· ① ② ③ ④ ⑤

3. 어떠한 일에도 의욕이 없이 임하는 편이다. ································· ① ② ③ ④ ⑤

4. 학창시절 학급에서 존재가 두드러졌다. ······································· ① ② ③ ④ ⑤

5. 아무것도 생각하지 않을 때가 많다. ·· ① ② ③ ④ ⑤

6. 좀 더 노력하라는 말을 자주 듣는다. ·· ① ② ③ ④ ⑤

7. 비가 오지 않으면 우산을 가지고 가지 않는다. ···························· ① ② ③ ④ ⑤

8. 주연보다는 멋진 조연을 좋아한다. ··· ① ② ③ ④ ⑤

9. 모으는 것보다 지키는 타입이다. ·· ① ② ③ ④ ⑤

10. 리드하는 것을 좋아한다. ··· ① ② ③ ④ ⑤

11. 신중함이 부족해서 후회한 적이 많다. ······································· ① ② ③ ④ ⑤

12. 모든 일에 여유 있게 임하는 편이다. ··· ① ② ③ ④ ⑤

13. 업무가 진행 중이라도 야근은 하지 않을 것이다. ························· ① ② ③ ④ ⑤

14. 부재중 전화가 걸려 와도 전화를 걸지 않는다. ···························· ① ② ③ ④ ⑤

15. 노력하는 과정이 중요하고 결과는 중요하지 않다. ······················· ① ② ③ ④ ⑤

16. 모든 일에 무리할 필요는 없다고 생각한다. ································· ① ② ③ ④ ⑤

17. 유행에 민감하게 반응한다. ·· ① ② ③ ④ ⑤

18. 정해진 대로 움직이는 것이 안심된다. ·· ① ② ③ ④ ⑤

19. 현실을 직시하는 편이다. ·· ① ② ③ ④ ⑤

20. 자유보다 질서를 중요시한다. ·· ① ② ③ ④ ⑤

21. 잡담하는 것을 좋아한다. ··· ① ② ③ ④ ⑤

22. 경험에 비추어 판단하는 것이 옳다. ·· ① ② ③ ④ ⑤

23. 영화나 드라마는 각본의 완성도가 주인공보다 더 중요하다. ················ ① ② ③ ④ ⑤

24. 시대의 흐름에 맞게 변화하면서 살고 있다. ······································ ① ② ③ ④ ⑤

25. 다른 사람의 소문에 관심이 많다. ··· ① ② ③ ④ ⑤

26. 실리를 추구한다. ··· ① ② ③ ④ ⑤

27. 냉정한 편이다. ··· ① ② ③ ④ ⑤

28. 협동심이 중요하다고 생각한다. ·· ① ② ③ ④ ⑤

29. 친구의 휴대전화번호를 모두 외운다. ·· ① ② ③ ④ ⑤

30. 순서를 정해서 일을 정확하게 진행하는 것이 좋다. ···························· ① ② ③ ④ ⑤

31. 나는 조직의 일원으로 어울린다. ··· ① ② ③ ④ ⑤

32. 세상 돌아가는 일에 관심이 많다. ··· ① ② ③ ④ ⑤

33. 안정을 추구하는 편이다. ··· ① ② ③ ④ ⑤

34. 업무는 내용이 중요하다. ··· ① ② ③ ④ ⑤

35. 환경은 변하지 않는 게 좋다. ·· ① ② ③ ④ ⑤

36. 성격이 밝은 편이다. ·· ① ② ③ ④ ⑤

37. 매일 매일 반성을 하는 편이다. ·· ① ② ③ ④ ⑤

38. 활동범위가 좁다. ··· ① ② ③ ④ ⑤

39. 스스로 시원시원한 사람이라고 생각한다. ·· ① ② ③ ④ ⑤

40. 좋다고 생각하면 바로 행동한다. ··· ① ② ③ ④ ⑤

41. 모두에게 좋은 사람으로 보이고 싶다. ·· ① ② ③ ④ ⑤

42. 한 번에 많은 일을 할 수 없다. ·· ① ② ③ ④ ⑤

43. 사람들과 만날 약속을 하는 것은 즐겁다. ·· ① ② ③ ④ ⑤

44. 질문을 받으면 바로 바로 대답할 수 있다. ··· ① ② ③ ④ ⑤

45. 땀 흘리며 일하는 것보다 머리를 쓰는 일이 좋다. ····························· ① ② ③ ④ ⑤

46. 한 번 결정하면 다시는 번복하지 않는다. ·· ① ② ③ ④ ⑤

47. 외출 시 문을 잠갔는지 두 번 이상 확인하지 않는다. ································ ① ② ③ ④ ⑤

48. 복장은 지위에 어울리게 입어야 한다. ································ ① ② ③ ④ ⑤

49. 최상의 안전책을 찾는 편이다. ································ ① ② ③ ④ ⑤

50. 나는 사교적인 타입이다. ································ ① ② ③ ④ ⑤

51. 나는 아무렇게나 행동한다. ································ ① ② ③ ④ ⑤

52. 착하다는 소릴 자주 듣는다. ································ ① ② ③ ④ ⑤

53. 단념은 빠를수록 좋다. ································ ① ② ③ ④ ⑤

54. 누구도 예상하지 못한 일을 하고 싶다. ································ ① ② ③ ④ ⑤

55. 평범하고 평온하게 살고 싶다. ································ ① ② ③ ④ ⑤

56. 매사 귀찮은 편이다. ································ ① ② ③ ④ ⑤

57. 소극적이라고 생각한다. ································ ① ② ③ ④ ⑤

58. 이것저것 평하는 것을 좋아한다. ································ ① ② ③ ④ ⑤

59. 성격이 급하지 않다. ································ ① ② ③ ④ ⑤

60. 꾸준히 노력하는 것을 좋아하지 않는다. ································ ① ② ③ ④ ⑤

61. 내일의 계획은 미리 머릿속에 생각한다. ································ ① ② ③ ④ ⑤

62. 협동성이 있는 사람이 되고 싶다. ································ ① ② ③ ④ ⑤

63. 열정적인 사람이라 생각한다. ································ ① ② ③ ④ ⑤

64. 다른 사람들 앞에서 이야기를 잘 한다. ································ ① ② ③ ④ ⑤

65. 행동력이 강하다. ································ ① ② ③ ④ ⑤

66. 단언컨대 나만 겪어봤을 특별하고 기이한 경험이 있다. ································ ① ② ③ ④ ⑤

67. 누구에게 구애받는 것이 싫다. ································ ① ② ③ ④ ⑤

68. 돌다리도 두들겨 보고 건넌다. ································ ① ② ③ ④ ⑤

69. 권력에 대한 욕심이 없다. ································ ① ② ③ ④ ⑤

70. 과중한 업무를 할당받으면 부담스럽다. ································ ① ② ③ ④ ⑤

71. 나는 매우 활동적인 사람이다. ································ ① ② ③ ④ ⑤

72. 나는 매우 보수적인 사람이다. ································ ① ② ③ ④ ⑤

73. 나는 매사 계산적으로 행동한다. ································ ① ② ③ ④ ⑤

74. 우리나라의 전통을 고수하는 것이 좋다. ································ ① ② ③ ④ ⑤

75. 사람을 사귈 때 교제범위가 넓다. ································ ① ② ③ ④ ⑤

76. 나는 상식이 매우 풍부하다. ································ ① ② ③ ④ ⑤

77. 지극히 객관적이다. ································ ① ② ③ ④ ⑤

78. 나 자신에게 연민을 느낀다. ································ ① ② ③ ④ ⑤

79. 주변 사람들과 비밀을 공유하고 있다. ································ ① ② ③ ④ ⑤

80. 다른 사람에게 필요한 것을 선물할 줄 안다. ································ ① ② ③ ④ ⑤

81. 여행은 계획을 세워서 가야 한다. ································ ① ② ③ ④ ⑤

82. 성실하다는 소리를 자주 듣는다. ································ ① ② ③ ④ ⑤

83. 괴로워하는 사람을 보면 그 이유가 궁금하다. ································ ① ② ③ ④ ⑤

84. 나만의 가치 기준이 명확하다. ································ ① ② ③ ④ ⑤

85. 개방적 사고를 가지고 있다. ································ ① ② ③ ④ ⑤

86. 현실을 직시한다. ································ ① ② ③ ④ ⑤

87. 공평하고 공정한 상사를 만나고 싶다. ································ ① ② ③ ④ ⑤

88. 시시해도 계획적인 것이 좋다. ································ ① ② ③ ④ ⑤

89. 특정 인물 및 집단에서도 가볍게 대화할 수 있다. ································ ① ② ③ ④ ⑤

90. 사물에 대해 가볍게 생각한다. ································ ① ② ③ ④ ⑤

91. 계획을 세워 행동으로 옮기는 편이다. ································ ① ② ③ ④ ⑤

92. 주변의 일을 여유 있게 바라본다. ································ ① ② ③ ④ ⑤

93. 생각하면 반드시 행동으로 옮겨야 한다. ································ ① ② ③ ④ ⑤

94. 목표달성을 위해 뭐든지 한다. ································ ① ② ③ ④ ⑤

95. 남과 경쟁하는 것을 즐긴다. ································ ① ② ③ ④ ⑤

96. 정해진 친구만 만난다. ································ ① ② ③ ④ ⑤

97. 황당하단 소릴 자주 듣는다. ································ ① ② ③ ④ ⑤

98. 절대 단념하지 않는다. ································ ① ② ③ ④ ⑤

99. 학창시절 체육을 가장 잘했다. ································ ① ② ③ ④ ⑤

100. 결과보다는 과정이 중요하다. ································ ① ② ③ ④ ⑤

101. 도전하는 것을 즐긴다. ································ ① ② ③ ④ ⑤

102. 새로운 사람을 만나려면 용기가 필요하다. ································ ① ② ③ ④ ⑤

103. 차분하고 사려 깊은 사람을 존경한다. ┄┄┄┄┄┄┄┄┄┄┄┄┄┄┄┄┄ ① ② ③ ④ ⑤

104. 글을 쓸 때 내용만 생각한다. ┄┄┄┄┄┄┄┄┄┄┄┄┄┄┄┄┄┄┄┄ ① ② ③ ④ ⑤

105. 세상 모든 일을 다 경험하고 싶다. ┄┄┄┄┄┄┄┄┄┄┄┄┄┄┄┄┄┄ ① ② ③ ④ ⑤

106. 스트레스 해소를 위해 잠을 잔다. ┄┄┄┄┄┄┄┄┄┄┄┄┄┄┄┄┄┄ ① ② ③ ④ ⑤

107. 기한 내에 일을 마무리 못할 때가 많다. ┄┄┄┄┄┄┄┄┄┄┄┄┄┄ ① ② ③ ④ ⑤

108. 무리한 도전은 하지 않는다. ┄┄┄┄┄┄┄┄┄┄┄┄┄┄┄┄┄┄┄┄ ① ② ③ ④ ⑤

109. 남의 앞에 나서는 것이 두렵다. ┄┄┄┄┄┄┄┄┄┄┄┄┄┄┄┄┄┄┄ ① ② ③ ④ ⑤

110. 납득이 안 되면 행동하지 않는다. ┄┄┄┄┄┄┄┄┄┄┄┄┄┄┄┄┄┄ ① ② ③ ④ ⑤

111. 약속장소에 늘 남보다 일찍 도착한다. ┄┄┄┄┄┄┄┄┄┄┄┄┄┄┄ ① ② ③ ④ ⑤

112. 휴일에는 매일 집에 있는다. ┄┄┄┄┄┄┄┄┄┄┄┄┄┄┄┄┄┄┄┄ ① ② ③ ④ ⑤

113. 위험을 무릅쓰고 행동하고 싶지는 않다. ┄┄┄┄┄┄┄┄┄┄┄┄┄┄ ① ② ③ ④ ⑤

114. 누군가가 도와주지 않으면 일이 안 된다. ┄┄┄┄┄┄┄┄┄┄┄┄┄ ① ② ③ ④ ⑤

115. 연락하는 친구가 적은 편이다. ┄┄┄┄┄┄┄┄┄┄┄┄┄┄┄┄┄┄┄ ① ② ③ ④ ⑤

116. 결론이 난 일도 여러 번 다시 생각한다. ┄┄┄┄┄┄┄┄┄┄┄┄┄┄ ① ② ③ ④ ⑤

117. 미래의 일을 미리 생각하지 않는다. ┄┄┄┄┄┄┄┄┄┄┄┄┄┄┄┄ ① ② ③ ④ ⑤

118. 같은 일을 반복하는 것은 지루하다. ┄┄┄┄┄┄┄┄┄┄┄┄┄┄┄┄ ① ② ③ ④ ⑤

119. 행동보다 생각이 빠르다. ┄┄┄┄┄┄┄┄┄┄┄┄┄┄┄┄┄┄┄┄┄┄ ① ② ③ ④ ⑤

120. 현실보다 공상적이다. ┄┄┄┄┄┄┄┄┄┄┄┄┄┄┄┄┄┄┄┄┄┄┄┄ ① ② ③ ④ ⑤

121. 오늘 할 일을 내일로 미룬다. ┄┄┄┄┄┄┄┄┄┄┄┄┄┄┄┄┄┄┄┄ ① ② ③ ④ ⑤

122. 친구가 적지만 깊게 사귀는 편이다. ┄┄┄┄┄┄┄┄┄┄┄┄┄┄┄┄ ① ② ③ ④ ⑤

123. 경험을 중요하게 생각한다. ┄┄┄┄┄┄┄┄┄┄┄┄┄┄┄┄┄┄┄┄ ① ② ③ ④ ⑤

124. 사리를 판별하는 사람이 좋다. ┄┄┄┄┄┄┄┄┄┄┄┄┄┄┄┄┄┄┄ ① ② ③ ④ ⑤

125. 성격이 유연한 편이다. ┄┄┄┄┄┄┄┄┄┄┄┄┄┄┄┄┄┄┄┄┄┄┄ ① ② ③ ④ ⑤

126. 쉬는 날은 무조건 밖에 나가야 한다. ┄┄┄┄┄┄┄┄┄┄┄┄┄┄┄ ① ② ③ ④ ⑤

127. 비현실적인 생각이 너무 많다. ┄┄┄┄┄┄┄┄┄┄┄┄┄┄┄┄┄┄┄ ① ② ③ ④ ⑤

128. 욕심이 나면 바로 물건을 사야 한다. ┄┄┄┄┄┄┄┄┄┄┄┄┄┄┄ ① ② ③ ④ ⑤

129. 이성적인 사람이 되고 싶다. ┄┄┄┄┄┄┄┄┄┄┄┄┄┄┄┄┄┄┄┄ ① ② ③ ④ ⑤

130. 사람을 처음 만날 때는 말을 잘 하지 않는다. ┄┄┄┄┄┄┄┄┄ ① ② ③ ④ ⑤

131. 재미있는 일만 하고 싶다. ·· ① ② ③ ④ ⑤

132. 어려움에 처해 있는 사람을 보면 돕고 싶다. ································ ① ② ③ ④ ⑤

133. 한 가지 일에 몰두하는 것이 좋다. ·· ① ② ③ ④ ⑤

134. 연구는 이론체계를 만들어 내는 것이 핵심이다. ························ ① ② ③ ④ ⑤

135. 규칙을 벗어나는 행동은 하기 싫다. ··· ① ② ③ ④ ⑤

136. 위험한 일은 절대 하지 않는다. ·· ① ② ③ ④ ⑤

137. 남의 주목을 받는 것이 좋다. ··· ① ② ③ ④ ⑤

138. 조금이라도 나쁜 소식이 들리면 바로 절망한다. ······················ ① ② ③ ④ ⑤

139. 실패가 걱정되어 일을 시작하지 못한다. ···································· ① ② ③ ④ ⑤

140. 다수결의 의견을 존중한다. ·· ① ② ③ ④ ⑤

141. 혼자 노래방을 갈 수 있다. ·· ① ② ③ ④ ⑤

142. 승부욕이 매우 강하다. ··· ① ② ③ ④ ⑤

143. 흥분을 자주 한다. ·· ① ② ③ ④ ⑤

144. 지금까지 살면서 타인에게 해를 끼친 적이 없다. ···················· ① ② ③ ④ ⑤

145. 사람들이 소곤거리면 내 욕을 하는 것 같다. ···························· ① ② ③ ④ ⑤

146. 무슨 일이 생기면 다 내 탓 같다. ·· ① ② ③ ④ ⑤

147. 나는 변덕스런 사람이다. ·· ① ② ③ ④ ⑤

148. 고독을 즐긴다. ·· ① ② ③ ④ ⑤

149. 나는 자존심이 매우 강하다. ··· ① ② ③ ④ ⑤

150. 나는 절대 흥분을 하지 않는다. ·· ① ② ③ ④ ⑤

151. 태어나서 한 번도 거짓말을 한 적이 없다. ······························· ① ② ③ ④ ⑤

152. 신경질적이라는 말을 자주 듣는다. ··· ① ② ③ ④ ⑤

153. 혼자 고민하는 일이 많다. ·· ① ② ③ ④ ⑤

154. 나는 매우 감정적으로 행동한다. ·· ① ② ③ ④ ⑤

155. 나만의 신념이 강하다. ··· ① ② ③ ④ ⑤

156. 타인을 바보라고 생각한 적이 한 번도 없다. ···························· ① ② ③ ④ ⑤

157. 남에게 들은 말은 바로 말해버린다. ·· ① ② ③ ④ ⑤

158. 나를 싫어하는 사람은 없다. ··· ① ② ③ ④ ⑤

159. 대재앙이 일어날까 늘 걱정이다. ·· ① ② ③ ④ ⑤

160. 쓸데없는 고생을 하는 편이다. ·· ① ② ③ ④ ⑤

161. 생각이 자주 바뀐다. ·· ① ② ③ ④ ⑤

162. 문제를 해결하기 위해서는 다른 사람과 의논해야 한다. ············· ① ② ③ ④ ⑤

163. 내 방식대로 일을 처리하는 편이다. ···································· ① ② ③ ④ ⑤

164. 영화를 보면서 눈물을 흘린 적이 많다. ································· ① ② ③ ④ ⑤

165. 사소한 충고에도 근심이 생긴다. ······································· ① ② ③ ④ ⑤

166. 나는 도움이 안되는 사람이라 생각한다. ······························· ① ② ③ ④ ⑤

167. 모든 일에 싫증을 잘 낸다. ··· ① ② ③ ④ ⑤

168. 개성적인 스타일이다. ·· ① ② ③ ④ ⑤

169. 나의 주장이 매우 강하다. ·· ① ② ③ ④ ⑤

170. 뒤숭숭한 말을 들으면 불안하다. ······································· ① ② ③ ④ ⑤

171. 학교를 쉬고 싶다고 생각한 적이 없다. ································· ① ② ③ ④ ⑤

172. 사교성이 강하다. ·· ① ② ③ ④ ⑤

173. 끈기가 약하다. ·· ① ② ③ ④ ⑤

174. 매사 신중하다. ·· ① ② ③ ④ ⑤

175. 목표는 클수록 좋다. ··· ① ② ③ ④ ⑤

176. 무슨 일이든 생각하지 않고 바로 행동한다. ···························· ① ② ③ ④ ⑤

177. 낯가림이 심하다. ·· ① ② ③ ④ ⑤

178. 쉬는 시간마다 독서를 즐긴다. ··· ① ② ③ ④ ⑤

179. 한 번 시작하면 반드시 끝을 봐야 한다. ································· ① ② ③ ④ ⑤

180. 야망이 크다. ·· ① ② ③ ④ ⑤

181. 많은 사람들과 함께 식사를 하면 불편하다. ···························· ① ② ③ ④ ⑤

182. 돈을 낭비한 적이 없다. ·· ① ② ③ ④ ⑤

183. 학창시절 운동회 날이 가장 즐거웠다. ·································· ① ② ③ ④ ⑤

184. 모임에서 리더를 하지 않으면 화가 난다. ······························ ① ② ③ ④ ⑤

185. 입신양명을 꿈꾼다. ·· ① ② ③ ④ ⑤

186. 모든 일에 의욕을 가지고 임한다. ······································ ① ② ③ ④ ⑤

187. 항상 생각이 많은 편이다. ·· ① ② ③ ④ ⑤

188. 스포츠는 하는 것이 보는 것보다 좋다. ································· ① ② ③ ④ ⑤

189. 말을 잘 한다는 소릴 자주 듣는다. ··· ① ② ③ ④ ⑤

190. 흐린 날은 우산을 반드시 챙긴다. ··· ① ② ③ ④ ⑤

191. 범죄분석에 관한 프로그램을 좋아한다. ······························· ① ② ③ ④ ⑤

192. 공격적이라는 말을 자주 듣는다. ··· ① ② ③ ④ ⑤

193. 너무 신중해서 기회를 놓친 적이 많다. ································· ① ② ③ ④ ⑤

194. 야근을 해서라도 업무는 끝내야 한다. ··································· ① ② ③ ④ ⑤

195. 누군가를 방문할 때에는 반드시 사전에 확인을 한다. ········ ① ② ③ ④ ⑤

196. 나는 항상 꿈을 꾼다. ·· ① ② ③ ④ ⑤

197. 다른 사람의 말에는 관심이 없다. ··· ① ② ③ ④ ⑤

198. 융통성이 없다. ·· ① ② ③ ④ ⑤

199. 눈물이 많은 편이다. ··· ① ② ③ ④ ⑤

200. 정이 많은 사람이 되고 싶다. ·· ① ② ③ ④ ⑤

201. 계획대로 움직이지 않으면 몹시 불안하다. ···························· ① ② ③ ④ ⑤

202. 최근에 잠을 설치는 날이 많아졌다. ······································ ① ② ③ ④ ⑤

203. 만성 두통을 가지고 있다. ·· ① ② ③ ④ ⑤

204. 정리되지 않은 책상을 보면 마음이 심란해진다. ·················· ① ② ③ ④ ⑤

205. 종종 나도 모르게 거짓말을 한다. ··· ① ② ③ ④ ⑤

206. 사람들은 내게 친절하지 않다. ·· ① ② ③ ④ ⑤

207. 나는 내 판단을 믿는다. ·· ① ② ③ ④ ⑤

208. 일주일에 한 번 이상 몸살증상을 겪는다. ···························· ① ② ③ ④ ⑤

209. 누군가를 만날 때마다 눈치를 보게 된다. ···························· ① ② ③ ④ ⑤

210. 오랜만에 햇빛을 본 것 같다. ·· ① ② ③ ④ ⑤

｜1~20｜ 다음 중 자신이 선호하는 도형의 형태를 고르시오.

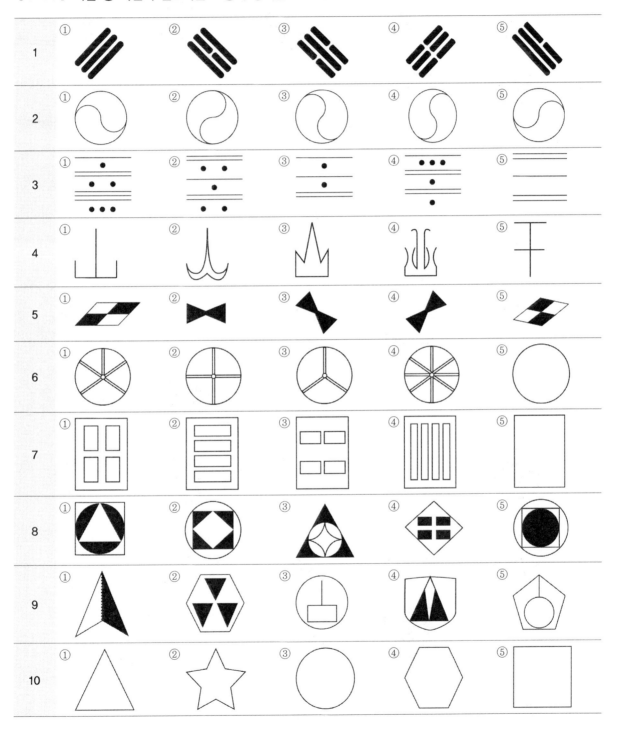

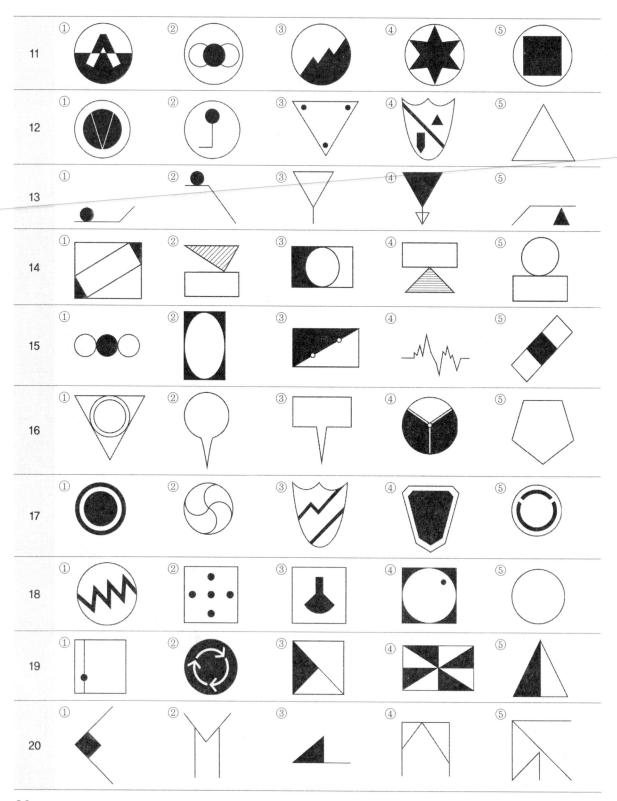

❙1~235❙ 다음 상황을 읽고 당신에게 적합하다면 YES, 그렇지 않다면 NO를 선택하시오.

질문지	YES	NO
1. 언제나 실패가 걱정이 되어 어쩔 줄 모른다.		
2. 아침에 상쾌하게 일어난다.		
3. 조금이라도 나쁜 소식을 들으면 절망적이라고 생각한다.		
4. 다수결의 의견을 존중하는 편이다.		
5. 혼자서 식당에서 밥을 먹는 것은 어려운 일이 아니다.		
6. 흥분을 자주 한다.		
7. 지금까지 살면서 타인에게 폐를 끼친 적이 없다.		
8. 소곤소곤 이야기하는 것을 보면 나의 험담을 하는 것 같다.		
9. 무슨 일이 생기면 내가 잘못한 것이라 생각이 든다.		
10. 나는 변덕스러운 사람이다.		
11. 고독을 즐기는 편이다.		
12. 나는 자존심이 매우 강하다.		
13. 영화를 보고 슬픈 장면에서 운 적이 많다.		
14. 내 방식대로 일을 처리하는 경우가 많다.		
15. 문제를 해결하기 위해서는 항상 다른 사람들과 상의를 해야 한다.		
16. 생각이 너무 자주 바뀐다.		
17. 쓸데없는 고생을 하는 일이 많다.		
18. 남에게 들은 얘기는 금방 말을 해버린다.		
19. 지구가 멸망하기 않을까 하는 걱정을 늘 한다.		
20. 다른 사람을 바보라고 생각한 적이 많다.		
21. 나는 태어나서 한 번도 거짓말을 한 적이 없다.		
22. 무슨 일이 생기면 혼자 끙끙대며 고민하는 타입이다.		
23. 감정기복이 심하다.		
24. 나만의 신념을 가지고 산다.		
25. 나를 싫어하는 사람은 한 명도 없다.		
26. 사소한 일에도 결코 화를 낸 적이 없다.		
27. 타인의 사소한 충고에도 걱정을 하는 편이다.		
28. 나는 다른 사람에게 도움이 되지 않는다고 생각한다.		
29. 싫증을 빨리 내는 편이다.		
30. 나는 매우 개성이 강한 편이다.		
31. 뒤숭숭하다는 말을 자주 들었다.		
32. 학창시절 학교를 쉬고 싶다고 생각해 본적이 없다.		

질문지	YES	NO
33. 사람들과 금방 친해질 수 있다.		
34. 남에 대한 배려가 남달리 깊은 편이다.		
35. 몸을 움직이며 활동하는 것을 좋아한다.		
36. 무슨 일이든 꼭 마무리는 깔끔하게 지어야 한다.		
37. 매사 신중하게 결정을 하는 편이다.		
38. 인생의 목표는 클수록 좋다.		
39. 무슨 일이든지 바로 시작하는 타입이다.		
40. 낯가림이 심하다.		
41. 생각하고 행동하는 타입이다.		
42. 쉬는 날은 밖에 나가지 않는 경우가 많다.		
43. 한 번 시작한 일은 반드시 완성시킨다.		
44. 면밀하게 계획을 짜고 여행을 하는 타입이다.		
45. 야망이 강한 편이다.		
46. 스포츠는 보는 것이 더 좋다.		
47. 사람들이 붐비는 식당은 들러가고 싶지 않다.		
48. 한 번도 돈을 허비한 적이 없다.		
49. 체육대회, 운동회를 좋아한다.		
50. 하나의 취미에 열중하는 타입이다.		
51. 예상하지 못하는 하루는 나를 불안하게 한다.		
52. 입신출세 등 성공이야기를 좋아한다.		
53. 무슨 일이든 의욕이 앞선다.		
54. 학창시절 학급에서 존재가 희미했다.		
55. 항상 무언가 생각하는 것을 좋아한다.		
56. 축구는 보는 것보다 직접 하는 것이 더 좋다.		
57. 어려서부터 칭찬을 많이 들었다.		
58. 흐린 날은 비가 오지 않더라도 반드시 우산을 챙긴다.		
59. 주연급 배우만 좋아한다.		
60. 모임에서 리드하는 편이다.		
61. 너무 신중하게 생각해서 기회를 놓친 적이 많다.		
62. 꿈을 꾸면 반드시 해몽을 찾아본다.		
63. 과중한 업무는 야근을 해서라도 끝내야 한다고 생각한다.		
64. 누군가를 방문할 때에는 반드시 사전에 여러 번 확인을 해야 한다.		
65. 노력해도 결과가 좋지 않으면 의미가 없다.		
66. 생각보다 먼저 행동을 해야 한다.		

질문지	YES	NO
67. 나는 유행에 매우 민감하다.		
68. 정해진 틀대로 움직이는 것은 시시하다.		
69. 항상 꿈을 가지고 산다.		
70. 질서보다 자유를 중시한다.		
71. 혼자서 하는 일이 좋다.		
72. 직관적으로 판단한다.		
73. 영화나 드라마를 보면 등장인물의 감정에 쉽게 이입된다.		
74. 시대의 흐름에 역행을 하더라도 나를 관철하고 싶다.		
75. 다른 사람의 소문에 관심이 많다.		
76. 나는 창조적인 사람이다.		
77. 눈물이 많은 편이다.		
78. 유통성보다는 정해진 규칙을 더 중요시한다.		
79. 다른 사람의 휴대전화 번호를 잘 외운다.		
80. 짜여진 틀보다 스스로 고안하는 것이 좋다.		
81. 나는 조직의 일원을 어울리지 않는다.		
82. 세상 일에 관심이 없다.		
83. 변화를 추구하는 편이다.		
84. 업무는 인간관계로 선택한다.		
85. 환경이 변하는 것에 구애받지 않는다.		
86. 불안감이 강하다.		
87. 인생을 살 가치가 있다고 생각한다.		
88. 의지가 다른 사람보다 약한 편이다.		
89. 사람을 설득하는 일은 정말 쉽다.		
90. 심심하고 따분한 것을 못 견딘다.		
91. 다른 사람에 대해 나쁘게 말 한 적이 한 번도 없다.		
92. 다른 사람이 날 어떻게 볼지 항상 신경을 쓴다.		
93. 쉽게 낙심하는 편이다.		
94. 다른 사람에게 의존하는 경향이 강하다.		
95. 식탐이 있는 편이다.		
96. 다른 사람이 나의 의견에 간섭하는 것은 정말 싫다.		
97. 매우 낙천적이라는 소릴 자주 듣는다.		
98. 학창시절 한 번도 숙제를 빼먹은 적이 없다.		
99. 밤길에 발소리만 들려도 불안해진다.		
100. 상냥하다는 소릴 들어 본 적이 없다.		

질문지	YES	NO
101. 나는 내가 생각해도 유치하다.		
102. 잡담을 하는 것보다 책을 읽는 것이 더 낫다.		
103. 나는 영업에 적합한 타입이라고 생각한다.		
104. 술자리에서 술을 마시지 않아도 즐거운 시간을 보낼 수 있다.		
105. 한 번도 병원에 간 적이 없다.		
106. 나쁜 일이 걱정이 되어 어쩔 줄 모른다.		
107. 쉽게 무기력해진다.		
108. 나는 비교적 고분고분하다.		
109. 매사 적극적으로 임한다.		
110. 독단적으로 행동하는 면이 강하다.		
111. 쉽게 감동을 받는다.		
112. 태어나서 한 번도 불만을 가져 본 적이 없다.		
113. 밤에 잠을 잘 못 잔다.		
114. 자주 후회한다.		
115. 쉽게 뜨거워지고 쉽게 식는 사랑을 한다.		
116. 나만의 세계가 있다.		
117. 사람이 많은 곳에서는 쉽게 긴장을 한다.		
118. 행동하는 것보다 말 하는 것이 좋다.		
119. 인생을 포기해버리려고 마음을 먹은 적이 있다.		
120. 하루하루 반성을 하는 타입이다.		
121. 성격이 어둡다는 말을 자주 듣는다.		
122. 결정을 하더라도 다시 한 번 더 생각해야 한다.		
123. 나의 마음속에는 닮고 싶은 위대한 인물이 있다.		
124. 나는 부모님을 존경한다.		
125. 한 번에 많은 일을 떠맡아도 힘들지 않다.		
126. 사람과 만날 약속은 늘 즐겁다.		
127. 질문을 받으면 한참을 생각하고 대답을 한다.		
128. 머리를 쓰는 일보다 땀을 흘리는 일이 더 좋다.		
129. 한 번 결정하면 다시는 생각하지 않는다.		
130. 외출 시 문을 잠갔는지 몇 번씩 확인해야 한다.		
131. 무슨 일이든 반드시 1등이어야 한다.		
132. 모든 일에 과감하게 도전하는 편이다.		
133. 나는 사교성이 없다.		
134. 한 번 단념하면 끝이다.		

질문지	YES	NO
135. 예상하지 못한 일은 나를 설레게 한다.		
136. 파란만장한 인생을 살고 싶다.		
137. 소극적인 면이 많다.		
138. 다른 사람들과 이야기를 하다보면 어느새 평론가가 되어 있다.		
139. 꾸준히 노력해야 성공한다고 생각한다.		
140. 리더십이 강한 사람이 되고 싶다.		
141. 나는 열정적인 사람이다.		
142. 다른 사람 앞에서는 이야기를 잘 못한다.		
143. 통찰력이 뛰어나다.		
144. 가끔 목에 무언가 걸리는 느낌이 든다.		
145. 다른 사람에게 구애받는 것이 싫다.		
146. 돌다리도 두들겨 보고 건너는 성향이다.		
147. 권력에 대한 욕심이 강하다.		
148. 사색적인 사람이다.		
149. 비교적 계획적으로 인생을 살고 있다.		
150. 좋고 싫음이 명확하다.		
151. 전통을 지키는 것보다 새로운 문화를 만들어야 한다고 생각한다.		
152. 사람을 사귈 때 오래 사귀는 편이다.		
153. 발상의 전환을 할 수 있다.		
154. 주관이 매우 강하다.		
155. 물건을 살 때 현실적이고 실용적인 면을 추구한다.		
156. 내가 누구를 좋아하는지 주변 사람들은 다 안다.		
157. 정성이 담겨 있으면 사소한 선물이라도 좋다.		
158. 갑자기 여행을 떠나 본 적이 있다.		
159. 괴로워하는 사람을 보면 왜 저럴까 생각이 든다.		
160. 가치기준은 각자에게 있다고 생각한다.		
161. 추상적인 일에 관심이 있다.		
162. 매사 조심스러운 편이다.		
163. 남들보다 상상력이 풍부하다.		
164. 의리가 강하다.		
165. 인정이 많은 사람이 되고 싶다.		
166. 일 잘하는 상사보다 정이 많은 상사를 만나고 싶다.		
167. 인생은 한치 앞을 알 수 없어 즐거운 것이다.		
168. 성격이 밝고 명랑하다.		

질문지	YES	NO
169. 정말 내가 잘못한 일 외에는 절대 반성을 하지 않는다.		
170. 개혁을 좋아한다.		
171. 복장은 지위에 어울리게 입어야 한다.		
172. 평범한 삶을 살고 싶지 않다.		
173. 다른 사람에게 좋은 사람이라는 소릴 듣고 싶다.		
174. 위험한 일에는 절대 끼어들지 않는다.		
175. 때때로 물건을 부수고 싶은 충동이 든다.		
176. 남들의 시선을 별로 개의치 않는다.		
177. 혼자 밥을 먹는 것이 편하다.		
178. 어떤 자리에서든지 사람의 존재감을 중요시한다.		
179. 정해진 틀대로 움직이는 것은 정말 싫다.		
180. 법은 반드시 지켜야 한다.		
181. 쉬는 날이면 무조건 외출을 해야 한다.		
182. 어른들의 경험을 중요시한다.		
183. 미래에 대해서 미리 걱정하지 않는다.		
184. 재미있는 일만 하고 싶다.		
185. 돈이 없으면 밖에 나가지 않는다.		
186. 한 가지 일에 몰두를 잘한다.		
187. 이성적인 사람이다.		
188. 경쟁하는 것을 별로 좋아하지 않는다.		
189. 스트레스 해소를 위해 노래방을 찾는다.		
190. 신문을 읽을 때 가십을 먼저 찾는다.		
191. 휴일에는 집에 있는 것이 가장 좋다.		
192. 위험을 무릅쓰는 일은 하고 싶지 않다.		
193. 히어로나 초능력을 가진 사람이 존재한다고 믿는다.		
194. 무슨 일이든 돈이 우선이다.		
195. 걱정거리가 많아 잠을 설칠 때가 많다.		
196. 시간에 쫓기는 것이 싫다.		
197. 구입한 후 끝까지 읽어 본 책이 없다.		
198. 호기심이 강하다.		
199. 예산을 세워 물건을 구입한다.		
200. 어질러진 방에 있으면 불안해진다.		
201. 정의감이 넘친다는 말을 많이 듣는다.		

질문지	YES	NO
202. 자기반성을 많이 한다.		
203. 변화를 선호하지 않는다.		
204. 개성이 드러나는 옷이 좋다.		
205. 기이한 경험을 많이 하고 싶다.		
206. 적당하게, 무난한 것이 가장 어렵다.		
207. 스릴을 즐긴다.		
208. 하고 싶은 말을 하지 못하는 경향이 있다.		
209. 남들보다 손해 보는 것이 차라리 마음 편하다.		
210. 혼자 공부하는 것보다 다같이 모여서 공부하는 것이 더 집중이 잘 된다.		
211. 어딜가든 늘 존재감을 드러낸다.		
212. 화가 나면 진정하기 어렵다.		
213. 하루 중 새벽이 가장 좋다.		
214. 익스트림 스포츠를 좋아한다.		
215. 주변으로부터 다가가기 어렵다는 소리를 듣는 편이다.		
216. 공상을 자주한다.		
217. 하기 싫은 일 먼저 한다.		
218. 이성보다 감정이 앞선다.		
219. 팀플보다 개인 과제가 편하다.		
220. 진지하고 과묵한 사람을 좋아한다.		
221. 모바일 게임을 할 때 현금 결제를 하는 편이다.		
222. 저녁 약속이 있으면 아침부터 저녁 약속만 생각한다.		
223. 깜빡하는 일이 종종 있다.		
224. 청소를 즐겨 한다.		
225. 새로운 사람을 만나도 어색하지 않다.		
226. 상대방의 기분을 금방 알아차린다..		
227. 다이어리는 마지막까지 기록한다.		
228. 충동구매와 거리가 멀다.		
229. 돈을 쓰는 것보다 모으는 것이 더 재미있다.		
230. 한번에 책을 여러 권 읽는다.		
231. 피곤해도 반드시 샤워를 한다.		
232. 주변 사람들로 하여금 말이 잘 통한다는 소릴 듣는다.		
233. 정적인 취미보다 활발하게 움직이는 취미가 좋다.		
234. 늘 긍정적인 말을 한다.		
235. 문제가 복잡하더라도 반드시 해결할 수 있다고 믿는다.		

PART

02

직무능력검사

01 언어논리력

대표유형 1 　 어휘

① 언어유추

(1) 동의어

두 개 이상의 단어가 소리는 다르나 의미가 같아 모든 문맥에서 서로 대치되어 쓰일 수 있는 것을 동의어라고 한다. 그러나 이렇게 쓰일 수 있는 동의어의 수는 극히 적다. 말이란 개념뿐만 아니라 느낌까지 싣고 있어서 문장 환경에 따라 미묘한 차이가 있기 때문이다. 따라서 동의어는 의미와 결합성의 일치로써 완전동의어와 의미의 범위가 서로 일치하지는 않으나 공통되는 부분의 의미를 공유하는 부분동의어로 구별된다.

① **완전동의어** … 둘 이상의 단어가 그 의미의 범위가 서로 일치하여 모든 문맥에서 치환이 가능하다.
　예 사람 : 인간, 사망 : 죽음

② **부분동의어** … 의미의 범위가 서로 일치하지는 않으나 공통되는 어느 부분만 의미를 서로 공유하는 부분적인 동의어이다. 부분동의어는 일반적으로 유의어(類義語)라 불린다. 사실, 동의어로 분류되는 거의 모든 낱말들이 부분동의어에 속한다.
　예 이유 : 원인

(2) 유의어

둘 이상의 단어가 소리는 다르면서 뜻이 비슷할 때 유의어라고 한다. 유의어는 뜻은 비슷하나 단어의 성격 등이 다른 경우에 해당하는 것이다. A와 B가 유의어라고 했을 때 문장에 들어 있는 A를 B로 바꾸면 문맥이 이상해지는 경우가 있다. 예를 들어 어머니, 엄마, 모친(母親)은 자손을 출산한 여성을 자식의 관점에서 부르는 호칭으로 유의어이다. 그러나 "어머니, 학교 다녀왔습니다."라는 문장을 "모친, 학교 다녀왔습니다."라고 바꾸면 문맥상 자연스럽지 못하게 된다.

(3) 동음이의어

둘 이상의 단어가 소리는 같으나 의미가 다를 때 동음이의어라고 한다. 동음이의어는 문맥과 상황에 따라, 말소리의 길고 짧음에 따라, 한자에 따라 의미를 구별할 수 있다.

예 • 밥을 먹었더니 <u>배</u>가 부르다. (복부)
   • 과일 가게에서 <u>배</u>를 샀다. (과일)
   • 항구에 <u>배</u>가 들어왔다. (선박)

(4) 다의어

하나의 단어에 뜻이 여러 가지인 단어로 대부분의 단어가 다의를 갖고 있기 때문에 의미 분석이 어려운 것이라고 볼 수 있다. 하나의 의미만 갖는 단의어 및 동음이의어와 대립되는 개념이다.

예 • 밥 먹기 전에 가서 <u>손</u>을 씻고 오너라. (신체)   • 너무 바빠서 <u>손</u>이 모자란다. (일손)
   • 우리 언니는 <u>손</u>이 큰 편이야. (씀씀이)   • 그 사람과는 <u>손</u>을 끊어라. (교제)
   • 그 사람의 <u>손</u>을 빌렸어. (도움)   • 넌 나의 <u>손</u>에 놀아난 거야. (꾀)
   • 저 사람 <u>손</u>에 집이 넘어가게 생겼다. (소유)   • 반드시 내 <u>손</u>으로 해내고 말겠다. (힘, 역량)

(5) 반의어

단어들의 의미가 서로 반대되거나 짝을 이루어 서로 관계를 맺고 있는 경우가 있다. 이를 '반의어 관계'라고 한다. 그리고 이러한 반의관계에 있는 어휘를 반의어라고 한다. 반의 및 대립 관계를 형성하는 어휘 쌍을 일컫는 용어들은 관점과 유형에 따라 '반대말, 반의어, 반대어, 상대어, 대조어, 대립어' 등으로 다양하다. 반의관계에서 특히 중간 항이 허용되는 관계를 '반대관계'라고 하며, 중간 항이 허용되지 않는 관계를 '모순관계'라고 한다.

예 • 반대관계 : 크다 ↔ 작다
   • 모순관계 : 남자 ↔ 여자

(6) 상 · 하의어

단어의 의미 관계로 보아 어떤 단어가 다른 단어에 포함되는 경우를 '하의어 관계'라고 하고, 이러한 관계에 있는 어휘가 상의어 · 하의어이다. 상의어로 갈수록 포괄적이고 일반적이며, 하의어로 갈수록 한정적이고 개별적인 의미를 지닌다. 따라서 하의어는 상의어에 비해 자세하다.

① **상의어**…다른 단어의 의미를 포함하는 단어를 말한다.
   예 꽃

② **하의어** … 다른 단어의 의미에 포함되는 단어를 말한다.
   예 장미, 국화, 맨드라미, 수선화, 개나리 등

❷ 생활어휘

(1) 단위를 나타내는 말

① 길이

뼘	엄지손가락과 다른 손가락을 완전히 펴서 벌렸을 때에 두 끝 사이의 거리
발	한 발은 두 팔을 양옆으로 펴서 벌렸을 때 한쪽 손끝에서 다른 쪽 손끝까지의 길이
길	한 길은 여덟 자 또는 열 자로 약 3m에 해당함. 사람의 키 정도의 길이
치	길이의 단위. 한 치는 한 자의 10분의 1 또는 약 3.33cm
자	길이의 단위. 한 자는 한 치의 열 배로 약 30.3cm
리	거리의 단위. 1리는 약 0.393km
마장	거리의 단위. 오 리나 십 리가 못 되는 거리

② 부피

술	한 술은 숟가락 하나 만큼의 양
홉	곡식의 부피를 재기 위한 기구들이 만들어지고, 그 기구들의 이름이 그대로 부피를 재는 단위가 된다. '홉'은 그 중 가장 작은 단위(180ml에 해당)이며, 곡식 외에 가루, 액체 따위의 부피를 잴 때도 쓰임(10홉 = 1되, 10되 = 1말, 10말 = 1섬).
되	곡식이나 액체 따위의 분량을 헤아리는 단위. '말'의 10분의 1, '홉'의 10배이며, 약 1.8l
섬	곡식·가루·액체 따위의 부피를 잴 때 씀. 한 섬은 한 말의 열 배로 약 180l

③ 무게

돈	귀금속이나 한약재 따위의 무게를 잴 때 쓰는 단위. 한 돈은 한 냥의 10분의 1, 한 푼의 열 배로 3.75g
냥	한 냥은 귀금속 무게를 잴 때는 한 돈의 열 배이고, 한약재의 무게를 잴 때는 한 근의 16분의 1로 37.5g
근	고기나 한약재의 무게를 잴 때는 600g에 해당하고, 과일이나 채소 따위의 무게를 잴 때는 한 관의 10분의 1로 375g
관	한 관은 한 근의 열 배로 3.75kg

④ 낱개

개비	가늘고 짤막하게 쪼개진 도막을 세는 단위
그루	식물, 특히 나무를 세는 단위
닢	가마니, 돗자리, 멍석 등을 세는 단위
땀	바느질할 때 바늘을 한 번 뜬, 그 눈
마리	짐승이나 물고기, 벌레 따위를 세는 단위
모	두부나 묵 따위를 세는 단위
올(오리)	실이나 줄 따위의 가닥을 세는 단위
자루	필기 도구나 연장, 무기 따위를 세는 단위
채	집이나 큰 가구, 기물, 가마, 상여, 이불 등을 세는 단위
코	그물이나 뜨개질한 물건에서 지어진 하나하나의 매듭
타래	사리어 뭉쳐 놓은 실이나 노끈 따위의 뭉치를 세는 단위
톨	밤이나 곡식의 낟알을 세는 단위
통	배추나 박 따위를 세는 단위
포기	뿌리를 단위로 하는 초목을 세는 단위

⑤ 넓이

평	땅 넓이의 단위. 한 평은 여섯 자 제곱으로 약 $3.3058m^2$
홉지기	땅 넓이의 단위. 한 홉은 1평의 10분의 1
마지기	논과 밭의 넓이를 나타내는 단위. 한 마지기는 볍씨 한 말의 모 또는 씨앗을 심을 만한 넓이로, 지방마다 다르나 논은 약 150~300평. 밭은 약 100평 정도
되지기	넓이의 단위, 한 되지기는 볍씨 한 되의 모 또는 씨앗을 심을 만한 넓이로 한 마지기의 10분의 1
섬지기	논과 밭의 넓이를 나타내는 단위. 한 섬지기는 볍씨 한 섬의 모 또는 씨앗을 심을 만한 넓이로, 한 마지기의 10배이며, 논은 약 2,000평, 밭은 약 1,000평 정도
간	가옥의 넓이를 나타내는 말. '간'은 네 개의 도리로 둘러싸인 면적의 넓이로, 약 6자×6자 정도의 넓이

⑥ 수량

갓	굴비, 고사리 따위를 묶어 세는 단위. 고사리 따위 10모숨을 한 줄로 엮은 것
꾸러미	달걀 10개
동	붓 10자루
두름	조기 따위의 물고기를 짚으로 한 줄에 10마리씩 두 줄로 엮은 것을 세는 단위. 고사리 따위의 산나물을 10모숨 정도로 엮은 것을 세는 단위
벌	옷이나 그릇 따위가 짝을 이루거나 여러 가지가 모여 갖추어진 한 덩이를 세는 단위
손	한 손에 잡을 만한 분량을 세는 단위. 조기·고등어·배추 따위의 한 손은 큰 것과 작은 것을 합한 것을 이르고, 미나리나 파 따위 한 손은 한 줌 분량을 말함
쌈	바늘 24개를 한 묶음으로 하여 세는 단위
접	채소나 과일 따위를 묶어 세는 단위. 한 접은 채소나 과일 100개
제(劑)	탕약 20첩 또는 그만한 분량으로 지은 환약
죽	옷이나 그릇 따위의 10벌을 묶어 세는 단위
축	오징어를 묶어 세는 단위. 오징어 한 축은 20마리
켤레	신, 양말, 버선, 방망이 따위의 짝이 되는 2개를 한 벌로 세는 단위
쾌	북어 20마리
톳	김을 묶어 세는 단위. 김 한 톳은 100장

(2) 나이에 관한 어휘

나이	어휘	나이	어휘
10대	충년(沖年)	15세	지학(志學)
20세	약관(弱冠)	30세	이립(而立)
40세	불혹(不惑)	50세	지천명(知天命)
60세	이순(耳順)	61세	환갑(還甲), 화갑(華甲), 회갑(回甲)
62세	진갑(進甲)	70세	고희(古稀)
77세	희수(喜壽)	80세	산수(傘壽)
88세	미수(米壽)	90세	졸수(卒壽)
99세	백수(白壽)	100세	기원지수(期願之壽)

(3) 가족에 관한 호칭

구분	본인의 가족		타인의 가족	
	생전	사후	생전	사후
父(아버지)	家親(가친) 嚴親(엄친) 父主(부주)	先親(선친) 先考(선고) 先父君(선부군)	春府丈(춘부장) 椿丈(춘장) 椿當(춘당)	先大人(선대인) 先考丈(선고장) 先人(선인)
母(어머니)	慈親(자친) 母生(모생) 家慈(가자)	先妣(선비) 先慈(선자)	慈堂(자당) 大夫人(대부인) 萱堂(훤당) 母堂(모당) 北堂(북당)	先大夫人(선대부인) 先大夫(선대부)
子(아들)	家兒(가아) 豚兒(돈아) 家豚(가돈) 迷豚(미돈)		令郎(영랑) 令息(영식) 令胤(영윤)	
女(딸)	女兒(여아) 女息(여식) 息鄙(식비)		令愛(영애) 令嬌(영교) 令孃(영양)	

(4) 어림수를 나타내는 수사, 수관형사

한두	하나나 둘쯤	예 어려움이 한두 가지가 아니다.
두세	둘이나 셋	예 두세 마리
두셋	둘 또는 셋	예 사람 두셋
두서너	둘, 혹은 서너	예 과일 두서너 개
두서넛	둘 혹은 서넛	예 과일을 두서넛 먹었다.
두어서너	두서너	
서너	셋이나 넷쯤	예 쌀 서너 되
서넛	셋이나 넷	예 사람 서넛
서너너덧	서넛이나 너덧. 셋이나 넷 또는 넷이나 다섯	예 서너너덧 명
너덧	넷 가량	예 너덧 개
네댓	넷이나 다섯 가량	
네다섯	넷이나 다섯	
대엿	대여섯. 다섯이나 여섯 가량	
예닐곱	여섯이나 일곱	예 예닐곱 사람이 왔다.
일여덟	일고여덟	예 과일 일여덟 개

1 한글 맞춤법

(1) 표기원칙

한글 맞춤법은 표준어를 소리대로 적되, 어법에 맞도록 함을 원칙으로 한다.

(2) 맞춤법 유의사항

① 한 단어 안에서 뚜렷한 까닭 없이 나는 된소리는 다음 음절의 첫소리를 된소리로 적는다.

> 예 소쩍새, 아끼다, 어떠하다, 해쓱하다, 거꾸로, 가끔, 어찌, 이따금, 산뜻하다, 몽땅

※ 다만, 'ㄱ, ㅂ' 받침 뒤에서는 된소리로 적지 아니한다.

> 예 국수, 깍두기, 색시, 싹둑, 법석, 갑자기, 몹시, 딱지

② 'ㄷ' 소리로 나는 받침 중에서 'ㄷ'으로 적을 근거가 없는 것은 'ㅅ'으로 적는다.

> 예 덧저고리, 돗자리, 엇셈, 웃어른, 핫옷, 무릇, 사뭇, 얼핏, 자칫하면

③ '계, 례, 몌, 폐, 혜'의 'ㅖ'는 'ㅔ'로 소리 나는 경우가 있더라도 'ㅖ'로 적는다.

> 예 계수(桂樹), 혜택(惠澤), 사례(謝禮), 연몌(連袂), 계집, 핑계

※ 다만, 다음 말은 본음대로 적는다.

> 예 게송(偈頌), 게시판(揭示板), 휴게실(休憩室)

④ '의'나, 자음을 첫소리로 가지고 있는 음절의 'ㅢ'는 'ㅣ'로 소리 나는 경우가 있더라도 'ㅢ'로 적는다.

> 예 무늬(紋), 보늬, 늴리리, 늴큼, 오늬, 하늬바람

⑤ 한자음 '녀, 뇨, 뉴, 니'가 단어 첫머리에 올 적에는 두음 법칙에 따라 '여, 요, 유, 이'로 적는다.

> 예 여자(女子), 요소(尿素), 유대(紐帶), 익명(匿名)

※ 다만, 다음과 같은 의존 명사에서는 '냐, 녀' 음을 인정한다.

> 예 냥(兩), 냥쭝(兩-), 년(年)(몇 년)

   ⊙ 단어의 첫머리 이외의 경우에는 본음대로 적는다.

> 예 남녀(男女), 당뇨(糖尿), 결뉴(結紐), 은닉(隱匿)

   ⊙ 접두사처럼 쓰이는 한자가 붙어서 된 말이나 합성어에서, 뒷말의 첫소리가 'ㄴ' 소리로 나더라도 두음 법칙에 따라 적는다.

> 예 신여성(新女性), 공염불(空念佛), 남존여비(男尊女卑)

⑥ 한자음 '랴, 려, 례, 료, 류, 리'가 단어의 첫머리에 올 적에는 두음 법칙에 따라 '야, 여, 예, 요, 유, 이'로 적는다.

예 양심(良心), 용궁(龍宮), 역사(歷史), 유행(流行), 예의(禮儀), 이발(理髮)

※ 다만, 다음과 같은 의존 명사는 본음대로 적는다.

예 리(里) : 몇 리냐? / 리(理) : 그럴 리가 없다.

㉠ 단어의 첫머리 이외의 경우에는 본음대로 적는다.

예 개량(改良), 선량(善良), 협력(協力), 혼례(婚禮), 와룡(臥龍), 쌍룡(雙龍), 낙뢰(落雷), 광한루(廣寒樓), 동구릉(東九陵), 가정란(家庭欄)

※ 다만, 모음이나 'ㄴ' 받침 뒤에 이어지는 '렬, 률'은 '열, 율'로 적는다.

예 나열(羅列), 진열(陳列), 선율(旋律), 비율(比率), 규율(規律), 분열(分裂), 백분율(百分率)

㉡ 준말에서 본음으로 소리 나는 것은 본음대로 적는다.

예 국련(국제연합), 대한교련(대한교육연합회)

㉢ 접두사처럼 쓰이는 한자가 붙어서 된 말이나 합성어에서 뒷말의 첫소리가 'ㄴ' 또는 'ㄹ' 소리로 나더라도 두음 법칙에 따라 적는다.

예 역이용(逆利用), 연이율(年利率), 열역학(熱力學), 해외여행(海外旅行)

⑦ 한 단어 안에서 같은 음절이나 비슷한 음절이 겹쳐 나는 부분은 같은 글자로 적는다.

예 똑딱똑딱, 쓱싹쓱싹, 씁쓸하다, 유유상종(類類相從)

⑧ 용언의 어간과 어미는 구별하여 적는다.

예 먹다, 먹고, 먹어, 먹으니

㉠ 두 개의 용언이 어울려 한 개의 용언이 될 적에, 앞말의 본뜻이 유지되고 있는 것은 그 원형을 밝히어 적고, 그 본뜻에서 멀어진 것은 밝히어 적지 아니한다.
   • 앞말의 본뜻이 유지되고 있는 것

예 넘어지다, 늘어나다, 돌아가다, 되짚어가다, 엎어지다, 흩어지다

   • 본뜻에서 멀어진 것

예 드러나다, 사라지다, 쓰러지다

㉡ 종결형에서 사용되는 어미 '-오'는 '요'로 소리 나는 경우가 있더라도 그 원형을 밝혀 '오'로 적는다.

예 이것은 책이오.

㉢ 연결형에서 사용되는 '이요'는 '이요'로 적는다.

예 이것은 책이요, 저것은 붓이요, 또 저것은 먹이다.

⑨ 어미 뒤에 덧붙는 조사 '요'는 '요'로 적는다.

예 읽어요, 참으리요, 좋지요

⑩ 어간에 '-이'나 '-음 / -ㅁ'이 붙어서 명사로 된 것과 '-이'나 '-히'가 붙어서 부사로 된 것은 그 어간의 원형을 밝히어 적는다.

예 얼음, 굳이, 더욱이, 일찍이, 익히, 앎, 만듦, 짓궂이, 밝히

  ㉠ 어간에 '-이'나 '-음'이 붙어서 명사로 바뀐 것이라도 그 어간의 뜻과 멀어진 것은 원형을 밝히어 적지 아니한다.

  예 굽도리, 다리(髢), 목거리(목병), 무녀리, 거름(비료), 고름(膿), 노름(도박)

  ㉡ 어간에 '-이'나 '-음' 이외의 모음으로 시작된 접미사가 붙어서 다른 품사로 바뀐 것은 그 어간의 원형을 밝히어 적지 아니한다.

  예 귀머거리, 까마귀, 너머, 마개, 비렁뱅이, 쓰레기, 올가미, 주검, 도로, 뜨덤뜨덤, 바투, 비로소

⑪ 명사 뒤에 '-이'가 붙어서 된 말은 그 명사의 원형을 밝히어 적는다.

예 곳곳이, 낱낱이, 몫몫이, 샅샅이, 집집이, 곰배팔이, 바둑이, 삼발이, 애꾸눈이, 육손이, 절뚝발이 / 절름발이, 딸깍발이

※ '-이' 이외의 모음으로 시작된 접미사가 붙어서 된 말은 그 명사의 원형을 밝히어 적지 아니한다.

예 꼬락서니, 끄트머리, 모가치, 바가지, 사타구니, 싸라기, 이파리, 지붕, 지푸라기, 짜개

⑫ '-하다'나 '-거리다'가 붙는 어근에 '-이'가 붙어서 명사가 된 것은 그 원형을 밝히어 적는다.

예 깔쭉이, 살살이, 꿀꿀이, 눈깜짝이, 오뚝이, 더펄이, 코납작이, 배불뚝이, 푸석이, 홀쭉이

※ '-하다'나 '-거리다'가 붙을 수 없는 어근에 '-이'나 또는 다른 모음으로 시작되는 접미사가 붙어서 명사가 된 것은 그 원형을 밝히어 적지 아니한다.

예 개구리, 귀뚜라미, 깍두기, 꽹과리, 날라리, 두드러기, 딱따구리, 부스러기, 뻐꾸기, 얼루기, 칼싹두기

⑬ '-하다'가 붙는 어근에 '-히'나 '-이'가 붙어 부사가 되거나, 부사에 '-이'가 붙어서 뜻을 더하는 경우에는, 그 어근이나 부사의 원형을 밝히어 적는다.

예 급히, 꾸준히, 도저히, 딱히, 어렴풋이, 깨끗이, 곰곰이, 더욱이, 생긋이, 오뚝이, 일찍이, 해죽이

※ '-하다'가 붙지 않는 경우에는 소리대로 적는다.

  예 갑자기, 반드시(꼭), 슬며시

⑭ 사이시옷은 다음과 같은 경우에 받치어 적는다.

  ㉠ 순 우리말로 된 합성어로서 앞말이 모음으로 끝난 경우

  • 뒷말의 첫소리가 된소리로 나는 것

  예 귓밥, 나룻배, 나뭇가지, 냇가, 댓가지, 뒷갈망, 맷돌, 머릿기름, 모깃불, 부싯돌, 선짓국, 잇자국, 쳇바퀴, 킷값, 핏대, 햇바늘

  • 뒷말의 첫소리 'ㄴ, ㅁ' 앞에서 'ㄴ' 소리가 덧나는 것

  예 멧나물, 아랫니, 텃마당, 아랫마을, 뒷머리, 잇몸, 깻묵

- 뒷말의 첫소리 모음 앞에서 'ㄴㄴ' 소리가 덧나는 것

  예 도리깻열, 뒷윷, 두렛일, 뒷일, 뒷입맛, 베갯잇, 욧잇, 깻잎, 나뭇잎, 댓잎

ⓛ 순 우리말과 한자어로 된 합성어로서 앞말이 모음으로 끝난 경우
- 뒷말의 첫소리가 된소리로 나는 것

  예 귓병, 머릿방, 샛강, 아랫방, 자릿세, 전셋집, 찻잔, 콧병, 탯줄, 텃세, 햇수, 횟배

- 뒷말의 첫소리 'ㄴ, ㅁ' 앞에서 'ㄴ' 소리가 덧나는 것

  예 곗날, 제삿날, 훗날, 툇마루, 양칫물

- 뒷말의 첫소리 모음 앞에서 'ㄴㄴ' 소리가 덧나는 것

  예 가욋일, 사삿일, 예삿일, 훗일

ⓒ 두 음절로 된 다음 한자어

  예 곳간(庫間), 셋방(貰房), 숫자(數字), 찻간(車間), 툇간(退間), 횟수(回數)

  ※ 사이시옷을 붙이지 않는 경우

  예 개수(個數), 전세방(傳貰房), 초점(焦點), 대구법(對句法)

⑮ 두 말이 어울릴 적에 'ㅂ' 소리나 'ㅎ' 소리가 덧나는 것은 소리대로 적는다.

  예 댑싸리, 멥쌀, 볍씨, 햅쌀, 머리카락, 살코기, 수컷, 수탉, 안팎, 암캐, 암탉

⑯ 어간의 끝음절 '하'의 'ㅏ'가 줄고 'ㅎ'이 다음 음절의 첫소리와 어울려 거센소리로 될 적에는 거센소리로 적는다.

본말	준말	본말	준말
간편하게	간편케	다정하다	다정타
연구하도록	연구토록	정결하다	정결타
가하다	가타	흔하다	흔타

ⓐ 어간의 끝음절 '하'가 아주 줄 적에는 준 대로 적는다.

본말	준말	본말	준말
거북하지	거북지	넉넉하지 않다	넉넉지 않다
생각하건대	생각건대	생각하다 못해	생각다 못해
섭섭하지 않다	섭섭지 않다	익숙하지 않다	익숙지 않다

ⓑ 다음과 같은 부사는 소리대로 적는다.

  예 결단코, 결코, 기필코, 무심코, 아무튼, 요컨대, 정녕코, 필연코, 하마터면, 하여튼, 한사코

⑰ 부사의 끝음절이 분명히 '이'로만 나는 것은 '-이'로 적고, '히'로만 나거나 '이'나 '히'로 나는 것은 '-히'로 적는다.

　㉠ '이'로만 나는 것

　　예 가붓이, 깨끗이, 나붓이, 느긋이, 둥긋이, 따뜻이, 반듯이, 버젓이, 산뜻이, 의젓이, 가까이, 고이, 날카로이, 대수로이, 번거로이, 많이, 적이, 겹겹이, 번번이, 일일이, 틈틈이

　㉡ '히'로만 나는 것

　　예 극히, 급히, 딱히, 속히, 작히, 족히, 특히, 엄격히, 정확히

　㉢ '이, 히'로 나는 것

　　예 솔직히, 가만히, 소홀히, 쓸쓸히, 정결히, 꼼꼼히, 열심히, 급급히, 답답히, 섭섭히, 공평히, 분명히, 조용히, 간소히, 고요히, 도저히

⑱ 한자어에서 본음으로도 나고 속음으로도 나는 것은 각각 그 소리에 따라 적는다.

본음으로 나는 것	속음으로 나는 것
승낙(承諾)	수락(受諾), 쾌락(快諾), 허락(許諾)
만난(萬難)	곤란(困難), 논란(論難)
안녕(安寧)	의령(宜寧), 회령(會寧)
분노(忿怒)	대로(大怒), 희로애락(喜怒哀樂)
토론(討論)	의논(議論)
오륙십(五六十)	오뉴월, 유월(六月)
목재(木材)	모과(木瓜)
십일(十日)	시방정토(十方淨土), 시왕(十王), 시월(十月)
팔일(八日)	초파일(初八日)

⑲ 다음과 같은 접미사는 된소리로 적는다.

　예 심부름꾼, 귀때기, 익살꾼, 볼때기, 일꾼, 판자때기, 뒤꿈치, 장난꾼, 팔꿈치, 지게꾼, 이마빼기, 코빼기, 객쩍다, 성깔, 겸연쩍다

⑳ 두 가지로 구별하여 적던 다음 말들은 한 가지로 적는다.

　예 맞추다(마추다✕) : 입을 맞춘다. 양복을 맞춘다.
　　뻗치다(뻐치다✕) : 다리를 뻗친다. 멀리 뻗친다.

　※ '-더라, -던'과 '-든지'는 다음과 같이 적는다.

　㉠ 지난 일을 나타내는 어미는 '-더라, -던'으로 적는다.

　　예 지난겨울은 몹시 춥더라. 그 사람 말 잘하던데!

　㉡ 물건이나 일의 내용을 가리지 아니하는 뜻을 나타내는 조사와 어미는 '-든지'로 적는다.

　　예 배든지 사과든지 마음대로 먹어라. 가든지 오든지 마음대로 해라.

(3) 띄어쓰기

문장의 각 단어는 띄어 씀을 원칙으로 한다(다만, 조사는 붙여 씀).

① 조사는 그 앞말에 붙여 쓴다.

> **예** 너조차, 꽃마저, 꽃입니다, 꽃처럼, 어디까지나, 거기도, 멀리는, 웃고만

② 의존 명사는 띄어 쓴다.

> **예** 아는 것이 힘이다. 나도 할 수 있다. 먹을 만큼 먹어라. 아는 이를 만났다.

③ 단위를 나타내는 명사는 띄어 쓴다.

> **예** 한 개, 차 한 대, 금 서 돈, 조기 한 손, 버선 한 죽

> ※ 다만, 순서를 나타내는 경우나 숫자와 어울리어 쓰이는 경우에는 붙여 쓸 수 있다.

> > **예** 두시 삼십분 오초, 제일과, 삼학년, 1446년 10월 9일, 2대대, 16동 502호, 제1어학 실습실

④ 수를 적을 적에는 '만(萬)' 단위로 띄어 쓴다.

> **예** 십이억 삼천사백오십육만 칠천팔백구십팔, 12억 3456만 7898

⑤ 두 말을 이어 주거나 열거할 적에 쓰이는 말들은 띄어 쓴다.

> **예** 국장 겸 과장, 열 내지 스물, 청군 대 백군, 이사장 및 이사들

⑥ 단음절로 된 단어가 연이어 나타날 적에는 붙여 쓸 수 있다.

> **예** 그때 그곳, 좀더 큰것, 이말 저말, 한잎 두잎

⑦ 보조 용언은 띄어 씀을 원칙으로 하되, 경우에 따라 붙여 씀도 허용한다.

원칙	허용
불이 꺼져 간다.	불이 꺼져간다.
내 힘으로 막아 낸다.	내 힘으로 막아낸다.
어머니를 도와 드린다.	어머니를 도와드린다.
비가 올 성싶다.	비가 올성싶다.
잘 아는 척한다.	잘 아는척한다.

⑧ 성과 이름, 성과 호 등은 붙여 쓰고, 이에 덧붙는 호칭어, 관직명 등은 띄어 쓴다.

> **예** 서화담(徐花潭), 채영신 씨, 최치원 선생, 박동식 박사, 충무공 이순신 장군

⑨ 성명 이외의 고유 명사는 단어별로 띄어 씀을 원칙으로 하되, 단위별로 띄어 쓸 수 있다.

> **예** 한국 대학교 사범 대학(원칙), 한국대학교 사범대학(허용)

❷ 표준어 규정

(1) 제정 원칙

표준어는 교양 있는 사람들이 두루 쓰는 현대 서울말로 정함을 원칙으로 한다.

(2) 주요 표준어

① 다음 단어들은 거센소리를 가진 형태를 표준어로 삼는다.

> **예** 끄나풀, 빈 칸, 부엌, 살쾡이, 녘

② 어원에서 멀어진 형태로 굳어져서 널리 쓰이는 것은, 그것을 표준어로 삼는다.

③ 다음 단어들은 의미를 구별함이 없이, 한 가지 형태만을 표준어로 삼는다.

> **예** 돌, 둘째, 셋째, 넷째, 열두째, 빌리다

④ 수컷을 이르는 접두사는 '수–'로 통일한다.

> **예** 수꿩, 수소, 수나사, 수놈, 수사돈, 수은행나무

> ㉠ 다음 단어에서는 접두사 다음에서 나는 거센소리를 인정한다. 접두사 '암–'이 결합되는 경우에도 이에 준한다.
>
> > **예** 수캉아지, 수캐, 수컷, 수키와, 수탉, 수탕나귀, 수톨쩌귀, 수퇘지, 수평아리

> ㉡ 다음 단어의 접두사는 '숫–'으로 한다.
>
> > **예** 숫양, 숫쥐, 숫염소

⑤ 양성 모음이 음성 모음으로 바뀌어 굳어진 다음 단어는 음성 모음 형태를 표준어로 삼는다.

> **예** 깡충깡충, –둥이, 발가숭이, 보퉁이, 뻗정다리, 아서, 아서라, 오뚝이, 주추

> ※ 다만, 어원 의식이 강하게 작용하는 다음 단어에서는 양성 모음 형태를 그대로 표준어로 삼는다.
>
> > **예** 부조(扶助), 사돈(査頓), 삼촌(三寸)

⑥ 'ㅣ' 역행 동화 현상에 의한 발음은 원칙적으로 표준 발음으로 인정하지 아니하되, 다만 다음 단어들은 그러한 동화가 적용된 형태를 표준어로 삼는다.

> **예** 풋내기, 냄비, 동댕이치다

> ㉠ 다음 단어는 'ㅣ' 역행 동화가 일어나지 아니한 형태를 표준어로 삼는다.
>
> > **예** 아지랑이

> ㉡ 기술자에게는 '–장이', 그 외에는 '–쟁이'가 붙는 형태를 표준어로 삼는다.
>
> > **예** 미장이, 유기장이, 멋쟁이, 소금쟁이, 담쟁이덩굴

⑦ 다음 단어는 모음이 단순화한 형태를 표준어로 삼는다.

　예 괴팍하다, 미루나무, 미륵, 여느, 으레, 케케묵다, 허우대

⑧ 다음 단어에서는 모음의 발음 변화를 인정하여, 발음이 바뀌어 굳어진 형태를 표준어로 삼는다.

　예 깍쟁이, 나무라다, 바라다, 상추, 주책, 지루하다, 튀기, 허드레, 호루라기, 시러베아들

⑨ '웃−' 및 '윗−'은 명사 '위'에 맞추어 '윗−'으로 통일한다.

　예 윗도리, 윗니, 윗목, 윗몸, 윗자리, 윗잇몸

　㉠ 된소리나 거센소리 앞에서는 '위−'로 한다.

　　예 위쪽, 위층, 위치마, 위턱

　㉡ '아래, 위'의 대립이 없는 단어는 '웃−'으로 발음되는 형태를 표준어로 삼는다.

　　예 웃국, 웃돈, 웃비, 웃어른, 웃옷

⑩ 한자 '구(句)'가 붙어서 이루어진 단어는 '귀'로 읽는 것을 인정하지 아니하고, '구'로 통일한다.

　예 구절(句節), 결구(結句), 경구(警句), 단구(短句), 대구(對句), 문구(文句), 어구(語句), 연구(聯句), 절구(絕句), 인용구(引用句)

　※ 다만, 다음 단어는 '귀'로 발음되는 형태를 표준어로 삼는다.

　　예 글귀, 귀글

⑪ 준말이 널리 쓰이고 본말이 잘 쓰이지 않는 경우에는, 준말만을 표준어로 삼는다.

　예 귀찮다, 똬리, 무, 뱀, 빔, 샘, 생쥐, 솔개, 온갖, 장사치

⑫ 준말이 쓰이고 있더라도, 본말이 널리 쓰이고 있으면 본말을 표준어로 삼는다.

　예 경황없다, 궁상떨다, 귀이개, 낌새, 낙인찍다, 돗자리, 뒤웅박, 마구잡이, 부스럼, 살얼음판, 수두룩하다, 일구다, 퇴박맞다

⑬ 어감의 차이를 나타내는 단어 또는 발음이 비슷한 단어들이 다 같이 널리 쓰이는 경우에는, 그 모두를 표준어로 삼는다.

　예 거슴츠레하다 / 게슴츠레하다, 고린내 / 코린내, 꺼림하다 / 께름하다, 나부랭이 / 너부렁이

⑭ 사어(死語)가 되어 쓰이지 않게 된 단어는 고어로 처리하고, 현재 널리 사용되는 단어를 표준어로 삼는다.

　예 난봉, 낭떠러지, 설거지하다, 애달프다, 자두

⑮ 한 가지 의미를 나타내는 형태 몇 가지가 널리 쓰이며 표준어 규정에 맞으면, 그 모두를 표준어로 삼는다(복수 표준어).

　예 멍게 / 우렁쉥이, 가엾다 / 가엽다, 넝쿨 / 덩굴, 눈대중 / 눈어림 / 눈짐작, −뜨리다 / −트리다, 부침개질 / 부침질 / 지짐질, 생 / 새앙 / 생강, 여쭈다 / 여쭙다, 우레 / 천둥, 엿가락 / 엿가래, 자물쇠 / 자물통

(3) 표준 발음법

표준 발음법은 표준어의 실제 발음을 따르되, 국어의 전통성과 합리성을 고려하여 정함을 원칙으로 한다.

① 겹받침 'ㄳ', 'ㄵ', 'ㄼ, ㄽ, ㄾ', 'ㅄ'은 어말 또는 자음 앞에서 각각 [ㄱ, ㄴ, ㄹ, ㅂ]으로 발음한다.
> **예** 넋[넉], 넋과[넉꽈], 앉다[안따], 여덟[여덜], 넓다[널따], 외곬[외골], 핥다[할따], 값[갑], 없다[업 : 따]

② '밟-'은 자음 앞에서 [밥]으로 발음하고, '넓-'은 다음과 같은 경우에 [넙]으로 발음한다.
> **예** 밟다[밥 : 따], 밟는[밤 : 는], 넓죽하다[넙쭈카다], 넓둥글다[넙뚱글다]

③ 겹받침 'ㄺ', 'ㄻ', 'ㄿ'은 어말 또는 자음 앞에서 각각 [ㄱ, ㅁ, ㅂ]으로 발음한다.
> **예** 닭[닥], 흙과[흑꽈], 맑다[막따], 늙지[늑찌], 삶[삼 :], 젊다[점 : 따], 읊고[읍꼬], 읊다[읍따]

④ 용언의 어간 말음 'ㄺ'은 'ㄱ' 앞에서 [ㄹ]로 발음한다.
> **예** 맑게[말께], 묽고[물꼬], 얽거나[얼꺼나]

⑤ 'ㅎ(ㄶ, ㅀ)' 뒤에 'ㄱ, ㄷ, ㅈ'이 결합되는 경우에는, 뒤음절 첫소리와 합쳐서 [ㅋ, ㅌ, ㅊ]으로 발음한다.
> **예** 놓고[노코], 좋던[조 : 턴], 쌓지[싸치], 많고[만 : 코], 닳지[달치]

⑥ 'ㅎ(ㄶ, ㅀ)' 뒤에 모음으로 시작된 어미나 접미사가 결합되는 경우에는, 'ㅎ'을 발음하지 않는다.
> **예** 낳은[나은], 놓아[노아], 쌓이다[싸이다], 싫어도[시러도]

⑦ 받침 뒤에 모음 'ㅏ, ㅓ, ㅗ, ㅜ, ㅟ'들로 시작되는 실질 형태소가 연결되는 경우에는, 대표음으로 바꾸어서 뒤 음절 첫소리로 옮겨 발음한다.
> **예** 밭 아래[바다래], 늪 앞[느밥], 젖어미[저더미], 맛없다[마덥따], 겉옷[거돋], 헛웃음[허두슴], 꽃 위[꼬뒤]
>
> ※ '맛있다, 멋있다'는 [마싣따], [머싣따]로도 발음할 수 있다.

⑧ 한글 자모의 이름은 그 받침소리를 연음하되, 'ㄷ, ㅈ, ㅊ, ㅋ, ㅌ, ㅍ, ㅎ'의 경우에는 특별히 다음과 같이 발음한다.
> **예** 디귿이[디그시], 지읒이[지으시], 치읓이[치으시], 키읔이[키으기], 티읕이[티으시], 피읖이[피으비], 히읗이[히으시]

⑨ 받침 'ㄷ, ㅌ(ㄾ)'이 조사나 접미사의 모음 'ㅣ'와 결합되는 경우에는, [ㅈ, ㅊ]으로 바꾸어서 뒤 음절 첫소리로 옮겨 발음한다.
> **예** 곧이듣다[고지듣따], 굳이[구지], 미닫이[미다지], 땀받이[땀바지]

⑩ 받침 'ㄱ(ㄲ, ㅋ, ㄳ, ㄺ), ㄷ(ㅅ, ㅆ, ㅈ, ㅊ, ㅌ, ㅎ), ㅂ(ㅍ, ㄼ, ㄿ, ㅄ)'은 'ㄴ, ㅁ' 앞에서 [ㅇ, ㄴ, ㅁ]으로 발음한다.
> **예** 먹는[멍는], 국물[궁물], 깎는[깡는], 키읔만[키응만], 몫몫이[몽목씨], 긁는[긍는], 흙만[흥만], 짓는[진 : 는], 옷맵시[온맵씨], 맞는[만는], 젖멍울[전멍울], 쫓는[쫀는], 꽃망울[꼰망울], 놓는[논는], 잡는[잠는], 앞마당[암마당], 밟는[밤 : 는], 읊는[음는], 없는[엄 : 는]

⑪ 받침 'ㅁ, ㅇ' 뒤에 연결되는 'ㄹ'은 [ㄴ]으로 발음한다.

> **예** 담력[담 : 녁], 침략[침냑], 강릉[강능], 대통령[대 : 통녕]

⑫ 'ㄴ'은 'ㄹ'의 앞이나 뒤에서 [ㄹ]로 발음한다.

> **예** 난로[날 : 로], 신라[실라], 광한루[광 : 할루], 대관령[대 : 괄령], 칼날[칼랄]

> ※ 다만, 다음과 같은 단어들은 'ㄹ'을 [ㄴ]으로 발음한다.

> > **예** 의견란[의 : 견난], 임진란[임 : 진난], 생산량[생산냥], 결단력[결딴녁], 공권력[공꿘녁], 상견례[상견녜], 횡단로[횡단노], 이원론[이 : 원논], 입원료[이붠뇨]

⑬ 받침 'ㄱ(ㄲ, ㅋ, ㄳ, ㄺ), ㄷ(ㅅ, ㅆ, ㅈ, ㅊ, ㅌ), ㅂ(ㅍ, ㄼ, ㄿ, ㅄ)' 뒤에 연결되는 'ㄱ, ㄷ, ㅂ, ㅅ, ㅈ'은 된소리로 발음한다.

> **예** 국밥[국빱], 깎다[깍따], 삯돈[삭똔], 닭장[닥짱], 옷고름[옫꼬름], 낯설다[낟썰다], 덮개[덥깨], 넓죽하다[넙쭈카다], 읊조리다[읍쪼리다], 값지다[갑찌다]

⑭ 어간 받침 'ㄴ(ㄵ), ㅁ(ㄻ)' 뒤에 결합되는 어미의 첫소리 'ㄱ, ㄷ, ㅅ, ㅈ'은 된소리로 발음한다.

> **예** 신고[신 : 꼬], 껴안다[껴안따], 앉고[안꼬], 닮고[담 : 꼬], 젊지[점 : 찌]

> ※ 다만, 피동, 사동의 접미사 '-기-'는 된소리로 발음하지 않는다.

> > **예** 안기다, 감기다, 굶기다, 옮기다

⑮ 표기상으로는 사이시옷이 없더라도, 관형격 기능을 지니는 사이시옷이 있어야 할(휴지가 성립되는) 합성어의 경우에는, 뒤 단어의 첫소리 'ㄱ, ㄷ, ㅂ, ㅅ, ㅈ'을 된소리로 발음한다.

> **예** 문고리[문꼬리], 눈동자[눈똥자], 산새[산쌔], 길가[길까], 강가[강까], 초승달[초승딸], 창살[창쌀]

⑯ 합성어 및 파생어에서, 앞 단어나 접두사의 끝이 자음이고 뒤 단어나 접미사의 첫음절이 '이, 야, 여, 요, 유'인 경우에는, 'ㄴ' 소리를 첨가하여 [니, 냐, 녀, 뇨, 뉴]로 발음한다.

> **예** 솜이불[솜 : 니불], 막일[망닐], 삯일[상닐], 내복약[내 : 봉냑], 남존여비[남존녀비], 늑막염[능망념], 눈요기[눈뇨기], 식용유[시굥뉴]

> ※ 다만, 다음과 같은 말들은 'ㄴ' 소리를 첨가하여 발음하되, 표기대로 발음할 수 있다.

> > **예** 이죽이죽[이중니죽 / 이주기죽], 야금야금[야금냐금 / 야그마금], 검열[검 : 녈 / 거 : 멸], 금융[금늉 / 그뮹]

> ㉠ 'ㄹ' 받침 뒤에 첨가되는 'ㄴ' 음은 [ㄹ]로 발음한다.

> > **예** 솔잎[솔립], 설익다[설릭따], 물약[물략], 유들유들[유들류들]

> ㉡ 두 단어를 이어서 한 마디로 발음하는 경우에도 이에 준한다.

> > **예** 옷 입다[온닙따], 서른여섯[서른녀섣], 3연대[삼년대], 먹은 엿[머근녇], 스물여섯[스물려섣], 1연대[일련대], 먹을 엿[머글렫]

> > ※ 다만, 다음과 같은 단어에서는 'ㄴ(ㄹ)' 음을 첨가하여 발음하지 않는다.

> > > **예** 6 · 25[유기오], 3 · 1절[사밀쩔], 송별연[송 : 벼련], 등용문[등용문]

⑰ 사이시옷이 붙은 단어는 다음과 같이 발음한다.

　㉠ 'ㄱ, ㄷ, ㅂ, ㅅ, ㅈ'으로 시작되는 단어 앞에 사이시옷이 올 때에는 이들 자음만을 된소리로 발음하는 것을 원칙으로 하되, 사이시옷을 [ㄷ]으로 발음하는 것도 허용한다.

　　예 냇가[내:까/낻:까], 샛길[새:낄/샏:낄], 깃발[기빨/긷빨], 뱃전[배쩐/밷쩐]

　㉡ 사이시옷 뒤에 'ㄴ, ㅁ'이 결합되는 경우에는 [ㄴ]으로 발음한다.

　　예 콧날[콛날→콘날], 아랫니[아랟니→아랜니], 툇마루[퇻:마루→퇸:마루], 뱃머리[밷머리→밴머리]

　㉢ 사이시옷 뒤에 '이' 음이 결합되는 경우에는 [ㄴㄴ]으로 발음한다.

　　예 베갯잇[베갣닏→베갠닏], 깻잎[깯닙→깬닙], 나뭇잎[나묻닙→나문닙], 도리깻열[도리깯녈→도리깬녈], 뒷윷[뒫:늇→뒨:늇]

③ 외래어 표기법

(1) 외래어는 국어의 현용 24자모만으로 적는다.

(2) 외래어의 1음운은 원칙적으로 1기호로 적는다.

(3) 받침에는 'ㄱ, ㄴ, ㄹ, ㅁ, ㅂ, ㅅ, ㅇ'만을 쓴다.

(4) 파열음 표기에는 된소리를 쓰지 않는 것을 원칙으로 한다.

(5) 이미 굳어진 외래어는 관용을 존중하되, 그 범위와 용례는 따로 정한다.

PLUS tip ···

자주 출제되지만 틀리기 쉬운 외래어 표기

- 초콜렛 → 초콜릿
- 부르조아 → 부르주아
- 비스켓 → 비스킷
- 앰브란스 → 앰뷸런스
- 스티로폴 → 스티로폼
- 상들리에 → 샹들리에
- 샌달 → 샌들
- 쇼파 → 소파
- 렌트카 → 렌터카
- 메세지 → 메시지
- 컨셉 → 콘셉트

- 요쿠르트 → 요구르트
- 카운셀링 → 카운슬링
- 플랭카드 → 플래카드
- 심포지움 → 심포지엄
- 팜플렛 → 팸플릿
- 앵콜 → 앙코르
- 레미컨 → 레미콘
- 스폰지 → 스펀지
- 모라토리옴 → 모라토리엄
- 레크레이션 → 레크리에이션
- 플래쉬 → 플래시

④ 로마자 표기법

(1) 표기의 기본 원칙

① 국어의 로마자 표기는 국어의 표준 발음법에 따라 적는 것을 원칙으로 한다.

② 로마자 이외의 부호는 되도록 사용하지 않는다.

③ 표기 일람

   ㉠ 모음

    • 단모음

ㅏ	ㅓ	ㅗ	ㅜ	ㅡ	ㅣ	ㅐ	ㅔ	ㅚ	ㅟ
a	eo	o	u	eu	i	ae	e	oe	wi

    • 이중모음

ㅑ	ㅕ	ㅛ	ㅠ	ㅒ	ㅖ	ㅘ	ㅙ	ㅝ	ㅞ	ㅢ
ya	yeo	yo	yu	yae	ye	wa	wae	wo	we	ui

   ㉡ 자음

    • 파열음

ㄱ	ㄲ	ㅋ	ㄷ	ㄸ	ㅌ	ㅂ	ㅃ	ㅍ
g, k	kk	k	d, t	tt	t	b, p	pp	p

    • 파찰음

ㅈ	ㅉ	ㅊ
j	jj	ch

    • 마찰음

ㅅ	ㅆ	ㅎ
s	ss	h

    • 비음

ㄴ	ㅁ	ㅇ
n	m	ng

    • 유음

ㄹ
r, l

(2) 로마자 표기 용례

① 자음 사이에서 동화 작용이 일어나는 경우

예 백마[뱅마] Baengma, 신문로[신문노] Sinmunno, 종로[종노] Jongno, 신라[실라] Silla, 왕십리[왕심니] Wangsimni

② 'ㄴ, ㄹ'이 덧나는 경우

예 학여울[항녀울] Hangnyeoul

③ 구개음화가 되는 경우

예 해돋이[해도지] haedoji 같이[가치] gachi

④ 체언에서 'ㄱ, ㄷ, ㅂ' 뒤에 'ㅎ'이 따를 때에는 'ㅎ'을 밝혀 적는다.

예 묵호 Mukho 집현전 Jiphyeonjeon

⑤ 된소리되기는 표기에 반영하지 않는다.

예 압구정 Apgujeong, 샛별 saetbyeol, 울산 Ulsan, 낙성대 Nakseongdae, 합정 Hapjeong, 낙동강 Nakdonggang

⑥ 인명은 성과 이름의 순서로 띄어 쓴다. 이름은 붙여 쓰는 것을 원칙으로 하되 음절 사이에 붙임표 (-)를 쓰는 것을 허용한다(〈 〉안의 표기를 허용함).

예 민용하 Min Yongha 〈Min Yong-ha〉, 송나리 Song Nari 〈Song Na-ri〉

⑦ '도, 시, 군, 구, 읍, 면, 리, 동'의 행정 구역 단위와 '가'는 각각 'do, si, gun, gu, eup, myeon, ri, dong, ga'로 적고, 그 앞에는 붙임표(-)를 넣는다. 붙임표(-) 앞뒤에서 일어나는 음운 변화는 표기에 반영하지 않는다.

예 양주군 Yangju-gun, 충청북도 Chungcheongbuk-do, 종로 2가 Jongno 2(i)-ga, 도봉구 Dobong-gu, 신창읍 Sinchang-eup, 의정부시 Uijeongbu-si

⑧ 자연 지물명, 문화재명, 인공 축조물명은 붙임표(-) 없이 붙여 쓴다.

예 독도 Dokdo, 경복궁 Gyeongbokgung, 독립문 Dongnimmun, 현충사 Hyeonchungsa, 남산 Namsan, 속리산 Songnisan, 금강 Geumgang, 남한산성 Namhansanseong

⑤ 높임 표현

(1) 주체 높임법

용언 어간 + 선어말 어미 '-시-'의 형태로 이루어져 서술어가 나타내는 행위의 주체를 높여 표현하는 문법 기능을 말한다.

예 선생님께서 그 책을 읽으셨(시었)다.

(2) 객체 높임법

말하는 이가 서술의 객체를 높여 표현하는 문법 기능을 말한다(드리다, 여쭙다, 뵙다, 모시다 등).

예 나는 그 책을 선생님께 드렸다.

(3) 상대 높임법

말하는 이가 말을 듣는 상대를 높여 표현하는 문법 기능을 말한다.

① 격식체

등급	높임 정도	종결 어미	예
해라체	아주 낮춤	-아라	여기에 앉아라.
하게체	예사 낮춤	-게	여기에 앉게.
하오체	예사 높임	-시오	여기에 앉으시오.
합쇼체	아주 높임	-ㅂ시오	여기에 앉으십시오.

② 비격식체

등급	높임 정도	종결 어미	예
해체	두루 낮춤	-아	여기에 앉아.
해요체	두루 높임	-아요	여기에 앉아요.

※ 공손한 뜻으로 높임을 나타낼 때는 선어말 어미 '-오-', '-사오-' 등을 쓴다.

예 변변치 못하오나 선물을 보내 드리오니 받아 주십시오.

① 글의 구성 요소

단어 → 문장 → 문단 → 글

① 단어 … 분리하여 자립적으로 쓸 수 있는 말이나 이에 준하는 말이나 그 말의 뒤에 붙어서 문법적 기능을 나타내는 말이다.

② 문장 … 생각이나 감정을 말로 표현할 때 완결된 내용을 나타내는 최소의 단위로, 주어와 서술어를 갖추고 있는 것이 원칙이나 생략될 수도 있다.

③ 문단 … 글에서 하나로 묶을 수 있는 짤막한 단위로, 한 편의 글은 여러 개의 문단으로 구성된다.

④ 글 … 어떤 생각이나 일 따위의 내용을 문자로 나타낸 기록이다.

② 문단의 짜임

① 중심 문장 … 하나의 문단에서 나타내고자 하는 중심 내용이 담긴 문장

② 뒷받침 문장 … 중심 문장의 내용을 효과적으로 전달하기 위해 보조적으로 쓰인 문장

> **PLUS** tip
>
> **설명문과 논설문의 짜임**
> ① 설명문 … 처음 – 중간 – 끝
>   ㉠ 처음 : 설명할 대상, 배경, 동기, 목적, 방법 등을 제시하는 단계로, 독자의 관심을 불러
>   일으키는 역할을 한다.
>   ㉡ 중간 : 다양한 설명 방법을 활용하여 설명하고자 하는 지식과 정보를 이해하기 쉽게 풀이
>   하는 단계이다.
>   ㉢ 끝 : 중간부분에서 설명한 내용을 요약 · 정리하고 마무리하는 단계이다.
> ② 논설문 … 서론 – 본론 – 결론
>   ㉠ 서론 : 글을 쓰는 동기와 목적을 밝히고, 문제를 제기하는 단계이다.
>   ㉡ 본론 : 여러 가지 근거를 들어 자신이 주장하려는 바를 증명하는 단계로, 제시하는 근거
>   의 타당성에 대한 검증이 필요하다.
>   ㉢ 결론 : 주장하는 내용을 요약하고 확인 · 강조하는 단계이다.

❸ 접속어

관계	내용	접속어의 예
순접	앞의 내용을 이어받아 연결시킴	그리고, 그리하여, 이리하여
역접	앞의 내용과 상반되는 내용을 연결시킴	그러나, 하지만, 그렇지만, 그래도
인과	앞뒤의 문장을 원인과 결과로 또는 결과와 원인으로 연결시킴	그래서, 따라서, 그러므로, 왜냐하면
전환	뒤의 내용이 앞의 내용과는 다른 새로운 생각이나 사실을 서술하여 화제를 바꾸며 이어줌	그런데, 그러면, 다음으로, 한편, 아무튼
예시	앞의 내용에 대해 구체적인 예를 들어 설명함	예컨대, 이를테면, 예를 들면
첨가 · 보충	앞의 내용에 새로운 내용을 덧붙이거나 보충함	그리고, 더구나, 게다가, 뿐만 아니라
대등 · 병렬	앞뒤의 내용을 같은 자격으로 나열하면서 이어줌	그리고, 또는, 및, 혹은, 이와 함께
확언 · 요약	앞의 내용을 바꾸어 말하거나 간추려 짧게 요약함	요컨대, 즉, 결국, 말하자면

대표유형 4   **독해**

---

❶ 핵심어, 주제, 제목 찾기

(1) 핵심어

① 설명문의 내용 또는 제목 내의 중요한 내용을 요약한 핵심적인 단어 또는 문구를 핵심어라고 한다.

② 글의 처음이나 마지막 부분의 문장이 열쇠가 되는 경우가 많다.

③ 핵심어는 반복 사용되는 경향이 있다.

(2) 주제 파악하기의 과정

① 형식 문단의 내용을 요약한다.

② 내용 문단으로 묶어 중심 내용을 파악한다.

③ 각 내용 문단의 중심 내용 간의 관계를 이해한다.

④ 전체적인 주제를 파악한다.

(3) 주제를 찾는 방법

① 주제가 겉으로 드러난 글(설명문, 논설문 등)

   ㉠ 글의 주제 문단을 찾는다. 주제 문단의 요지가 주제이다.

   ㉡ 대개 3단 구성이므로 끝 부분의 중심 문단에서 주제를 찾는다.

   ㉢ 중심 소재(제재)에 대한 글쓴이의 입장이 나타난 문장이 주제문이다.

   ㉣ 제목과 밀접한 관련이 있음에 유의한다.

② 주제가 겉으로 드러나지 않는 글(문학적인 글)

   ㉠ 글의 제재를 찾아 그에 대한 글쓴이의 의견이나 생각을 연결시키면 바로 주제를 찾을 수 있다.

   ㉡ 제목이 상징하는 바가 주제가 될 수 있다.

   ㉢ 인물이 주고받는 대화의 화제나 화제에 대한 의견이 주제일 수도 있다.

   ㉣ 글에 나타난 사상이나 내세우는 주장이 주제가 될 수도 있다.

   ㉤ 시대적·사회적 배경에서 글쓴이가 추구하는 바를 찾을 수 있다.

(4) 세부 내용 파악하기

① 제목을 확인한다.

② 주요 내용이나 핵심어를 확인한다.

③ 지시어나 접속어에 유의하며 읽는다.

④ 중심 내용과 세부 내용을 구분한다.

⑤ 내용 전개 방법을 파악한다.

⑥ 사실과 의견을 구분하여 내용의 객관성과 주관성 파악한다.

❷ 추론하며 읽기

(1) 추론하며 읽기의 뜻

글 속에 명시적으로 드러나 있지 않은 내용, 과정, 구조에 관한 정보를 논리적 비약 없이 추측하거나 상상하며 읽는 것을 말한다.

(2) 추론하며 읽기의 방법

① 문장의 연결 관계를 통하여 생략된 정보를 추측한다.

② 뜻이 분명하지 않은 문장의 의미를 자신의 배경 지식을 활용하여 정확하게 파악한다.

③ 글에 제시되어 있는 내용을 바탕으로 글 속에 분명히 드러나 있지 않은 중심 내용이나 주제를 파악한다.

④ 문맥의 흐름을 기준으로 문단의 연결 관계를 정확하게 파악한다.

⑤ 글의 조직 및 전개 방식을 기준으로 글 전체의 계층적 구조를 정확하게 파악한다.

출제예상문제

▌1 ~ 10 ▌ 다음 제시된 단어와 의미가 유사한 단어를 고르시오.

1

당착

① 자면   ② 모순

③ 봉기   ④ 도달

> ✔해설 당착 … 말이나 행동 따위의 앞뒤가 맞지 않음
> ② 모순 : 어떤 사실의 앞뒤, 또는 두 사실이 이치상 어긋나서 서로 맞지 않음을 이르는 말
> ① 자면 : 겉으로 드러난 문자의 의미
> ③ 봉기 : 벌 떼처럼 떼 지어 세차게 일어남
> ④ 도달 : 목적한 곳이나 수준에 다다름

2

저명

① 자명   ② 해명

③ 사명   ④ 고명

> ✔해설 저명 … 세상에 이름이 널리 드러나 있음
> ④ 고명 : 높이 알려진 이름이나 높은 명예
> ① 자명 : '자명하다(설명하거나 증명하지 아니하여도 저절로 알 만큼 명백하다)'의 어근
> ② 해명 : 까닭이나 내용을 풀어서 밝힘
> ③ 사명 : 맡겨진 임무

3

날조

① 비방　　　　　　　　　② 허위

③ 은폐　　　　　　　　　④ 인정

> ✔해설 날조 … 사실이 아닌 것을 사실인 것처럼 거짓으로 꾸밈
> ② 허위 : 진실이 아닌 것을 진실인 것처럼 꾸민 것
> ① 비방 : 남을 비웃고 헐뜯어서 말함
> ③ 은폐 : 덮어 감추거나 가리어 숨김
> ④ 인정 : 확실히 그렇다고 여김

4

항간

① 세속　　　　　　　　　② 수긍

③ 원조　　　　　　　　　④ 언사

> ✔해설 항간 … 시골 마을의 사회, 일반 사람들 사이
> ① 세속 : 사람이 살고 있는 모든 사회를 통틀어 이르는 말
> ② 수긍 : 옳다고 인정함. '옳게 여김'으로 순화
> ③ 원조 : 어떤 사물이나 물건의 최초 시작으로 인정되는 사물이나 물건
> ④ 언사 : 재능과 덕망이 뛰어난 선비

5

존립

① 생존   ② 영속

③ 사유   ④ 독신

✔**해설** 존립 … 생존하여 자립함
① 생존 : 살아 있음. 또는 살아남음
② 영속 : 영원히 계속함
③ 사유 : 대상을 두루 생각하는 일
④ 독신 : 혼자서 스스로 근신함

6

은닉

① 묻다   ② 파다

③ 알다   ④ 꼬다

✔**해설** 은닉 … 남의 물건이나 범죄인을 감춤
① 묻다 : 일을 드러내지 아니하고 속 깊이 숨기어 감추다.
② 파다 : 어떤 것을 알아내거나 밝히기 위하여 몹시 노력하다.
③ 알다 : 어떤 일에 대하여 관여하거나 관심을 가지다.
④ 꼬다 : 남의 마음에 거슬릴 정도로 빈정거리다.

7

동갑

① 상념   ② 한량

③ 동포   ④ 동년

> ✔ 해설   동갑 … 육십갑자가 같다는 뜻으로, 같은 나이를 이르는 말
> ④ 동년 : 같은 해. 또는 같은 나이
> ① 상념 : 마음속에 품고 있는 여러 가지 생각
> ② 한량 : 돈 잘 쓰고 잘 노는 사람을 비유적으로 이르는 말
> ③ 동포 : 한 부모에게서 태어난 형제자매. 또는 같은 나라 또는 같은 민족의 사람을 다정하게 이르는 말

8

정양(靜養)

① 배양   ② 함양

③ 부양   ④ 요양

> ✔ 해설   정양(靜養) … 몸과 마음을 편하게 하여 피로나 병을 요양함
> ④ 요양 : 휴양하면서 조리하여 병을 치료함
> ① 배양 : 인격, 역량, 사상 따위가 발전하도록 가르치고 키움
> ② 함양 : 능력이나 품성 따위를 길러 쌓거나 갖춤
> ③ 부양 : 생활 능력이 없는 사람의 생활을 돌봄

9

당면

① 조치   ② 즉결

③ 우상   ④ 봉착

> ✔ 해설   당면 … 바로 눈앞에 당함
> ④ 봉착 : 어떤 처지나 상태에 부닥침
> ① 조지 : 벌어지는 사태를 잘 살펴서 필요한 대책을 세워 행함
> ② 즉결 : 그 자리에서 곧 결정함. 또는 그런 결정에 따라 마무리를 지음
> ③ 우상 : 신처럼 숭배의 대상이 되는 물건이나 사람

10

수범

① 사견   ② 모범

③ 소범   ④ 부문

> ✔ 해설   수범 … 몸소 본보기가 되도록 함
> ② 모범 : 본받아 배울만한 대상
> ① 사견 : 자기 개인의 생각이나 의견
> ③ 소범 : 저지른 죄
> ④ 부문 : 일정한 기준에 따라 분류하거나 나누어 놓은 낱낱의 범위나 부분

11

신뢰

① 의지 ② 단순
③ 의구 ④ 책임

> ✔해설 신뢰 … 굳게 믿고 의지함
> ③ 의구 : 의심하고 두려워함
> ① 의지 : 어떠한 일을 이루고자 하는 마음
> ② 단순 : 복잡하지 않고 간단하다.
> ④ 책임 : 맡아서 해야 할 임무나 의무

12

친숙

① 여념 ② 동류
③ 생소 ④ 친근

> ✔해설 친숙 … 친하여 익숙하고 허물이 없음
> ③ 생소 : 어떤 대상이 친숙하지 못하고 낯이 설다.
> ① 여념 : 어떤 일에 대하여 생각하고 있는 것 이외의 다른 생각
> ② 동류 : 같은 종류나 부류
> ④ 친근 : 사귀어 지내는 사이가 아주 가깝게

13	결속

① 분산   ② 결집

③ 추진   ④ 분발

✔해설 결속 … 한 덩어리가 되게 묶음
　　　① 분산 : 갈라져 흩어짐. 또는 그렇게 되게 함
　　　② 결집 : 한곳에 모여 뭉침
　　　③ 추진 : 물체를 밀어 앞으로 내보냄
　　　④ 분발 : 마음과 힘을 다하여 떨쳐 일어남

14	영전

① 등진   ② 승계

③ 좌천   ④ 승양

✔해설 영전 … 전보다 더 좋은 자리나 직위로 옮김
　　　③ 좌천 : 낮은 관직이나 지위로 떨어지거나 외직으로 전근됨을 이르는 말
　　　① 등진 : 관직이나 지위 따위가 올라감
　　　② 승계 : 품계가 오름
　　　④ 승양 : 벼슬이 오름

15

보통

① 선별   ② 특별

③ 구별   ④ 송별

> ✔해설 보통 … 특별하지 아니하고 흔히 볼 수 있음
> ② 특별 : 보통과 구별되게 다름
> ① 선별 : 가려서 따로 나눔
> ③ 구별 : 성질이나 종류에 따라 차이가 남
> ④ 송별 : 떠나는 사람을 이별하여 보냄

16

번망하다

① 어수선하다   ② 번잡하다

③ 한산하다   ④ 발생하다

> ✔해설 번망하다 … 번거롭고 어수선하여 매우 바쁘다.
> ③ 한산하다 : 일이 없어 한가하다.
> ① 어수선하다 : 사물이 얽히고 뒤섞여 가지런하지 아니하고 마구 헝클어져 있다.
> ② 번잡하다 : 번거롭게 뒤섞여 어수선하다.
> ④ 발생하다 : 어떤 일이나 사물이 생겨나다.

Answer   13.①   14.③   15.②   16.③

17

굴종

① 위로　　　　　　　　　　② 반항

③ 경종　　　　　　　　　　④ 굴복

✔해설 굴종 ··· 제 뜻을 굽혀 남에게 복종함
② **반항** : 다른 사람이나 대상에 맞서 대들거나 반대함
① **위로** : 어떤 직위에 있는 사람을 다른 사람으로 바꿈
③ **경종** : 잘못된 일이나 위험한 일에 대하여 경계하여 주는 주의나 충고를 비유적으로 이르는 말
④ **굴복** : 힘이 모자라서 복종함

18

왕세(往世)

① 미래　　　　　　　　　　② 소통

③ 친밀　　　　　　　　　　④ 자유

✔해설 왕세(往世) ··· 옛날, 지난 지 꽤 오래된 시기를 막연히 이르는 말
① **미래** : 앞으로 올 때
② **소통** : 막히지 아니하고 잘 통함
③ **친밀** : 지내는 사이가 매우 친하고 가까움
④ **자유** : 외부적인 구속이나 무엇에 얽매이지 아니하고 자기 마음대로 할 수 있는 상태

19

우수

① 우주   ② 탁월

③ 유수   ④ 열등

> ✔해설 우수 … 여럿 가운데 뛰어남
> ④ 열등 : 보통의 수준이나 등급보다 낮음
> ① 우주 : 무한한 시간과 만물을 포함하고 있는 끝없는 공간의 총체
> ② 탁월 : 남보다 두드러지게 뛰어남
> ③ 유수 : 손꼽을 만큼 두드러지거나 훌륭함

20

알력(軋轢)

① 불화   ② 친화

③ 반영   ④ 흡사

> ✔해설 알력(軋轢) … 수레바퀴가 삐걱거린다는 뜻으로, 서로 의견이 맞지 아니하여 사이가 안 좋거나 충돌하는 것을 이르는 말
> ② 친화 : 사이좋게 잘 어울림
> ① 불화 : 서로 화합하지 못함
> ③ 반영 : 다른 것에 영향을 받아 어떤 현상이 나타남
> ④ 흡사 : 거의 같을 정도로 비슷한 모양

다음 제시된 단어의 의미로 옳은 것을 고르시오.

21

무드러기

① 화톳불이 꺼진 뒤에 미처 다 타지 않고 남아 있는 장작개비
② 쓰고 남은 자질구레한 조각
③ 골라내거나 잘라 내고 남은 나머지
④ 옷의 솔기 따위가 비뚤어진 곳

✔해설 ② 끄트러기 ③ 지스러기 ④ 어스러기

22

너테

① 대나무를 쪼개어 결어 만든 테
② 주색잡기에 빠짐. 또는 그런 짓
③ 물이나 눈이 얼어붙은 위에 다시 물이 흘러서 여러 겹으로 얼어붙은 얼음
④ 쇠로 만든 테

✔해설 ① 대테 ② 에테 ④ 쇠테

23

아근바근

① 서로 마음이 맞지 아니하여 사이가 벌어지는 모양
② 무엇을 이루려고 애를 쓰거나 우겨대는 모양
③ 어린아이가 소리 없이 탐스럽고 귀엽게 웃는 모양
④ 많은 사람, 짐승, 벌레 따위가 비좁게 모여 몹시 붐비거나 들끓는 모양

✔해설 ② 아등바등 ③ 앙글방글 ④ 아글바글

24

얼없다

① 좀 겸연쩍고 부끄럽다.
② 얼이 빠져 정신이 없다.
③ 끝이 없다.
④ 그 위를 넘는 것이 없을 정도로 가장 높고 좋다.

✔ 해설 ① 열없다 ③ 가없다 ④ 위없다

25

날포

① 으뜸의 바로 아래
② 하루가 조금 넘는 동안
③ 아주 가까운 몸의 뒤쪽
④ 일정한 직업이나 일 따위에 매인 사람이 다른 일로 말미암아 얻는 겨를

✔ 해설 ① 버금 ③ 덜미 ④ 말미

▌26 ~ 30 ▌ 다음 제시된 어구 풀이의 의미와 가장 잘 부합하는 어휘를 고르시오.

26

> 무엇을 하고 싶어서 잠자코 있을 수가 없다.

① 오금이 쑤시다   ② 오지랖이 넓다

③ 코가 빠지다   ④ 발이 뜨다

   ② 주제넘게 남의 일에 간섭하다.
     ③ 근심이 가득하다.
     ④ 어떤 곳에 자주 다니지 아니하다.

27

> 얼굴에 핏기가 없고 파리하다

① 핼쑥하다   ② 수척하다

③ 스산하다   ④ 완뢰하다

   ② 몸이 몹시 야위고 마른 듯하다.
     ③ 마음이 가라앉지 아니하고 뒤숭숭하다.
     ④ 굳세고 튼튼하다.

28

> 행동. 성격 따위가 느리고 게으르다.

① 나태하다   ② 한가하다

③ 선점하다   ④ 태평하다

   ② 겨를이 생겨 여유가 있다.
     ③ 남보다 앞서서 차지하다.
     ④ 마음에 아무 근심 걱정이 없다.

29

끝을 맺음

① 고지　　　　　　　　　　　② 귀결

③ 귀감　　　　　　　　　　　④ 귀공

> ✔해설　① 상대방의 의견을 높이는 말
> ③ 본보기가 될 만한 것
> ④ 세상에 보기 드문 솜씨

30

일에는 마음을 두지 아니하고 쓸데없이 다른 짓을 함

① 방정　　　　　　　　　　　② 해찰

③ 정평　　　　　　　　　　　④ 자발

> ✔해설　① 찬찬하지 못하고 몹시 가볍고 점잖지 못하게 하는 말이나 행동
> ③ 모든 사람이 다같이 인정하는 평판
> ④ 남이 시키거나 요청하지 아니하였는데도 자기 스스로 나아가 행함

Answer　26.①　27.①　28.①　29.②　30.②

|31~35| 다음 중 제시된 문장의 밑줄 친 어휘와 같은 의미로 사용된 것을 고르시오.

31

> 저 멀리 연기를 뿜으며 앞서가는 기차의 <u>머리</u>가 보였다.

① 그는 우리 모임의 <u>머리</u> 노릇을 하고 있다.
② <u>머리</u>도 끝도 없이 일이 뒤죽박죽이 되었다.
③ 그는 테이블 <u>머리</u>에 놓인 책 한 권을 집어 들었다.
④ 주머니에 비죽이 술병이 <u>머리</u>를 내밀고 있었다.

✔해설 ④ 사물의 앞이나 위를 비유적으로 이르는 말
① 단체의 우두머리
② 일의 시작이나 처음을 비유적으로 이르는 말
③ 한쪽 옆이나 가장자리

32

> 당신과 헤어지고 <u>지는</u> 해를 따라 집으로 돌아갔다.

① 꽃이 <u>진</u> 거리에는 머지않아 또 다른 꽃들이 피어났다.
② 아이는 놀이에서 <u>지고</u> 돌아와서 한참을 울었다.
③ 소녀는 달이 <u>지고</u> 해가 뜨면 아침이 올 것이라고 말했다.
④ 아들은 엄마가 <u>지던</u> 짐을 말없이 넘겨받았다.

✔해설 ③ 해나 달이 서쪽으로 넘어가다.
① 꽃이나 잎 따위가 시들어 떨어지다.
② 내기나 시합, 싸움 따위에서 재주나 힘을 겨루어 상대에게 꺾이다.
④ 물건을 짊어서 등에 얹다.

33

> 박수를 <u>치며</u> 노래를 불렀다.

① 갑자기 천둥 <u>치는</u> 소리가 나서 놀랐다.

② 그는 사랑을 최고라고 <u>치는</u> 사람이다.

③ 눈이 부셔 그늘막을 <u>쳤다</u>.

④ 주말에 피아노를 <u>치는</u> 것을 좋아한다.

✔해설 ④ 손이나 물건 따위를 부딪쳐 소리 나게 하다.
① 천둥이나 번개 따위가 큰 소리나 빛을 내면서 일어나다.
② 어떠한 상태라고 인정하거나 사실인 듯 받아들이다.
③ 막이나 그물, 발 따위를 펴서 벌이거나 늘어뜨리다.

34

> 마음을 독하게 <u>먹지</u> 않으면 유혹에 넘어가고 말거야.

① 양심을 <u>먹고</u> 올바른 말을 하기로 했다.

② 너무 충격을 <u>먹어서</u> 말이 안 나온다.

③ 하루 종일 너무 많은 욕을 <u>먹었다</u>.

④ 자, 이제 약을 <u>먹어야</u> 할 시간이다.

✔해설 ① 어떤 마음이나 감정을 품다.
② 겁, 충격 따위를 느끼게 되다.
③ 욕, 핀잔 따위를 듣거나 당하다.
④ 음식 따위를 입을 통하여 배 속에 들여보내다.

35

> 강당에 사람이 가득 <u>차서</u> 더 이상 들어갈 수 없었다.

① 그는 승리의 기쁨에 가득 <u>차서</u> 눈물을 흘렸다.
② 할아버지는 혀를 끌끌 <u>차며</u> 손주의 행동을 바라보았다.
③ 미숙이는 성격이 <u>차고</u> 매서워서 사람들이 잘 따르지 않는다.
④ 초의 향과 따스함이 방 안에 가득 <u>차</u> 아늑한 분위기를 연출했다.

> ✔해설 ④ 일정한 공간에 사람, 사물, 냄새 따위가 더 들어갈 수 없이 가득하게 되다.
> ① 감정이나 기운 따위가 가득하게 되다.
> ② 혀를 입천장 앞쪽에 붙였다가 떼어 소리를 내다.
> ③ 인정이 없고 쌀쌀하다.

┃36 ～ 40 ┃ 다음 빈칸에 들어갈 어휘로 가장 적절한 것을 고르시오.

36

> 올 겨울 들어 가장 추운 날씨에 옷을 ___ 껴입었다.

① 살포시   ② 슬슬
③ 한껏   ④ 한갓

> ✔해설 ③ 할 수 있는 데까지, 한도에 이르는 데까지
> ① 포근하게 살며시
> ② 남이 모르게 슬그머니 행동하는 모양
> ④ 다른 것 없이 겨우

37

> 다시 한 번 이 행사를 위해 힘써 주신 여러분께 감사드리며, 이것으로 인사말을 ___ 하겠습니다.

① 갈음   ② 가름
③ 가늠   ④ 갸름

> ✔해설 ① 본디 것을 대신에 다른 것으로 가는 일
> ② 따로따로 갈라놓는 일
> ③ 목표나 기준에 맞고 안 맞음을 헤아리는 일
> ④ 보기 좋을 정도로 조금 가늘고 긴 듯함

38

> 우리가 별 탈 없이 _____ 자라 벌써 스무 살이 되었다.

① 깜냥깜냥   ② 어리마리

③ 콩팔칠팔   ④ 도담도담

> ✔해설   ④ 어린아이가 탈 없이 잘 놀며 자라는 모양
> ① 자신의 힘을 다하여
> ② 잠이 든 둥 만 둥 하여 정신이 흐릿한 모양
> ③ 갈피를 잡을 수 없도록 마구 지껄이는 모양

39

> 매립지에 가득 찬 쓰레기들을 보고 온 담당자는 시민들에게 분리수거의 중요성에 대해 다시 한번 _____ 했다.

① 주파   ② 격파

③ 추파   ④ 설파

> ✔해설   ④ 어떤 내용을 듣는 사람이 납득하도록 분명하게 드러내어 말함
> ① 도중에 쉬지 않고 끝까지 달림
> ② 단단한 물체를 손이나 발 따위로 쳐서 깨뜨림
> ③ 이성의 관심을 끌기 위하여 은근히 보내는 눈길

40

> 확진자 수가 점점 늘어나면서 밀접하게 접촉한 사람들끼리의 감염이 기하급수적으로 _____ 되고 있습니다.

① 배가   ② 배격

③ 배신   ④ 배정

> ✔해설   ① 갑절 또는 몇 배로 늘어나거나 늘림
> ② 어떤 사상, 의견, 물건 따위를 물리침
> ③ 믿음이나 의리를 저버림
> ④ 몫을 나누어 정함

Answer   35.④   36.③   37.①   38.④   39.④   40.①

|41～43| 다음 제시어 중 서로 관련 있는 세 개의 단어를 찾아 연상되는 것을 고르시오.

41

> 연극, 오페라의 유령, 브로드웨이, 충무로, 아리아, 놀이공원, 가면, 별, 심리학

① 할리우드　　　　　　　　　② 중세유럽

③ 발레　　　　　　　　　　　④ 뮤지컬

　✔해설 제시된 단어 중 오페라의 유령, 브로드웨이, 아리아를 통해 '뮤지컬'을 유추해 볼 수 있다.

42

> 컴퓨터, 썰매, 운동화, 자동차, 난로, 빨대, 경복궁, 크리스마스, 경마장

① 바다　　　　　　　　　　　② 학교

③ 겨울　　　　　　　　　　　④ 동물

　✔해설 제시된 단어 중 썰매, 난로, 크리스마스를 통해 '겨울'을 유추해 볼 수 있다.

43

> 태풍, 텀블러, 스테이플러, 치약, 돌고래, 모기, 장마, 대형마트, 번데기

① 여름　　　　　　　　　　　② 오두막

③ 베이커리　　　　　　　　　④ 아쿠아리움

　✔해설 제시된 단어 중 태풍, 모기, 장마를 통해 '여름'을 유추해 볼 수 있다.

44 다음 밑줄 친 단어들의 의미 관계가 다른 하나는?

① 폭우 때문에 <u>배</u>가 출항하지 못했다.

　 우리 할머니는 달콤한 <u>배</u>를 정말 좋아하신다.

② 산꼭대기에 올라서니 <u>다리</u>가 후들거린다.

　 인천대교는 세계에서도 손꼽히는 긴 <u>다리</u>이다.

③ 햇볕에 얼굴이 까맣게 <u>탔다</u>.

　 어제는 오랜만에 기차를 <u>탔다</u>.

④ 어제 시험은 잘 <u>보았니</u>?

　 아침에 택시와 버스가 충돌하는 걸 <u>보았니</u>?

　　✔해설 ④ 두 문장에 쓰인 '보다'의 의미가 '자신의 실력이 나타나도록 치르다.', '눈으로 대상의 존재나 형태적
　　　　　 특징을 알다.'이므로 다의어 관계이다.
　　　　　 ①②③ 두 문장의 단어가 서로 동음이의어 관계이다.

45 다음에 제시된 문장의 밑줄 친 부분의 의미가 나머지와 가장 다른 것은?

① 자정이 되어서야 목적지에 <u>이르다</u>.

② 결론에 <u>이르다</u>.

③ 위험한 지경에 <u>이르러서야</u> 사태를 파악했다.

④ 그의 피나는 노력으로 드디어 성공에 <u>이르게</u> 되었다.

　　✔해설 ① 어떤 장소 · 시간에 닿음을 의미한다.
　　　　　 ②③④ 어떤 정도나 범위에 미침을 의미한다.

▌46～50▌ 다음에 제시된 글을 흐름이 자연스럽도록 순서대로 배열하시오.

46

> (가) 받침점에서 힘점까지의 거리가 받침점에서 작용점까지의 거리에 비해 멀수록 힘점에 작은 힘을 주어 작용점에서 물체에 큰 힘을 가할 수 있다.
> (나) 지레는 받침과 지렛대를 이용하여 물체를 쉽게 움직일 수 있는 도구이다.
> (다) 이러한 지레의 원리에는 돌림힘의 개념이 숨어 있다.
> (라) 지레에서 힘을 주는 곳을 힘점, 지렛대를 받치는 곳을 받침점, 물체에 힘이 작용하는 곳을 작용점이라 한다.

① (라) – (나) – (다) – (가)   ② (나) – (라) – (가) – (다)
③ (가) – (나) – (라) – (다)   ④ (다) – (가) – (라) – (나)

✔해설 지레에 대한 정의를 (나)에서 말한 뒤 지레의 힘점, 받침점, 작용점을 (라)에서 설명하고 각 지점들이 작용하는 원리를 (가)에서, 이를 통해 (다)에서 돌림힘의 개념을 제시하고 있다.

47

> (가) 진화는 반드시 이상적이고 완벽한 구조를 창출해 내는 방향으로만 이루어지는 것은 아니다.
> (나) 그래서 진화는 불가피하게 타협적인 구조를 선택하는 방향으로 이루어지며, 순간순간의 필요에 대응한 결과가 축적되는 과정이라고 할 수 있다.
> (다) 진화 과정에서는 새로운 환경에 적응하기 위한 최선의 구조가 선택되지만, 그 구조는 기존의 구조를 허물고 처음부터 다시 만들어 낸 최상의 구조와는 차이가 있다.
> (라) 질식의 원인이 되는 교차된 기도와 식도의 경우처럼, 진화의 산물이 우리가 보기에는 납득할 수 없는 불합리한 구조를 지니게 되는 이유가 바로 여기에 있다.

① (가) – (라) – (다) – (나)   ② (나) – (라) – (가) – (다)
③ (가) – (다) – (나) – (라)   ④ (나) – (라) – (다) – (가)

✔해설 가장 먼저 (가)에서 진화의 과정이 이상적이고, 완벽하지 않음을 제시하고 있으며 (다)과 (나)에서 진화의 과정에 대해 설명하고, (라)에서 그 과정이 (가)의 이유임을 제시하고 있다.

48

> (가) 특별하지 않아도 괜찮으니, 오로지 행복을 위한 작은 무언가를 찾길 바란다.
>
> (나) 우리는 모두 매일이 똑같이 반복되는 하루를 살아가고 있다.
>
> (다) 그렇기 때문에 반복된 일상 속에서 나의 즐거움을 찾는 것이 중요하다.
>
> (라) 누구든지 그런 생활을 계속하다 보면 지치기 마련이다.
>
> (마) 그러면 삶이 조금 더 윤택해질 것이다.

① (나) - (라) - (다) - (가) - (마)　　② (나) - (가) - (마) - (라) - (다)

③ (가) - (마) - (다) - (나) - (라)　　④ (가) - (마) - (나) - (라) - (다)

✔해설 (나)에서 화제를 제시하고 (라)에서 그것의 문제를 얘기하고 있다. (다)에서 앞 내용에 대한 해결책을 제시하고 (가)에서는 보충설명, 그리고 (마)에서 결론을 지었다.

49

(가) 양입위출은 대동법 실시론자뿐만 아니라 공안(貢案) 개정론자도 공유하는 원칙이었으나, 공납제의 폐단을 두고 문제의 해법을 찾는 방식은 차이가 있었다. 공안 개정론자는 호마다 현물을 거두는 종래의 공물 부과 기준과 수취 수단을 유지하되 공물 수요자인 관료들의 절용을 강조함으로써 '위출'의 측면에 관심을 기울였다. 반면 대동법 실시론자들은 공물가를 한 번 거둔 후 다시 거두지 않도록 제도화할 것을 주장하여 '양입'의 측면을 강조하였다.

(나) 대동법의 핵심 내용으로, 공물을 부과하는 기준이 호(戶)에서 토지[田結]로 바뀐 것과, 수취 수단이 현물에서 미(米)·포(布)로 바뀐 것을 드는 경우가 많다. 하지만 양자는 이미 대동법 시행 전부터 각 지방에서 광범위하게 시행되고 있었기 때문에 이를 대동법의 본질적 요소라고 볼 수는 없다. 대동법의 진정한 의미는 공물 부과 기준과 수취 수단이 법으로 규정됨으로써, 공납 운영의 원칙인 양입위출(수입을 헤아려 지출을 행하는 재정 운영 방식)의 객관적 기준이 마련되었다는 점에 있다.

(다) 현물을 호에 부과하는 방식으로는 공납제 운영을 객관화하기 어려웠음에도 불구하고, 공안 개정론자는 공물 수요자의 자발적 절용을 강조하는 것 외에 그것을 강제할 수 있는 별도의 방법을 제시하지 못하였다. 이에 반해 대동법 실시론자는 공물 수요자 측의 절용이 필요하다고 보면서도 이들의 '사적 욕망'에서 빚어진 폐습을 극복하기 위해서는 이를 규제할 '공적 제도'가 필요하다고 믿었다.

(라) 요컨대 양입위출에 대한 이런 강조점의 차이는 문제에 대한 해법을 개인적 도덕 수준을 제고하는 것으로 마련하는가, 아니면 제도적 보완이 필요하다고 보고 그 방안을 강구하는가의 차이였다. 공물 수취에 따른 폐해들을 두고 공안 개정론자는 공물 수요자 측의 사적 폐단, 즉 무분별한 개인적 욕망에서 비롯된 것으로 보았다. 반면 대동법 실시론자는 중앙정부 차원에서 공물세를 관리할 수 있는 합리적 근거와 기준이 미비하였기 때문이라고 보았다.

① (가) – (다) – (라) – (나) ② (나) – (가) – (라) – (다)
③ (나) – (다) – (가) – (라) ④ (다) – (나) – (가) – (라)

✔해설 (나)에서 대동법의 본질적 요소(양입위출)을 설명하고 (가)에서 양입위출에 대한 공안 개정론자와 대동법 실시론자의 해석을 언급한다. (라)에서 공안 개정론자와 대동법 실시론자의 문제 인식을, (다)에서 공안 개정론자와 대동법 실시론자의 기존 제도에 대한 의견 차이를 이야기 하고 있다.

50

(가) 자원봉사는 대학의 역할에도 영향을 준다. 대학의 3대 기능인 교수의 기능·연구의 기능·봉사의 기능 중 봉사의 기능에 해당하며, 대학은 이론 학습 및 학문의 전수뿐만 아니라 지역사회를 위해 선도적인 역할을 수행해야 할 의무가 있다. 대학생들은 지역사회 계발 과정에서 소외계층을 외면할 수 없으며 지역사회 발전에 동참하면서 자신의 잠재능력을 찾고 키워나가야 한다고 강조한다.

(나) 변화하는 현대사회에서는 사회구성원이 필요로 하는 욕구를 충족시키기 위해 사회 전반적인 영역에서 시민의 책임의식과 공동체 의식에 기반을 둔 자원봉사의 중요성과 필요성이 대두되었다. 자원봉사의 적극적인 참여는 필수적인 요소가 되었고 봉사자의 역할이 사회분위기에 주요한 영향을 미치게 되었다.

(다) 이처럼 대학생의 자원봉사는 교육과 훈련의 방법으로서 매우 중요한 의미를 지닌다. 의미 있는 봉사활동은 개인적인 발전이나 태도개선과 같은 의의를 가져다 줄뿐만 아니라 동시에 사회적 책임성, 생산성 등의 기능을 수행할 수 있도록 한다. 대학생들이 자원봉사로 경험하는 심리적 특성은 일반적으로 자발성, 공익성, 무보수성, 이타성이 거론되는데 이외에도 헌신, 학습, 조직, 심리적 보상, 희생, 공동체성, 민주성 등 다양한 특성들도 거론되고 있다.

(라) 대학생 자원봉사는 대학생들로 하여금 타인과의 협력을 통해 자기발전과 성숙에 이르도록 사회성을 길러줄 뿐만 아니라 자아를 실현할 수 있도록 한다. 자원봉사를 통해 스스로 실천하는 자기노력을 배양하고 협동심과 공동체 정신을 함양할 수 있으며 자신의 적성을 발견할 수 있는 기회를 통해 새로운 기술 학습 및 이미 가진 기술을 발전시킬 수 있다.

① (가) – (나) – (라) – (다)

② (가) – (다) – (나) – (라)

③ (나) – (가) – (라) – (다)

④ (다) – (나) – (가) – (라)

✅ **해설** (나)에서 자원봉사의 의의를 제시하고 (가)에서는 대학과 대학생들이 자원봉사를 수행해야 하는 이유를 언급하고 있다. (라)는 자원봉사의 역할과 대학생들에게 미치는 영향을, (다)에서는 (라)에 이어 자원봉사로 인해 대학생들이 경험하는 심리적 특성에 대해 이야기하고 있다.

Answer 49.② 50.③

51

과학이 높이 평가받는 이유는 객관성, 그리고 그에 따르는 정확성과 엄밀성 때문이다. 연구자가 연구 대상으로부터 자신을 분리하고 거리를 둠으로써 주관적 요소를 배제하고 사태 자체를 객관적으로 파악하는 것이 과학적 태도라고 우리는 생각한다. 하지만 물리화학, 경제학, 철학 등 다방면에서 학문적 업적을 이룬 마이클 폴라니는 이런 생각에 동의하지 않는다. 그는 암묵적 지식이 늘 지식의 조건으로 전제되며, 통합하는 인격적 행위 없이 지식이 성립하지 않는다는 사실을 보여줌으로써 과학적 지식의 객관성과 가치중립성에 의문을 제기한다. 암묵적 지식이란 한 인격체가 성취한 지식으로, 개인적이고 인격적인 성격을 띤다. 암묵적 지식의 한 측면을 우리는 못질하는 행동에서 파악할 수 있다. 우리 눈은 못대가리에 의식적으로 초점을 두어야 하지만 마치 망치를 든 손과 공간에 대한 보조 의식이 없다면 못질은 실패할 것이다. 이런 보조 의식이 암묵적 지식이다. 암묵적 지식은 검증되지 않는다. 그러므로 _____

① 우리는 보조 의식이 어떠한 형태로 적립되고 발전하게 되는지 알 수 없다.

② 완전한 검증을 거친 지식 체계가 가능하다는 객관주의의 지식 이념은 환상에 지나지 않는다고 할 수 있다.

③ 검증되지 않은 지식을 지식의 조건이라고 말하는 것 자체가 일종의 어폐라고 할 수 있다.

④ 암묵적 지식은 검증되지 않는 지식이기 때문에 과학적이라고 할 수 없는 것이다.

✔해설 과학적 태도를 객관적이라고 하지만 마이클 폴라니에 따르면 어떠한 지식이든 그 전제에 암묵적 지식이 존재하며 암묵적 지식은 주관적이고 검증되지 않은 것이다. 때문에 '그러므로' 뒤에 올 적절한 문장은 ②이다.

52

　　민주주의에서 '사회적 합의'는 만장일치의 개념이 아니라, 여러 대안들 간의 경쟁을 통해 다수 의사를 만들어 내는 과정과 그 결과를 말한다. 과거 권위주의 정부도 사회적 합의라는 말을 많이 썼지만, 그때의 사회적 합의란 정부가 일방적으로 제시하는 것이었다. 따라서 권위주의 정부는 대개의 경우 경제 발전과 같은 거시적 성과를 통해 사후적으로 정당성의 취약함을 보완하면서 사회적 갈등을 억압하고자했다. 민주주의가 권위주의와 다른 것은 사회적 갈등을 억압하지 않는다는 것, 다시 말해 ＿＿＿＿＿＿＿＿＿＿＿＿＿＿＿ 그러므로 사회적 갈등을 정치의 틀 안으로 가져오고 이를 진지하게 다뤄야 할 공동체 전체의 문제로 전환해야 한다. 그리고 그것을 정치적 결정을 위한 의제로 만드는 것이 정당의 역할이다.

① 권위주의에서 누릴 수 있었던 거시적 성과들을 놓치게 되었다.
② 민주주의에서는 갈등이 거세된 상태로 문제 상황들이 발생하지 않는다.
③ 갈등이 발생할 수 있는 상황을 미리 폐쇄해버리는 것이다.
④ 갈등을 정치의 틀 안으로 통합하면서 사회적 합의를 만들어 간다는 데 있다.

✔해설 주어진 빈칸은 앞선 내용을 정리하며 이어지는 내용의 뒷받침이 될 수 있는 문장이 와야하므로 사회적 갈등을 정치의 틀 안으로 가져오고 이를 진지하게 다뤄야 할 공동체 전체의 문제로 전환해야 한다는 내용의 근거가 될 수 있는 ④가 적절하다.

53

　　웹툰의 특징으로 들 수 있는 것은 인터넷상에서 두루마리처럼 아래로 길게 펼쳐 읽는 것이다. 일반적인 출판 만화는 한 편을 오른쪽에서 왼쪽으로 장을 넘겨 가며 읽는 책의 형식인 반면, 웹툰은 마우스를 이용해 위에서 아래로 내려가며 읽는 형식을 취하고 있다. 이와 같은 웹툰의 세로 읽기는 한 회를 끊김 없이 읽어 내려가게 함으로써 ＿＿＿＿＿＿＿＿＿＿ 출판 만화의 경우 긴장이 고조된 장면이라고 할지라도 한 장 한 장 넘기며 읽어야 하기 때문에 감정의 흐름이 끊길 수 있지만, 웹툰은 장면을 연속적으로 이어 볼 수 있으므로 긴장감을 지속적으로 유지해 나갈 수 있다.

① 연결 이미지의 활용이 용이하다.
② 독자의 피곤함을 덜 수 있다.
③ 더 빠르게 읽을 수 있다.
④ 독자의 흥미를 배가시킬 수 있다.

✔해설 지문의 마지막 문장 '웹 만화는 장면을 연속적으로 이어 볼 수 있으므로 긴장감을 지속적으로 유지해 나갈 수 있다.'를 통해 빈칸에는 '독자의 흥미를 배가시킬 수 있다'가 들어가는 것이 가장 적절하다.

54

원두커피 속 카페인은 뇌를 각성시켜 집중력을 높인다. 그 때문에 많은 사람들이 커피를 마시고 그에 따라 커피 판매점의 수는 점점 증가하고 있다. 그런데 이 카페인이 우울증이나 공황장애를 앓고 있는 사람에게는 좋지 않은 영향을 준다고 한다. 우울증을 앓고 있는 청소년은 그렇지 않은 또래에 비해 카페인이 많은 음료를 더 많이 섭취했고, 공황장애 환자는 카페인으로 인해 증가한 심박수 때문에 발작현상까지 일어나기도 한다. 이러한 사실에 비추어 볼 때, 커피에 들어있는 카페인은 _____

① 정신질환자의 우울증이나 공황장애를 악화시킨다고 볼 수 있다.
② 하루에 적절한 양을 섭취해야 한다.
③ 성인보다는 청소년에게 많은 영향을 끼친다.
④ 뇌와 심장에 적절한 자극을 주는 좋은 물질이다.

✔해설 우울증을 앓고 있는 청소년은 그렇지 않은 또래에 비해 카페인을 많이 섭취하고 있고, 공황자애 환자는 발작현상까지 일어난다고 언급했으므로 ①이 적절하다.

55

우리 속담 가운데 "콩 심은 데 콩 나고, 팥 심은 데 팥 난다."라는 말이 있다. 공부하지 않고 성적이 향상되기를 바라는 사람에게 주는 교훈이다. 농부가 씨앗을 잘 간수해 두었다가 때를 맞추어 뿌리고, 심고, 가꾸어야 풍성한 결실을 거둘 수 있다. 돈을 낭비하면 가난뱅이가 되고, 시간을 낭비하면 낙오자가 된다.
논밭을 망치는 것은 잡초요, 사람을 망치는 것은 허영이다. 모든 일은 심은 대로 거두는 것이다. 우리는 심은 것을 거두는 _____(을)를 마음속에 되새겨야 할 것이다.

① 자연이 주는 혜택
② 인과응보의 진리
③ 긍정적 사고방식
④ 낭비하지 않는 습관

✔해설 제시된 글의 주제는 '모든 일은 원인에 따라 결과를 맺는다.'이다.

56 다음 내용을 바탕으로 글을 쓸 때 그 주제로 알맞은 것은?

> 당뇨병은 인슐린 분비량이 부족하거나 정상적인 기능이 이루어지지 않는 대사질환의 일종으로, 혈액 중 포도당(혈액)의 농도가 높아 여러 증상 및 징후를 유발한다. 세계적으로 당뇨병 인구가 증가하고 있는데, 우리나라 역시 사회경제적인 발전으로 과식, 운동부족, 스트레스 증가 등으로 인해 당뇨병 인구가 늘어나고 있는 추세다. 발병 원인은 명확하게 규명되어 있지 않지만, 현재까지 밝혀진 바에 의하면 유전적 요인이 가장 가능성이 크다. 당뇨병 환자가 고혈당, 지질이상, 고혈압, 비만 등을 조절하지 못하면 망막증, 신증, 신경병증이나 뇌혈관질환, 관상동맥질환 등 만성 합병증으로 진행된다. 이러한 위험인자를 조절하기 위해서는 식사요법, 운동요법, 약물요법 등으로 환자 스스로 지속적인 자기관리를 할 수 있어야 한다. 이 가운데 당뇨병 교육 프로그램의 일환으로 수행되고 있는 식사요법은 제2형 당뇨병의 주 치료법으로, 이를 잘 수행하는 환자들은 대사이상이 호전되었으며 혈당 조절이 잘 되고 혈액 내 자질도 개선되었다는 보고가 있다. 개인에게 맞는 당뇨병 식사요법 교육을 받고 실천에 옮긴 환자는 공복 혈당 및 식후 2시간 혈당이 유의적으로 감소하였고, 이론 교육뿐만 아니라 실습교육을 함께 받으며 식사요법에 대한 순응도가 높았다. 이는 식후혈당 조절이 더 효과적으로 이루어지게 하였다.

① 당뇨병 환자의 맞춤 식사요법 효과
② 당뇨병 환자의 건강정보 이해능력 요인
③ 당뇨병과 영양취약계층의 생활습관 관련성
④ 제2형 당뇨병 환자의 운동효과에 대한 고찰

✔해설 제시된 글은 당뇨병 정의를 비롯하여 만성 합병증으로 진행되지 않도록 위험인자 조절을 위한 식사요법, 운동요법, 약물요법 가운데 당뇨병 교육 프로그램의 일환인 식사요법을 수행한 환자들의 긍정적인 효과에 대해 설명하고 있다.

57 다음의 자료를 활용하여 글을 쓰기 위해 구상한 내용으로 적절하지 않은 것은?

> 우리나라 중학교 여학생의 0.9%, 고등학교 여학생의 7.3%, 남학생의 경우는 중학생의 3.5%, 고등학생의 23.6%가 흡연을 하고 있다. 그리고 매년 청소년 흡연율은 증가하는 추세이다. 청소년보호법에 따르면 미성년자에게 담배를 팔 경우 2년 이하의 징역이나 1천만 원 이하의 벌금, 100만 원 이하의 과징금을 내도록 되어 있다. 그러나 담배 판매상의 잘못된 의식, 시민들의 고발정신 부족 등으로 인해 청소년에게 담배를 판매하는 행위가 제대로 시정되지 않고 있다.
>
> 또한 현재 담배 자동판매기의 대부분(96%)이 국민건강증진법에 허용된 장소에 설치되어 있다고는 하나, 그 장소가 주로 공공건물 내의 식당이나 상가 내 매점 등에 몰려 있다. 이런 장소들은 청소년들의 출입이 용이하기 때문에 그들이 성인의 주민등록증을 도용하여 담배를 사더라도 이를 단속하기가 어려운 실정이다.

① 시사점 : 시민의 관심이 소홀하며 시설 관리 체계가 허술하다.
② 원인 분석 : 법규의 실효성이 미흡하고 상업주의가 만연하고 있다.
③ 대책 : 국민건강증진법에 맞는 담배 자동판매기를 설치한다.
④ 결론 : 현실적으로 실효성이 있는 금연 관련법으로 개정한다.

✔해설 담배 자동판매기가 국민건강증진법에 허용된 장소에 설치되어 있다고 자료에서 이미 밝히고 있으므로 대책에 대한 구상으로 적절하지 않다.

┃58 ~ 59 ┃ 다음 글에서 관련이 없는 부분은?

58

> ㉠영어 공부를 오랜만에 하는 분이나 회화를 체계적으로 연습한 적이 없는 분들을 위한 기초 영어 회화 교재가 나왔습니다. ㉡이제 이 책으로 두루두루 사용할 수 있는 기본 문형을 반복 훈련하십시오. ㉢이 책은 우선 머뭇거리지 않고 첫 단어를 말할 수 있게 입을 터줄 것입니다. ㉣저자는 수년간 언어 장애인을 치료, 연구하고 있는 권위 있는 의사입니다. 테이프만 들어서도 웬만한 내용은 소화할 수 있게 이 책은 구성되었습니다.

① ㉠   ② ㉡
③ ㉢   ④ ㉣

✔해설 이 글은 새로 나온 영어 학습 교재를 독자에게 소개하면서, 책의 용도, 구성, 학습 효과 등을 설명하고 있다. 언어 장애인을 치료하는 전문가였다는 내용은 이 책의 소개 내용과 아무 관계가 없다.

59

　㉠스마트 농업은 농업 가치사슬 전반에 걸쳐 ICT 기술이 융합된 자동화·지능화 농업으로, 기존의 관행적이고 경험적인 방법과 달리 과학적이고 분석적인 농업이다. 노지농업은 인공 시설을 활용하여 가온(加溫)이나 보온(保溫) 없이 자연조건 그대로 작물을 재배하는 농업이다. 노지농업은 외부 환경 변화에 큰 영향을 받는다는 단점이 있는데, 이에 농업 선진국들은 재배 작물의 생육 상태와 외부환경 변화를 측정하고 분석하여 맞춤형 정밀농업을 도입해오고 있다. 이 두 개념을 융합한 노지 스마트 농업은 ICT 기술을 활용한 데이터 기반의 정밀 농업으로, 영농 데이터 흐름에 따라 관찰－처방－농작업－결과분석 4단계로 구분할 수 있으며 각 단계에서는 센서 기술, 정보통신기술, 스마트농기계 기술이 적용된다. ㉡먼저 관찰 단계에서는 토양, 생육, 수확량 등의 데이터를 통해서 경작지와 농작물의 상태를 파악하고 기초정보를 구축한다. 그렇기 때문에 양질의 데이터 확보가 중요한데, 최근에는 사물인터넷(IoT)이 도입되면서 실시간 데이터 수집과 처리가 가능해졌다. 처방 단계에서는 수집된 데이터를 기반으로 작업 시기와 농자재 투입량을 결정한다. 빅데이터, 인공지능 등의 기술을 활용하여 보다 정확한 진단과 처방이 가능하다. ㉢작물은 자연으로부터 에너지를 얻고 스스로 광합성을 하면서 토양을 통해 필요한 양분을 흡수하지만, 수확량이 중요한 작물에는 특히 많이 필요한 원소인 다량 원소를 적절하게 공급해주기 위해 비료를 사용한다. 농작업 단계에서는 데이터 기반의 처방에 따라서 적재적소에 필요한 만큼의 농자재를 투입하는데, 과거에는 사전 조사된 정보를 작업용 지도에 입력하고 진행했지만, 현재는 자율주행 농기계의 발달로 사람의 개입을 최소화한 자동화·지능화 작업으로 이루어지고 있다. 마지막으로 결과분석 단계에서는 수행한 농작업을 새로운 데이터로 축적하고 다시 활용한다. 정확한 영농일지는 차년도 영농계획에 필요한 주요 데이터로 활용된다. 우리나라도 2020년부터 노지 농업의 스마트화를 본격적으로 추진해오고 있다. ㉣현재 정부가 운영하는 시범사업은 궁극적으로는 데이터를 수집하고 활용하는 노지 영농의 스마트화 기반 마련을 목표로 한다. 시범사업은 주산지 중심으로 경작지를 50㏊ 이상으로 규모화하고 단지를 집적화한 지역 공동경영체 단위에서 선정된 특화 품종을 중심으로 추진되고 있다. 1980년대 정밀농업 개념이 정립한 미국은 노지 스마트 농업의 주도국이다. 2000년대에 전국으로 보급되면서, 2010년대부터는 데이터 기반의 정밀농업인 노지 스마트농업으로 발전하고 있다. 네덜란드는 2010년부터 노지 분야에서 정밀농업 확산을 위한 정밀농업 프로그램을 추진했고 2018년부터 데이터의 수집과 활용을 강화하고 정밀농업 활용도를 향상시키기 위하여 정밀농업 국가실험프로젝트를 추진하고 있다. 국내 노지 스마트 농업은 이제 시작 단계에 머물러 있으나, 향후 빅데이터와 인공지능의 발전과 함께 소규모 농업인의 소득 향상, 청년농 유입에 긍정적인 영향을 가져올 것으로 전망된다.

① ㉠

② ㉡

③ ㉢

④ ㉣

✔해설 다음 글은 노지 스마트 농업에 대한 글이다. ㉢은 작물에 비료를 사용하는 이유를 말하고 있으므로 노지 스마트 농업과 직접적인 관련이 없는 부분이다. ㉠은 노지 스마트 농업에 대해 서술하기 전 배경지식 서술에 해당한다. ㉡은 노지 스마트 농업의 4단계 중 관찰단계에 대한 설명이다. ㉣은 현재 국내 노지 스마트 농업 시범사업에 대한 내용이다.

Answer 57.③ 58.④ 59.③

│60～62│ 다음 글을 읽고 물음에 답하시오.

(가) 나는 평강공주와 함께 온달산성을 걷는 내내 '능력 있고 편하게 해줄 사람'을 찾는 당신이 생각났습니다. '신데렐라의 꿈'을 버리지 못하고 있는 당신이 안타까웠습니다. 현대사회에서 평가되는 능력이란 인간적 품성이 도외시된 ㉠'경쟁적 능력'입니다. 그것은 다른 사람들의 낙오와 좌절 이후에 얻을 수 있는 것으로 한마디로 숨겨진 칼처럼 매우 ㉡비정한 것입니다. 그러한 능력의 품속에 안주하려는 우리의 소망이 과연 어떤 실상을 갖는 것인 지 고민해야 할 것입니다. ─ 중략 ─

'편안함' 그것도 경계해야 할 대상이기는 마찬가지입니다. 편안함은 흐르지 않는 강물이기 때문입니다. '불편함'은 ⓐ흐르는 강물입니다. 흐르는 강물은 수많은 소리와 풍경을 그 속에 담고 있는 추억의 물이며 어딘가를 희망하는 잠들지 않는 물입니다.

당신은 평강공주의 삶이 남편의 입신(立身)이라는 가부장적 한계를 뛰어넘지 못한 것이라고 하였습니다만 산다는 것은 살리는 것입니다. 살림(生)입니다. 그리고 당신은 자신이 공주가 아니기 때문에 평강공주가 될 수 없다고 하지만 살림이란 '뜻의 살림'입니다. ㉢세속적 성취와는 상관없는 것이기도 합니다. 그런 점에서 나는 평강공주의 이야기는 한 여인의 사랑의 메시지가 아니라 그것을 뛰어넘은 '삶의 메시지'라고 생각합니다.

(나) 왕십리의 배추, 살곶이다리의 무, 석교의 가지, 오이, 수박, 호박, 연희궁의 고추, 마늘, 부추, 파, 염교 청파의 물미나리, 이태원의 토란 따위를 심는 밭들은 그 중 상의 상을 골라 심는다고 하더라도, 그들이 모두 엄씨의 똥거름을 가져다가 걸쭉하게 가꿔야만, 해마다 육천 냥이나 되는 돈을 번다는 거야. 그렇지만 엄 행수는 아침에 밥 한 그릇만 먹고도 기분이 만족해지고, 저녁에도 밥 한 그릇뿐이지. 누가 고기를 좀 먹으라고 권하면 고기반찬이나 나물 반찬이나 목구멍 아래로 내려가서 배부르기는 마찬가지인데 입맛에 당기는 것을 찾아 먹어서는 무얼 하느냐고 하네. 또, 옷과 갓을 차리라고 권하면 넓은 소매를 휘두르기에 익숙지도 못하거니와, 새 옷을 입고서는 짐을 지고 다닐 수가 없다고 대답하네.

해마다 정원 초하룻날이 되면 비로소 갓을 쓰고 띠를 띠며, 새 옷에다 새 신을 신고, 이웃 동네 어른들에게 두루 돌아다니며 세배를 올린다네. 그리고 돌아와서는 옛 옷을 찾아 다시 입고 다시금 흙 삼태기를 메고는 동네 한복판으로 들어가는 거지. 엄 행수야말로 자기의 모든 덕행을 저 더러운 똥거름 속에다 커다랗게 파묻고, 이 세상에 참된 은사 노릇을 하는 자가 아니겠는가?

엄 행수는 똥과 거름을 져 날라서 스스로 먹을 것을 장만하기 때문에, 그를 '지극히 조촐하지는 않다'고 말할는지는 모르겠네. 그러나 그가 먹을거리를 장만하는 방법은 지극히 향기로웠으며, 그의 몸가짐은 지극히 더러웠지만 그가 정의를 지킨 자세는 지극히 고항했으니, 그의 뜻을 따져 본다면 비록 만종의 녹을 준다고 하더라도 바꾸지 않을 걸세. 이런 것들로 살펴본다면 세상에는 조촐하다면서 조촐하지 못한 자도 있거니와, 더럽다면서 ㉣더럽지 않은 자도 있다네.

누구든지 그 마음에 도둑질할 뜻이 없다면 엄 행수를 갸륵하게 여기지 않을 사람이 없을 거야. 그리고 그의 마음을 미루어 확대시킨다면 성인의 경지에라도 이를 수 있을 거야. 대체 선비가 좀 궁하다고 궁기를 떨어도 수치스런 노릇이요, 출세한 다음 제 몸만 받들기에 급급해도 수치스러운 노릇일세. 아마 엄 행수를 보기에 부끄럽지 않을 사람이 거의 드물 것이네. 그러니 내가 엄 행수더러 스승이라고 부를지언정 어찌 감히 벗이라고 부르겠는가? 그러기에 내가 엄 행수의 이름을 감히 부르지 못하고 '예덕 선생'이란 호를 지어 일컫는 것이라네.

60 (가)와 (나)에 대한 설명으로 적절한 것은?

① (가)는 대립되는 의미를 나열하여 주제를 부각하고, (나)는 인물의 행위와 그에 따른 의견을 중심으로 전개한다.

② (가)는 함축적인 언어를 통해 대상을 상징화시키고, (나)는 사실적인 진술을 통해 판단을 독자에게 맡기고 있다.

③ (가)는 간결한 문장을 사용하여 단정적인 느낌을 준다.

④ (나)는 나의 대화를 통해 주인공의 부정적 성격을 풍자한다.

> **해설** (가)는 '당신'의 편안함과, 평강공주의 '불편함'을 대립시켜 현대사회의 바람직한 인간형을 제시하고, (나)는 예덕선생의 구체적인 행동과 그 의미를 서술자가 평가하여 주제를 전달하고 있다.
> ② (가)는 산문이므로 함축이 없고, (나)는 글쓴이의 판단이 나타난다.
> ③ (가) 문장의 길이가 긴 만연체이다.
> ④ (나) 주인공의 긍정적 성격을 그린다.

61 ㉠~㉣ 중에서 (가)의 ⓐ와 그 의미가 가장 가까운 것은?

① ㉠ 경쟁적 능력　　　　　　　　② ㉡ 비정

③ ㉢ 세속적 성취　　　　　　　　④ ㉣ 더럽지 않은 자

> **해설** 편안함은 경계해야 할 대상이지만, 흐르는 강물은 불편함이며, 추억과 희망의 긍정적 의미를 가진다.

62 (가)의 글쓴이와 (나)의 글쓴이가 대화를 나눈다고 할 때 적절하지 않은 것은?

① (가) : 저는 세속적 편안함을 거부한 한 여인의 삶을 통해 현대인들에게 깨달음을 주려 했습니다.

② (나) : 그 깨달음은 자신의 자리에서 묵묵히 일하는 '엄 행수'의 삶과도 연결될 수 있겠군요.

③ (가) : 하지만, 현대인들의 무모한 욕심이 인간의 생명을 경시하는 풍조를 만들게 되었습니다.

④ (나) : 맞습니다. 그렇기에 노동과 땀의 가치가 더욱 중요한 것이겠지요.

> **해설** 인간의 무모한 욕심이 생명경시를 만들어 낸 것은 아니다. 본문에서 언급된 것은 능력으로 인한 비정과, 편안함에 안주하려는 태도이다.

Answer 60.① 61.④ 62.③

생활 속으로 사라지고, 보이지 않고, 조용한 컴퓨터가 바로 유비쿼터스라는 것이다. 이는 사람들이 공기를 마시면서 그 행위를 의식하지 않듯이 생활 속에서 언제, 어디서나 컴퓨터를 사용하지만 컴퓨터를 의식하지 않아야 한다. 컴퓨터가 생활과 아주 자연스럽게 연결되고 그 일부가 되어야 한다.

일반적으로 컴퓨터라고 하면 집에서 사용하는 PC를 떠올리게 되지만, 신호 처리 능력을 가진 디지털 기기 전부를 컴퓨터 부류로 포함시킬 수 있다. 휴대 전화, 디지털 카메라, MP3 플레이어, 세탁기, 에어컨도 모두 컴퓨터가 ㉠내장되어 있는 것이다. 이런 기기들은 생활 속에서 아주 쉽고 편리한 수단으로 사용되고 있다. 하지만 오히려 기능이 많아지면서 사용하기에 부담스러운 상황도 발생하고 있다. 이런 것을 보면 기술과 인간의 가치 추구가 똑같이 일치하지는 않는 것 같다. 기술적으로는 의미가 있으나 인간 관점으로는 별로 의미가 없을 수도 있고, 기술적으로 아주 간단한 것이나 생활에서는 너무나 필요하고 중요한 것일 수도 있다.

㉡그렇다면 어떻게 해야 컴퓨터가 사람들의 생활과 자연스럽게 어울릴 수 있을까. 가장 먼저 생각해 볼 수 있는 것은 디지털 기기들이 일상생활의 책상, 의자, 거울, 액자, 가방, 옷 등과 같은 사물의 형태를 띠는 수준으로 발전하는 것이다. 그리고 사용 방법도 기존의 사물을 사용하는 것과 그리 다를 바가 없어야 한다. 그렇게 된다면 사람들은 일상생활 환경의 큰 변화 없이 컴퓨터와 비교적 쉽게 가까워 질 수 있다. 좀더 나아가 사람들의 평소 생활 모습을 살펴보고 분석함으로써 컴퓨터가 어떤 형태와 역할로써 생활 속에 들어 와야 하는지 예측해 볼 수 있을 것이다. 사람들의 생활 패턴을 변화시키지 않거나, 새로운 변화에 적응이 가능한 수준의 연장선상에 컴퓨터가 존재한다면 훨씬 자연스럽고 빠른 시일 내에 컴퓨터가 인간의 삶 속에 스며들 수 있을 것이다. 또한, 디자인이나 인터페이스 부분도 사람들의 생활과 잘 어울릴 수 있도록 고려된다면 지금껏 알아 왔던 컴퓨터 모습과는 다른 컴퓨터가 그 자리를 대체하게 될지도 모른다.

사람들이 살아가는 행태, 즉 라이프스타일은 가정 및 사회에서 공통적인 모습이 있으며, 개인의 취향이나 성향에 따라 다른 형태를 나타내기도 한다. 경제적 여유에 따라서도 다양한 라이프스타일이 형성된다. 예를 들어 각종 제품들을 구매할 수 있는 구매력 있는 사람들과 그렇지 못한 사람들은 분명 그 차이가 있을 것이다. 또한 연령층이나 직업에 따라서도 다양한 특성을 보이기도 한다. X세대, Y세대, P세대, 보보스족, 코쿤족 등 다양한 라이프스타일을 분류해 놓은 용어들이 있다. 각각의 라이프스타일에 따라서 어떤 형태의 유비쿼터스 환경을 선호하고, 활용을 하게 될지 살펴볼 필요가 있을 것이며, 가정, 사무실, 거리, 공공 장소 등 장소에 따라 어떤 유비쿼터스 환경이 적합한지 고민해 볼 필요가 있을 것이다.

유비쿼터스 개념이 제안된 최초의 의도는 인간 중심적인 접근이다. 최근에는 유비쿼터스가 기술적인 측면에서 다루어지는 경향이 많이 있다. 유비쿼터스 네트워크라 하여 언제 어디서나 접속이 가능한 IT환경이라는 개념으로 해석되어 연구가 되고 있기도 하다. 다양한 분야와 새로운 개념의 확대로 많은 연구가 진행이 되는 것은 환영할 만한 것이나, 가장 기본적인 요소인 인간과 컴퓨터 관계에 대한 연구도 게을리 해서는 안 될 것이다.

63 이 글의 내용과 일치하지 않는 것은?

① 우리나라는 이미 본격적인 유비쿼터스 환경에 놓여 있다.

② 유비쿼터스는 원래 인간과 기술의 조화를 강조한 개념이다.

③ 고도의 기술 발전은 인간과 기술의 괴리를 불러올 수 있다.

④ 연령, 직업, 취향 등에 따라 사람들의 라이프스타일이 달라진다.

> ✔해설 이 글은 유비쿼터스의 본래 개념에는 컴퓨터와 인간의 자연스러운 조화가 강조되어 있다는 점을 지적하면서, 유비쿼터스의 개념이 언제 어디서나 접속 가능하다는 기술적인 측면으로 확대하고 있지만 여전히 인간적 요소는 중시되어야 한다고 주장하고 있다. 유비쿼터스는 현재의 환경이나 삶의 모습이 아니라 앞으로 다가올 환경이나 삶의 모습임을 추리할 수 있다.

64 다음 밑줄 친 단어 중에서 ㉠과 그 의미가 같은 것은?

① 생선 <u>내장</u>을 꺼내고 소금을 쳐서 냉동실에 넣었다.

② 자동 기어 변속 장치를 <u>내장</u>한 자동차가 더 비싸다.

③ 재개발 지역에 새로 솟은 빌딩들은 <u>내장</u> 공사가 한창이다.

④ 불교에서는 참선을 통해 <u>내장</u>을 줄이거나 없앨 수 있다고 보고 있다.

> ✔해설 ② 내장(內藏) : 밖으로 드러나지 않게 안에 간직함
> ① 내장(內臟) : 척추동물의 가슴 안이나 배 안 속에 있는 여러 가지 기관을 통틀어 이르는 말
> ③ 내장(內裝) : 내부를 꾸미거나 설비를 갖춤 또는 그 공사
> ④ 내장(內障) : 불교에서, 마음속에 일어나는 번뇌의 장애를 이르는 말

65 ㉡의 예로 알맞지 않은 것은?

① 음성 명령을 인식하고 음성으로 작동하는 세탁기를 만든다.

② 청소용 로봇의 외형을 기존 청소기의 모습에서 크게 변형되지 않게 디자인한다.

③ 인터넷을 이용한 원격 진찰의 절차를 오프라인상의 절차와 유사하게 한다.

④ 컴퓨터의 업그레이드된 기능을 환기할 수 있게 외형을 첨단 이미지로 디자인한다.

> ✔해설 ④는 세 번째 문단에서 언급하고 있는 컴퓨터와 사람들의 생활이 자연스럽게 어울리는 여러 가지 예와 거리가 멀다. 또한 첨단 제품의 첨단 디자인이라고 해서 사람들의 생활과 잘 어울린다고 말할 수 없다.

Answer 63.① 64.② 65.④

‖66 ～ 67‖ 다음을 읽고 이어지는 물음에 답하시오.

용왕이 가라사대 "과인의 병에는 영약(靈藥)이 다 소용 없고 오직 토끼의 생간이 신효하다 하니, 뉘 능히 인간에 나가 토끼를 사로잡아 올꼬?" 수천 년 묵은 문어가 아뢰니 "신이 비록 재주는 없사오나, 토끼를 사로잡아 오리이다." 용왕이 가로되, "경의 용맹함은 과인이 아는 바라. 토끼를 사로잡아 오면 그 공(功)을 크게 갚으리라." 문득 수천 년 묵은 자라, 곧 별주부(鱉主簿)가 뛰어와 "문어야, 네 아무리 기골이 장대하고 위풍(威風)이 약간 있다 하나, 언변이 형편없는 네가 무슨 공을 이루겠냐. 인간들이 너를 보면 영락없이 잡아다가 요리조리 오려 내어, 술안주로 구하노니 무섭고 두렵지 아니하냐? 나는 세상에 나아가면 칠종칠금(七縱七擒)하던 제갈량이 신출귀몰(神出鬼沒)한 꾀로 토끼를 사로잡아 오기 여반장(如反掌)이라." 문어가 자라의 말을 듣고 소리를 질러 가로되, "요망한 별주부야, 네 내 말을 들어라. 감히 어른을 능멸하니, ㉠하룻강아지 범 무서운 줄을 모른다. 세상 사람들이 너를 보면 두 손으로 움켜다가 끓는 물에 솟구쳐 끓여 내어 자라탕이 별미로다. 네가 무슨 수로 살아오겠느냐?" … (중략) … 이에 자라가 "하나만 알고 둘은 모르는 우물 안 개구리구나. 광무군 이좌거가 초패왕을 유인하던 수단으로 간사한 저 토끼를 잡아 올 이는 오직 나뿐이라. 네가 어찌 나의 지모묘략(智謀妙略)을 따르쏘냐?"

66 제시글 속 자라와 문어의 논쟁으로 알 수 있는 것은?

① 공명심　　　　　　　　　　② 모험심

③ 충성심　　　　　　　　　　④ 호기심

✔**해설** 문어는 용맹함을 내세우고, 자라는 자신의 지혜와 꾀를 내세우며 공을 세워 자신의 이름을 드러내려는 마음을 보이고 있다.

67 밑줄 친 ㉠의 사자성어로 옳은 것은?

① 담호호지(談虎虎至)　　　　② 경전하사(鯨戰蝦死)

③ 망우보뢰(亡羊補牢)　　　　④ 당랑거철(螳螂拒轍)

✔**해설** 당랑거철(螳螂拒轍) … 제 역량을 생각하지 않고, 강한 상대나 되지 않을 일에 덤벼드는 무모한 행동거지를 비유적으로 이르는 말이다.
① 담호호지(談虎虎至) : 호랑이도 제 말 하면 온다는 뜻으로, 이야기에 오른 사람이 마침 그 자리에 나타남을 이르는 말이다.
② 경전하사(鯨戰蝦死) : 고래 싸움에 새우 등 터진다는 뜻으로, 강한 자들끼리 서우 싸우는 통에 아무 상관도 없는 약한 자가 해를 입음을 비유적으로 이르는 말이다.
③ 망우보뢰(亡羊補牢) : 소 잃고 외양간 고친다는 뜻으로, 이미 일을 그르친 뒤에는 뉘우쳐도 소용이 없음을 이르는 말이다.

68 다음 제시된 글의 주제로 알맞은 것은?

> 한 개인의 창의성 발휘는 자기 영역의 규칙이나 내용에 대한 이해뿐만 아니라 현장에서 적용되는 평가기준과도 밀접한 관련을 가지고 있다. 어떤 미술 작품이 창의적인 것으로 평가받기 위해서는 당대 미술가들이나 비평가들이 작품을 바라보는 잣대에 들어맞아야 한다. 마찬가지로 문학 작품의 창의성 여부도 당대 비평가들의 평가기준에 따라 달라질 수 있다. 예를 들면, 라파엘로의 창의성은 미술사학, 미술 비평이론, 그리고 미적 감각의 변화에 따라 그 평가가 달라진다. 라파엘로는 16세기와 19세기에는 창의적이라고 여겨졌으나, 그 사이 기간이나 그 이후에는 그렇지 못했다. 라파엘로는 사회가 그의 작품에서 감동을 받고 새로운 가능성을 발견할 때 창의적이라 평가받을 수 있었다. 그러나 만일 그의 그림이 미술을 아는 사람들의 눈에 도식적이고 고리타분하게 보인다면, 그는 기껏해야 뛰어난 제조공이나 꼼꼼한 채색가로 불릴 수 있을 뿐이다.

① 창의성은 본질적으로 신비하고 불가사의한 영역이다.
② 상징에 의해 전달되는 지식은 우리의 외부에서 온다.
③ 창의성은 일정한 준비 기간을 필요로 한다.
④ 창의성의 발휘는 평가 기준과 밀접한 관련이 있다.

✔ **해설** 창의성의 발휘는 자기 영역의 규칙이나 내용에 대한 이해뿐만 아니라 현장에서 적용되는 평가 기준과 밀접한 관련이 있다는 것이 이 글이 전달하고자 하는 중심적인 내용이다.

69 다음 제시된 글에서 추론할 수 있는 것은?

> 가격분산이 발생하는 원인은 크게 판매자의 경제적인 이유에 의한 요인, 소비자 시장구조에 의한 요인, 재화의 특성에 따른 요인, 소비자에 의한 요인으로 구분할 수 있다. 첫째, 판매자 측의 경제적인 이유로는 소매상점의 규모에 따른 판매비용의 차이와 소매상인들의 가격 차별화 전략의 두 가지를 들 수 있다. 상점의 규모가 클수록 대량으로 제품을 구매할 수 있으므로 판매비용이 절감되어 보다 낮은 가격에 제품을 판매할 수 있다. 가격 차별화 전략은 소비자의 지불 가능성에 맞추어 그때 그때 최고 가격을 제시함으로써 이윤을 극대화하는 전략을 말한다. 둘째, 소비자 시장구조에 의한 요인으로 소비자 시장의 불완전성과 시장 규모의 차이에서 기인하는 것이다. 새로운 판매자가 시장에 진입하거나 퇴거할 때 각종 가격 세일을 실시하는 것과 소비자의 수가 많고 적음에 따라 가격을 다르게 정할 수 있는 것을 예로 들 수 있다. 셋째, 재화의 특성에 따른 요인으로 하나의 재화가 얼마나 다른 재화와 밀접하게 관련되어 있느냐에 관한 것, 즉 보완재의 여부에 따라 가격분산을 가져올 수 있다. 넷째, 소비자에 의한 요인으로 가격과 품질에 대한 소비자의 그릇된 인지를 들 수 있다. 소비자가 가격분산의 정도를 잘못 파악하거나 가격분산을 과소평가하게 되면 정보 탐색을 적게 하고 이는 시장의 규율을 늦춤으로써 가격분산을 지속시키는 데 기여하게 되는 것이다.

① 가격분산이 큰 제품일수록 가격에 대한 신뢰도는 낮을 것이다.
② 대체할 재화의 유무에 따라 가격분산이 발생할 수 있을 것이다.
③ 정부의 엄격한 규제가 있으면 가격분산을 막을 수 있을 것이다.
④ 정보력의 부재는 가격분산에 따른 소비자의 피해를 키우는 원인이 될 것이다.

✔해설 '셋째 재화의 특성에 따른 요인으로 하나의 재화가 얼마나 다른 재화와 밀접하게 관련되어 있느냐에 관한 것 즉 보완재의 여부에 따라 가격분산을 가져올 수 있다.'에서 유추할 수 있는 내용이다.

70 다음에 제시된 글을 가장 잘 요약한 것은?

> 해는 동에서 솟아 서로 진다. 하루가 흘러가는 것은 서운하지만 한낮에 갈망했던 현상이다. 그래서 해가 지면 농부는 얼씨구 좋다고 외치는 것이다. 해가 지면 신선한 바람이 불어오니 노랫소리가 절로 나오고, 아침에 모여 하루 종일 일을 같이 한 친구들과 헤어지며 내일 또 다시 만나기를 기약한다. 그리고는 귀여운 처자가 기다리는 가정으로 돌아가 빵긋 웃는 어린 아기를 만나게 된다. 행복한 가정으로 돌아가 하루의 고된 피로를 풀게 된다. 고된 일은 바로 이 행복한 가정을 위해서 있는 것이다. 그래서 고된 노동을 불평만 하지 않고, 탄식만 하지 않고 긍정함으로써 삶의 의욕을 보이는 지혜가 있었다.

① 농부들은 오랜 기간 고된 일을 해오면서 스스로 불평불만을 해소하고 자신의 삶에 만족하는 방법을 깨달았다.

② 농부들은 자신이 고된 일을 하는 것이 행복한 가정을 위한 것임을 깨달아 불평불만을 해소하려 애썼다.

③ 가정의 행복을 위해서라면 고된 일일지라도 불평하지 않고 긍정적으로 해 나가야 한다는 생각을 농부들은 지니고 있었다.

④ 해가 지면 집에 돌아가 가족과 행복한 시간을 보낼 수 있다는 희망에 농부들은 고된 일을 하면서도 불평을 하지 않고 즐거운 삶을 산다.

> **✔ 해설** 해가 지면 행복한 가정에서 하루의 고된 피로를 풀기 때문에 농부들이 고된 노동에도 긍정적인 삶의 의욕을 보일 수 있다는 내용을 찾으면 된다.

71 외래어 표기법으로 옳은 것은?

① 까페(cafe)

② 후래시(flash)

③ 케잌(cake)

④ 카펫(carpet)

✔해설 ④ 발음이 아닌 표기에 관한 받침에는 'ㄱ, ㄴ, ㄹ, ㅁ, ㅂ, ㅅ, ㅇ'만을 쓴다. 음절 말에 'ㄷ'으로 나는 소리 모두 'ㅅ'으로 표기한다. 따라서 'carpet' 표기법은 카페트가 아닌 '카펫'이다.

① 외래어 표기 시 파열음 표기에는 된소리를 쓰지 않는다. 따라서 'cafe' 표기법은 '카페'이다. 단 예외적으로 말레이·인도네시아어와 태국어, 베트남어의 표기는 된소리가 허용되며, 된소리로 적는 것이 굳어진 것은 되소리를 표기하는 것을 예외적으로 인정한다. 예 : 껌(gum), 호찌민(hochiminh)

② [f]는 'ㅍ'에 대응한다. '후', '호'로 적는 것은 일본식 표기의 영향이다. 따라서 'flash' 표기법은 '플래시'이다.

③ 짧은 모음 다음의 어말 무성 파열음(p, t, k)은 받침으로 적는다. 그렇지 않은 경우는 '으'를 붙이는 것이 옳은 표기이다. 따라서 'cake' 표기법은 '케이크'이다.

72 한자어를 우리말로 순화시킨 것 중 바르지 않은 것은?

① 조미료(調味料) - 양념

② 혈흔(血痕) - 핏줄

③ 하자(瑕疵) - 흠

④ 기일(忌日) - 제삿날

✔해설 혈흔 → 핏자국

73 표준어 규정에 따라 준말이 널리 쓰이고 본말이 잘 쓰이지 않는 경우에는 준말만을 표준어로 사용한다. 다음 중 표준어가 아닌 것은?

① 온갖

② 똬리

③ 솔개

④ 애달프다

✔해설 ④ 표준어 규정에 따라 사어(死語)가 되어 쓰이지 않게 된 단어는 고어로 처리하고 현재 널리 사용되는 단어를 표준어로 삼는다. 때문에 애닲다는 '애달프다'가 옳은 표준어이다.

① 온가지 → 온갖

② 또아리 → 똬리

③ 소리개 → 솔개

74 다음 중 잘못된 높임 표현을 사용한 문장은?

① 손님, 봉투 필요하신가요?

② 어머니의 표정이 안 좋아 보이셨다.

③ 그 분이 드론을 계속 날리셔서 시끄러웠습니다.

④ 할머니께서 아이를 데리고 공원을 산책하셨다.

> **해설** ② '무엇이 어떠하다고 평가되다' 문맥이므로 '－시－'없이 '보였다'라고 표현한다.
> ① '(손님께) 봉투가 필요하시다'의 맥락이므로, 높임의 대상인 '손님'에 대한 올바른 높임 표현이다.
> ③ 사람을 높여서 이르는 말인 '(어떤) 분'이 주어임을 고려하면, 주어를 높이는 '－시－'를 써서 '날리셔서(←날리시어서)'로 표현한다.
> ④ 해당 문장의 주어는 '할머니께서'이므로, '할머니께서~돌아다니셨다.'는 적절한 표현이다.

75 한자어를 우리말로 잘못 풀이한 것은?

① 노견주행(路肩走行) － 갓길로 달리다.

② 전량회수(全量回收) － 모두 거두어들이다.

③ 촉수엄금(觸手嚴禁) － 손 씻지 마시오.

④ 명찰패용(名札佩用) － 이름표를 달다.

> **해설** 촉수엄금은 우리말로 '사물에 손을 대지 마시오'라는 뜻이다.

76 사이시옷 표기로 옳은 것은?

① 베갯잇   ② 나무가지

③ 조갯살   ④ 전셋집

> **해설** 순우리말로 된 합성어로서 앞말이 모음으로 끝나며 뒷말의 첫소리 모음 앞에서 'ㄴㄴ' 소리가 덧날 때 에 사이시옷을 표기한다. 따라서 '베갯잇'이 옳은 표현이다.
> ②③ 순우리말로 된 합성어로서 앞말이 모음으로 끝나며 뒷말의 첫소리가 된소리로 나는 것은 사이시옷을 표기한다. 따라서 '나뭇가지', '조갯살'이 옳은 표현이다.
> ④ 순우리말과 한자어로 된 합성어로서 앞말이 모음으로 끝나며 뒷말의 첫소리가 된소리로 나는 것은 사이시옷을 표기한다. 따라서 '전셋집'이 옳은 표현이다.

Answer 71.④ 72.② 73.④ 74.④ 75.③ 76.①

77 다음 단어의 발음이 옳지 않은 것은?

① 닦다[닥다]
② 받침대[받침때]
③ 부엌[부억]
④ 빚다[빋따]

> **✔해설** 닦다[닥따]

---

78 밑줄 친 부분을 순화한 것으로 옳지 않은 것은?

① 올해는 <u>망년회</u>(→ 송년회) 하겠지?
② 한강 <u>고수부지</u>(→ 노견)에서 만나는 것도 좋아.
③ <u>저간</u>(→ 요즈음)의 소식을 듣자하니 시험에 합격했다더라.
④ 여기 맛집의 비결은 <u>다대기</u>(→ 다진 양념)라고 할 수 있지.

> **✔해설** '둔치'는 물가의 언덕이나 강, 호수 따위의 물이 있는 곳의 가장자리를 뜻한다.

---

79 다음 중 가장 자연스러운 문장은?

① 극심한 가뭄이 해마다 농민들을 애태우게 한다.
② 도로를 건너던 고라니가 자동차에 치였다.
③ 그는 잘리어진 나무의 밑동을 들여다보았다.
④ 저 열려진 창문으로 모기가 들어왔다.

> **✔해설** ① '애태우다'는 '애타다'의 사동 표현으로 '애가 탈 정도로 매우 걱정하다'라는 뜻이다. 가뭄은 걱정하는 주체가 아니라 농민들이 걱정하게 되는 대상이다. 따라서 '극심한 가뭄으로 해마다 농민들은 애가 탄다'가 올바른 문장이다.
> ③ '잘리다'는 '자르다'의 피동사로 행동을 당함을 뜻하는 '~어지다'가 붙은 말은 자연스러운 통사 구조를 만들지 못한다. 따라서 '그는 잘린 나무의 밑동을 들여다보았다'가 올바른 문장이다.
> ④ '열리다'는 '열다'의 피동사로 '~어지다'를 반복하는 것은 불필요하다. 따라서 '저 열린 창문으로 모기가 들어왔다'가 올바른 문장이다.

80 표현이 가장 자연스러운 문장은?

① 길이가 너무 커서 문제입니다.

② 이 책은 재미있게 구성되었습니다.

③ 현수 생각은 내 생각과 많이 틀려.

④ 수확량이 가장 작은 곳은 어디인가요?

> **✔ 해설** ① 길이는 '길다'와 '짧다'라고 표현한다. 또한 '너무'는 주로 부정어와 어울리는 부사이므로 '길다'라는 긍정어와는 어울리지 않는다. 따라서 '길이가 매우 길어 문제입니다'라고 고쳐야 한다.
> ③ '틀리다'는 '답에 맞지 않다'라는 뜻이며 생각이 같지 않다는 의미의 '다르다'가 올바른 표현이다. 따라서 '현수 생각은 내 생각과 많이 달라'라고 고쳐야 한다.
> ④ 수확량과 같이 양은 '많다'와 '적다'로 표현한다. 따라서 '수확량이 가장 적은 곳은 어디인가요?'가 자연스럽다.

81 다음 중 표현이 가장 자연스러운 것은?

① 이 제도는 최근에야 확립되어졌다.

② 인류는 함께 공존하는 길을 찾아야 합니다.

③ 지금도 저희 한국에는 대가족이 많습니다.

④ 빵을 만들기 위해서는 효모가 필요합니다.

> **✔ 해설** ① '되다'와 '~어지다'가 쓰여 이중 피동표현이 되었다. 하나의 피동 표현을 삭제한다. '이 제도는 최근에야 확립되었다.'로 고친다.
> ② 공존은 서로 도와서 함께 존재함을 의미한다. '함께'와 '공존'이 중복되므로 하나의 표현만 쓰도록 한다. '인류는 공존하는 길을 찾아야 합니다.'로 고친다.
> ③ 조국 앞에는 '저희'라는 낮춤말을 쓰지 않는다. '지금도 우리 한국에는 대가족이 많습니다.'로 고친다.

82 국어의 로마자 표기법으로 옳지 않은 것은?

① 해돋이(haedoji)

② 부산(busan)

③ 독도(Dokdo)

④ 해운대(Hae-undae)

> ✔ 해설 ② 고유 명사는 첫 글자를 대문자로 적는다. 따라서 '부산'은 'Busan'으로 표기한다.
> ① 음운 변화가 일어날 때는 변화의 결과에 따라 표기한다. 해돋이[해도지]는 구개음화가 일어나므로, 'haedoji'로 표기한다. 예 : 종로[종노](Jongno)
> ③ 자연 지물명, 문화재명, 인공 축조물은 붙임표(−) 없이 붙여 쓴다. 예 : 남산(Namsan)
> ④ 발음상 혼동의 우려가 있을 때에는 음절 사이에 붙임표(−)를 쓸 수 있다. 예 : 중앙(jung-ang)

83 다음 중 표준 발음인 것은?

① 선릉역[설릉녁]

② 고가도로[고까도로]

③ 작게[자께]

④ 노릇노릇[노른노른]

> ✔ 해설 ① 선릉[설릉]에 '역'을 붙여 쓴 것이므로 'ㄴ'음이 첨가되어 [설릉녁]으로 발음한다.
> ② 높이 설치한 도로를 의미하는 '고가'는 [고가]로 발음한다.
> ③ '작'의 받침 ㄱ 뒤에서 '게'가 [께]가 되어 [작 : 께]로 발음한다.
> ④ 받침 ㄷ은 ㄴ앞에서 [ㄴ]으로 발음하고, 어말의 받침 ㅅ은 [ㄷ]으로 발음하므로 노릇노릇[노른노른]으로 발음한다.

84 다음 중 띄어쓰기가 바른 것은?

① 대문밖에서 누군가 서성거리는 모습이 보였다.

② 그 사람이 오간데 없이 갑자기 사라져 버렸다.

③ 도와주기는커녕 방해만 되지 않았으면 좋겠다.

④ 평소의 실력으로 봐서 그 일을 해낼리가 없다.

> **✔해설** ① 대문 밖에서 누군가 서성거리는 모습이 보였다.
> ② 그 사람이 오간 데 없이 갑자기 사라져 버렸다.
> ④ 평소의 실력으로 봐서 그 일을 해낼 리가 없다.

85 다음 중 '그러므로'의 쓰임이 잘못된 문장은?

① 준희는 고약한 구두쇠이다. 그러므로 그는 돈을 많이 모았다.

② 그녀는 얼마 전 그와 헤어졌다. 그러므로 그녀는 지금 외롭다.

③ 법에 근거하여 내린 판결이다. 그러므로 아무리 억울하여도 어쩔 수 없다.

④ 혜림은 목 놓아 울었다. 그러므로 스트레스를 해소하였다.

> **✔해설** 혜림은 목 놓아 울었다. 그러므로 스트레스를 해소하였다. → 혜림은 목 놓아 울었다. 그럼으로(써) 스트레스를 해소하였다.

86 받침의 발음이 바르게 연결된 것은?

① 맑게[막께]　　　　　　　　② 늦여름[는녀름]

③ 겉옷[것옷]　　　　　　　　④ 값지다[갑지다]

> **✔해설** ② 합성어 및 파생어에서는 앞 단어나 접두사의 끝이 자음이고, 뒤 단어나 접미사의 첫음절이 '이, 야, 여, 요, 유'인 경우에는 'ㄴ'을 첨가하여 [니, 냐, 녀, 뇨, 뉴]로 발음한다. 따라서 '늦여름'은 [는녀름]이 된다.
> ① 겹받침 'ㄺ, ㄻ, ㄿ'은 어말 또는 자음 앞에서 [ㄱ, ㅁ, ㅂ]로 발음한다. 다만 용언의 어간 말음 'ㄺ'은 'ㄱ' 앞에서 [ㄹ]로 발음한다. 따라서 '맑다[막따]', '맑게[말께]'가 된다.
> ③ 받침 뒤에 모음 'ㅏ, ㅓ, ㅗ, ㅜ, ㅟ'로 시작되는 실질 형태소가 연결되는 경우에는 대표음으로 바꾸어서 뒤 음절 첫소리로 옮겨 발음한다. 따라서 '겉옷[거돋]'이 된다.
> ④ 받침 'ㄱ(ㄲ, ㅋ, ㄳ, ㄺ), ㄷ(ㅅㅆㅈㅊㅌ), ㅂ(ㅍ, ㄼ, ㄿ, ㅄ)' 뒤에 연결되는 'ㄱ, ㄷ, ㅂ, ㅅ, ㅈ'은 된소리로 발음한다. 따라서 '값지다[갑찌다]'가 된다.

Answer　82.② 83.① 84.③ 85.④ 86.②

87 다음 밑줄 친 단어 중 우리말의 어문 규정에 알맞게 쓴 것은?

① <u>무졸임</u>은 어떤 양념으로 해도 맛있다.
② 형식적인 <u>인삿말</u>이었지만 위로가 되었다.
③ <u>있다가</u> 6시에 다시 만나자.
④ 그는 결국 아들에게까지 손을 <u>벌리고</u> 말았다.

> **✔해설** ④ 벌리다 : '손을 벌리다'는 '손을 내밀다'와 같은 뜻으로 쓰는 관용구로 '무엇을 달라고 요구하거나 구걸하다.'의 의미다.
> ① 무졸임 → 무조림
> ② 인삿말 → 인사말
> ③ 있다가 → 이따가

88 밑줄 친 부분의 표준 발음법으로 옳은 것은?

① 운동화에 <u>흙이</u>[흐기] 묻어있다.
② <u>식용유</u>[시공유]와 참기름을 사오거라.
③ 네 태도에 <u>헛웃음</u>[허두슴]만 나온다.
④ 함부로 전화 <u>끊지</u>[끈찌] 마.

> **✔해설** ③ '헛'의 'ㅅ'은 절음 법칙에 의해 'ㄷ'으로 교체 후 연음되지만(표준발음법 제15항), '웃음'은 음절 첫소리로 옮겨 발음하므로(표준발음법 제13항) [우슴]이 된다. 따라서 '헛웃음'은 [허두슴]으로 발음한다.
> ① 겹받침이 모음으로 시작된 조사나 어미, 접미사와 결합되는 경우에는, 뒤엣것만을 뒤 음절 첫소리로 옮겨 발음한다. 따라서 '흙이'는 [흘기]로 발음한다.
> ② 합성어 및 파생어에서, 앞 단어나 접두사의 끝이 자음이고 뒤 단어나 접미사의 첫 음절이 '이, 야, 여, 요, 유'인 경우에는 'ㄴ' 소리를 첨가하여 [니, 냐, 녀, 뇨, 뉴]로 발음한다. 따라서 '식용유'는 [시공뉴]로 발음한다.
> ④ 받침 'ㅎ(ㄶ, ㅀ)'은 뒤따르는 'ㄱ, ㄷ, ㅈ'과 결합되는 경우에는 거센소리 [ㅋ, ㅌ, ㅊ]으로 발음된다. 따라서 '끊지'는 [끈치]로 발음한다.

89 다음 중 띄어쓰기가 옳지 않은 것은?

① 의지할데라곤 조금도 없는 사람이다.

② 이로써 마지막 만남이 되었다.

③ 지독한 향수병으로 결국 2년 만에 고향으로 돌아왔다.

④ 조카가 태어난 지 벌써 한 달이 되었다.

> ✔해설 ① '데'는 의존 명사로 쓰였으므로 '의지할 데라곤'과 같이 앞 말과 띄어 쓴다. 의존명사는 의미가 형식적이어서 다른 말 아래에 기대어 쓰이는 명사로, '것', '따름', '뿐', '데' 등이 있다.
> ② 지위나 신분, 자격, 동작이 일어나는 곳을 나타낼 때는 (으)로서, 재료나 수단, 도구를 나타낼 때, 시간을 셈할 때는 (으)로써가 쓰인다. 따라서 '이로써'는 시간을 셈할 때 셈에 넣는 한계를 나타내거나 어떤 일의 기준이 되는 시간임을 나타내는 격 조사 '로써'로 쓰는 것이 적절하다.
> ③④ 의존 명사로 쓰였으므로 앞 말과 띄어 쓴다.

90 다음 중 단어와 뜻의 연결이 바르지 않은 것은?

① 수술이 끝나고 한참이 지나서야 마취에서 <u>깼다</u>. → 술기운 따위가 사라지고 온전한 정신 상태로 돌아오다.

② 꿈에서 <u>깬</u> 후에도 쉽사리 현실감이 들지 않았다. → 잠, 꿈 따위에서 벗어나다. 또는 벗어나게 하다.

③ 약속을 <u>깬</u> 건 내가 아니라 너였어. → 단단한 물체를 쳐서 조각이 나게 하다.

④ 그는 자신의 최고 기록과 동시에 세계 최고기록을 <u>깨버렸다</u>. → 어려운 장벽이나 기록 따위를 넘다.

> ✔해설 '약속을 깨다'의 '깨다'는 '일이나 상태 따위를 중간에서 어그러뜨리다'는 뜻을 가지고 있다.

수리력

| 대표유형 1 | 응용계산 |

---

① 확률

(1) 경우의 수

① 한 사건 A가 a가지 방법으로 일어나고 다른 사건 B가 b가지 방법으로 일어난다.

  ㉠ 사건 A, B가 동시에 일어난다 : 동시에 일어나는 경우가 C가지 있을 때 경우의 수는 $a+b-c$가지 이다.

  ㉡ 사건 A, B가 동시에 일어나지 않는다 : 경우의 수는 $a+b$가지이다.

② 한 사건 A가 a가지 방법으로 일어나며 일어난 각각에 대하여 다른 사건 B가 b가지 방법으로 일어 날 때 A, B 동시에 일어나는 경우의 수는 $a \times b$가지이다.

(2) 조합

① **조합의 수**…서로 다른 n개에서 순서를 고려치 않고 r개를 택할 경우 이 r개로 이루어진 각각의 집합 을 말한다. $_nC_r = \dfrac{_nP_r}{r!} = \dfrac{n!}{r!(n-r)!}$, $_nC_r = {_nC_{n-r}} \, (n \geq r)$, $_nC_0 = 1$

② **중복조합**…서로 다른 n개에서 중복을 허락하여 r개를 택하는 조합이다. $_nH_r = {_{n+r-1}C_r}$

(3) 순열

① **순열의 수**…서로 다른 n개에서 r개를 택하여 순서 있게 늘어놓는 것이다.

  ㉠ $_nP_r = \underbrace{\dfrac{n(n-1)(n-2) \times \cdots \times (n-r+1)}{}}_{r개}$ (단, $0 \leq r \leq n$)

  ㉡ $_nP_r = \dfrac{n!}{(n-r)!}$, $0! = 1$, $_nP_0 = 1$, $_nP_n = n!$, $n! = n(n-1) \times \cdots \times 3 \times 2 \times 1$

② **중복순열** … 서로 다른 n개에서 중복을 허용하고 r개를 택하여 일렬로 배열한 것이다. $_n\Pi_r = n^r$

③ **원순열** … 서로 다른 n개의 원소를 원형으로 배열하는 방법의 수는 $(n-1)!$, 뒤집어 놓을 수 있는 원순열의 수는 $\dfrac{1}{2}(n-1)!$

(4) 확률

사건 A가 일어날 수학적 확률을 $P(A)$라 하면 $P(A) = \dfrac{A\text{에 속하는 근원사건의 개수}}{\text{근원사건의 총 개수}}$

임의의 사건 A, 전사건 S, 공사건 ϕ라면 $0 \le P(A) \le 1$, $P(S) = 1$, $P(\phi) = 0$

❷ 나이 · 금액 · 업무량 계산

(1) 나이 계산

① 문제에 나오는 사람의 나이는 같은 수만큼 증감한다.

② 모든 사람의 나이 차이는 바뀌지 않으며 같은 차이만큼 나이가 바뀐다.

(2) 금액 계산

총액 / 잔액 지불하는 상대 등의 관계를 정확히 하여 문제를 잘 읽고, 대차 등의 관계를 파악한다.

① 정가 = 원가 + 이익 = 원가(원가 × 이율), 원가 = 정가 × (1 − 할인율)

② x원에서 y원을 할인한 할인율 $= \dfrac{y}{x} \times 100 = \dfrac{100y}{x}(\%)$

③ x원에서 $y\%$ 할인한 가격 $= x \times (1 - \dfrac{y}{100})$

④ 단리 · 복리 계산

　원금 : a, 이율 : r, 기간 : n, 원리금 합계 : S라고 할 때

　　㉠ 단리 : $S = a(1 + rn)$, ㉡ 복리 : $S = a(1 + r)^n$

(3) 손익 계산

① 이익이 원가의 20%인 경우 … 원가 × 0.2

② 정가가 원가의 20% 할증(20% 증가)의 경우…원가 × $(1 + 0.2)$

③ 매가가 정가의 20% 할인(20% 감소)의 경우…정가 × $(1 - 0.2)$

(4) 업무량 계산

① 인원수 × 시간 × 일수 = 전체 업무량

② 일한 시간 × 개인의 시간당 능력 = 제품 생산개수

③ 시간 · 거리 · 속도 계산

(1) 날짜, 시계 계산

① 1일＝24시간＝1,440분＝86,400초

② 날짜와 요일 문제는 나머지를 이용하여 계산한다.

③ 분침에서 1분의 각도는 $360° ÷ 60 = 6°$

④ 시침에서 1시간의 각도는 $360° ÷ 12 = 30°$

⑤ 1시간 각도에서 시침의 분당 각도는 $30° ÷ 60 = 0.5°$

(2) 시간 · 거리 · 속도

① 거리 = 속도 × 시간

② 시간 = $\dfrac{거리}{속도}$

③ 속도 = $\dfrac{거리}{시간}$

　　㉠ 속도를 ν, 시간을 t, 거리를 s로 하면

 ※ 거리는 반드시 분자로 둘 것

　　㉡ 속도 · 시간 · 거리의 관계를 명확히 하며, '단위'를 착각하지 않도록 주의한다.

(3) 물의 흐름

① 강 흐름의 속도 = (내리막의 속도 − 오르막의 속도)÷2

② 오르막과 내리막의 흐르는 속도의 차이에 주목한다.

③ 오르막은 강의 흐름에 역행이므로 '배의 속도 − 강의 흐름'이며 내리막은 강의 흐름이 더해지므로 '배의 속도 + 강의 흐름'이 된다.

(4) 열차의 통과

① 열차의 이동거리는, '목적물 + 열차의 길이'가 된다. 열차가 통과한다는 것은, 선두부터 맨 끝까지 통과하는 것이다.

② 속도·시간·거리의 단위를 일치 시킨다(모두 m와 초(秒) 등으로 통일시켜 계산 한다).

③ 기차가 이동한 거리는 철교의 길이와 기차의 길이를 더한 것과 같다.

4 나무심기

(1) 직선위의 나무의 수는 최초에 심는 한 그루를 더하여 계산하며 네 방향으로 심을 때는 반드시 네 모퉁이에 심어지도록 간격을 정한다.

(2) 주위를 둘러싸면서 나무를 심을 경우에는 가로와 세로의 최대공약수가 나무사이의 간격이 된다.

5 농도계산

(1) 식염의 양을 구한 후에 농도를 계산한다.

(2) 식염의 양(g) = 농도(%) × 식염수의 양(g) ÷ 100

(3) 구하는 농도 = $\dfrac{\text{식염① × 100(\%)}}{\text{식염 + 물 (= 식염수)}}$ (%)

① 식염수에 물을 더할 경우 … 분모에 $(+x\text{g})$의 식을 추가한다.

② 식염수에서 물을 증발시킬 경우 … 분모에 $(-x\text{g})$을 추가한다.

③ 식염수에 식염을 더한 경우 … 분모, 분자 각각에 $(+x\text{g})$을 추가한다.

① 자료해석 문제 유형

(1) 자료읽기 및 독해력

제시된 표나 그래프 등을 보고 표면적으로 제공하는 정보를 정확하게 읽어내는 능력을 확인하는 문제가 출제된다. 특별한 계산을 하지 않아도 자료에 대한 정확한 이해를 바탕으로 정답을 찾을 수 있다.

(2) 자료 이해 및 단순계산

문제가 무엇을 요구하는지 자료를 잘 이해해서 사칙연산부터 나오는 숫자의 의미를 알아야 한다. 계산 자체는 단순한 것이 많지만 소수점의 위치 등에 유의한다. 숫자나 비율 등을 정확하게 확인하고, 이에 맞는 식을 도출해서 문제를 푸는 연습과 표를 보고 정확하게 해석할 수 있는 연습이 필요하다.

(3) 응용계산 및 자료추리

자료에 주어진 정보를 응용하여 관련된 다른 정보를 도출하는 능력을 확인하는 유형으로 각 자료의 변수의 관련성을 파악하여 문제를 풀어야 한다. 자료의 특성을 정확히 이해하여 하나의 자료에서 도출한 내용을 바탕으로 다른 자료를 이용해서 문제를 해결하는 유형도 출제된다.

② 대표적인 자료해석 문제 해결 공식

(1) 증감률

① 전년도 매출 ⋯ P

② 올해 매출 ⋯ N

③ 전년도 대비 증감률 ⋯ $\dfrac{N-P}{P} \times 100$

(2) 비례식

① 비교하는 양 : 기준량 = 비교하는 양 : 기준량

② 전항 : 후항 = 전항 : 후항

③ 외항 : 내항 = 내항 : 외항

(3) 백분율

$$비율 \times 100 = \frac{비교하는 양}{기준량} \times 100$$

예 아래의 표는 어느 학교의 운동부에 소속된 20명의 키에 대한 도수분포표이다.

등급(cm)	등급값(cm)	도수(명)	등급값 × 도수
145 이상~150 미만	147.5	ⓐ	295.0
150~155	152.5	ⓑ	ⓒ
155~160	157.5	4	630.0
160~165	162.5	5	812.5
165~170	ⓔ	3	502.5
170~175	172.5	2	345.0
175~180	177.5	1	177.5
계	1137.5	20	ⓓ

(1) ⓑ의 값은 얼마인가?

(2) ⓓ의 값은 얼마인가?

(3) 이 표에서 구해지는 평균 신장의 추정치는 얼마인가?

(4) 이 표를 작성한 후에, 170~175의 등급에 해당하는 사람이 몇 명 들어와서, 전체 평균 신장의 측정치를 다시 계산하였더니 1.5cm 높아졌다. 새로 들어온 사람은 몇 명인가?

⇨ 계산을 신속히 처리하는 능력이 필요하며 또한 착오를 일으키기 쉬운 상황이므로 정확성을 갖는 것이 중요하다. ⓐ~ⓔ의 기호를 이해한다.

ⓐ : $295.0 \div 147.5 = 2$

ⓑ : $20 - (2 + 4 + 5 + 3 + 2 + 1) = 3$

ⓒ : $152.5 \times 3 = 457.5$

ⓓ : $295.0 + 457.5 + 630.0 + 812.5 + 502.5 + 345.0 + 177.5 = 3220.0$

ⓔ : 165와 170의 사이의 숫자이므로 167.5

(3)은 '평균 신장의 추정치 = (등급값 × 도수의 합계) ÷ 도수의 합계'로 구할 수 있다.

(4)는 x명을 추가로 넣었다고 한다면, '등급값 × 도수'의 합계가, '3220.0 + 172.5x', 도수의 합계가, '20+x'가 된다. 다시 계산하면 '(3)의 값+1.5'가 된다고 생각하여 식을 만든다.

➤ (1) 3 (2) 3220.0 (3) 161cm (4) 3명

출제예상문제

│1~5│ 다음 주어진 값의 단위변환이 올바른 것을 고르시오.

1

27in = ( )

① 0.06858m ② 68.58cm

③ 0.00426mile ④ 0.77yd

✔ **해설** 27in = 68.58cm = 0.6858m = 0.000426mile = 0.75yd

2

380m^2 = ( )

① 3.08a ② 0.939ac

③ 0.038ha ④ 0.0038km^2

✔ **해설** 380m^2 = 3.8a = 0.0939ac = 0.038ha = 0.00038km^2

3

34.957125MPa = (   )

① 3495712.5Pa

② 3495712.5hPa

③ 34957.125mb

④ 349.57125bar

✔해설 34.957125MPa=34957125Pa=349571.25hPa=349571.25mb=349.57125bar

4

173m/s = (   )

① 1.73km/s

② 62.28km/h

③ 62280m/h

④ 24519685in/h

✔해설 173m/s=0.173km/s=622.8km/h=622800m/h=24519685in/h

5

31mm = (   )

① 1.220472in

② 0.00031km

③ 0.1017ft

④ 0.00019mile

✔해설 31mm=1.220472in=0.000031km=0.101706ft=0.000019mile

Answer 1.② 2.③ 3.④ 4.④ 5.①

▮6～15▮ 다음 식을 계산하여 알맞은 답을 고르시오.

6

3할7푼1리 × 200

① 0.742　　　　　　　　　　② 7.42

③ 74.2　　　　　　　　　　④ 742

> ✔ 해설　3할7푼1리＝0.371
> 　　　　　0.371×200=74.2

7

86.2 + 43.81

① 129.83　　　　　　　　　② 130.01

③ 130.1　　　　　　　　　　④ 130.83

> ✔ 해설　86.2+43.81=130.01

8

$\dfrac{28}{3} \div \dfrac{8}{9} \times \dfrac{2}{7}$

① 1　　　　　　　　　　　② 2

③ 3　　　　　　　　　　　④ 4

> ✔ 해설　$\dfrac{28}{3} \div \dfrac{8}{9} \times \dfrac{2}{7} = \dfrac{28}{3} \times \dfrac{9}{8} \times \dfrac{2}{7} = 3$

9

$$73.82 \times 10^{16} \times 15$$

① 1107.3×10^{18} ② 110.73×10^{18}

③ 11.073×10^{17} ④ 110.73×10^{17}

✔ 해설 $73.82 \times 10^{16} \times 15 = 1107.3 \times 10^{16} = 110.73 \times 10^{17}$

10

$$42.85 - 15.621 + 27.463$$

① 54.696   ② 54.692

③ 53.696   ④ 53.692

✔ 해설 $42.85 - 15.621 + 27.463 = 54.692$

11

$$49 - 42 \div 7$$

① 1   ② 21

③ 34   ④ 43

✔ 해설 사칙연산은 덧셈, 뺄셈 보다 곱셈, 나눗셈을 먼저 계산한다.
∴ $49 - (42 \div 7) = 49 - 6 = 43$

12

$$1.945 - 0.987$$

① 0.958　　　　　　　　　　② 0.968

③ 0.978　　　　　　　　　　④ 0.988

✔️ 해설　$1.945 - 0.987 = 0.958$

13

$$\frac{7}{12} + \frac{5}{7}$$

① $\frac{103}{84}$　　　　　　　　② $\frac{105}{84}$

③ $\frac{107}{84}$　　　　　　　　④ $\frac{109}{84}$

✔️ 해설　$\frac{7}{12} + \frac{5}{7} = \frac{49+60}{84} = \frac{109}{84}$

14

$$84 - \frac{29}{40} \times 2^4$$

① 70.4　　　　　　　　　　② 71.4

③ 72.4　　　　　　　　　　④ 73.4

✔️ 해설　$84 - \frac{29}{40} \times 2^4 = 84 - 11.6 = 72.4$

15

$$7 + 7 \div 7 + 7 \times 7 - 7$$

① 1　　　　　　　　　　　　　② 7
③ 50　　　　　　　　　　　　④ 56

> ✔해설 사칙연산은 덧셈, 뺄셈 보다 곱셈, 나눗셈을 먼저 계산한다.
> $7 + (7 \div 7) + (7 \times 7) - 7 = 7 + 1 + 49 - 7 = 50$

│16~20│ 다음 계산식 중 괄호 안에 들어갈 알맞은 수를 고르시오.

16

$$86 - (\quad) \div 3 = 54$$

① 84　　　　　　　　　　　　② 90
③ 96　　　　　　　　　　　　④ 102

> ✔해설 $86 - (96) \div 3 = 54$

17

$$\{(3 - 6) \times 2\} \times (\quad) = 6$$

① −2　　　　　　　　　　　　② −1
③ 1　　　　　　　　　　　　　④ 2

> ✔해설 $\{(3 - 6) \times 2\} \times (-1) = 6$

18

$$31 \times 2^5 \div (\quad) = 248$$

① 2^1 ② 2^2

③ 2^3 ④ 2^4

✔ 해설 $31 \times 2^5 \div (4) = 248$

19

$$7 \times (\quad) + 1230 = 2721$$

① 209   ② 211

③ 213   ④ 215

✔ 해설 $7 \times (\quad) + 1230 = 2721 \rightarrow (\quad) = (2721 - 1230) \div 7$
$\therefore (\quad) = 213$

20

$$2^5 \times 3^2 \div (\quad) = 24$$

① 8   ② 12

③ 9   ④ 15

✔ 해설 $2^5 \times 3^2 \div (12) = 24$

┃21 ~ 30┃ 다음 주어진 수의 대소 관계를 바르게 비교한 것을 고르시오.

21

$A : \dfrac{27}{6}$ $B : \dfrac{30}{7}$

① $A > B$ ② $A < B$
③ $A = B$ ④ 알 수 없다.

> ✔ 해설 $A : \dfrac{27}{6} = 4.5$
>
> $B : \dfrac{30}{7} \fallingdotseq 4.29$

22

$A : 3\dfrac{7}{5}$ $B : 4\dfrac{3}{6}$

① $A > B$ ② $A < B$
③ $A = B$ ④ 알 수 없다.

> ✔ 해설 $A : 3\dfrac{7}{5} = 4\dfrac{2}{5} = 4.4$, $B : 4\dfrac{3}{6} = 4\dfrac{1}{2} = 4.5$
>
> $\therefore A < B$

23

$A : \sqrt{13} - 1$ $B : \dfrac{7}{2}$

① A > B   ② A < B
③ A = B   ④ 알 수 없다.

> ✔ 해설 A : $3 < \sqrt{13} < 4 \rightarrow 2 < \sqrt{13} - 1 < 3$
>
> B : $\dfrac{7}{2} = 3\dfrac{1}{2}$

Answer   18.②   19.③   20.②   21.①   22.②   23.②

24

$A : \sqrt{21}+1$ $B : 5.348$

① $A > B$ ② $A < B$

③ $A = B$ ④ 알 수 없다.

✔해설 $A : 4 < \sqrt{21} < 5$
$\qquad 5 < \sqrt{21}+1 < 6$
$B : 5.348$
A와 B를 비교할 수 없다.

25

$A : 0.4375$ $B : \dfrac{7}{16}$

① A>B   ② A<B

③ A=B   ④ 알 수 없다.

✔해설 $B = \dfrac{7}{16} = 0.4375 = A$

26

$2a < 3b+7$일 때,
$A : a+b+7$ $B : 4b-a$

① $A > B$ ② $A < B$

③ $A = B$ ④ 알 수 없다.

✔해설 $2a-3b < 7$
$A-B = 2a-3b+7 < 14$
∴ A와 B의 대소를 비교할 수 없다.

27

> $3a = b + 21$일 때,
>
> $A : 5a + 2b - 7$ $B : 2a + 3b + 14$

① $A > B$ ② $A < B$

③ $A = B$ ④ 알 수 없다.

✔ **해설** $A - B = 3a - b - 21 = 0$
  $\therefore A = B$

28

> $A :$ 5시와 6시 사이에 시침과 분침이 만날 때의 분
> $B : 28$

① $A > B$ ② $A < B$

③ $A = B$ ④ 알 수 없다.

✔ **해설** 5시와 6시 사이에 시침과 분침이 만날 때를 5시 A분이라고 할 때,
12시를 기준으로 시침의 각도는 $150 + 30 \times \dfrac{A}{60}$, 분침의 각도는 $6A$이므로

$150 + 30 \times \dfrac{A}{60} = 6A$

$A = 27.2727 \cdots$이므로 $A < B$

29

> A : 정팔면체의 모서리 수를 X, 꼭짓점 수를 Y라고 할 때, $3X+5Y$의 값
> B : 144와 360의 최대공약수

① $A > B$

② $A < B$

③ $A = B$

④ 알 수 없다.

✔해설 A : 정팔면체의 모서리 수는 12, 꼭짓점 수는 6이므로 $3X+5Y=66$
$B : 144 = 2^4 \times 3^2$, $360 = 2^3 \times 3^2 \times 5$ 이므로 최대공약수는 $2^3 \times 3^2 = 72$
$\therefore A < B$

30

> A : 1~6까지 적힌 카드 여섯장을 한 번씩 사용하여 세 자리 수를 만들 때 480 이상이 되는 경우의 수
> B : 38

① $A > B$ ② $A < B$

③ $A = B$ ④ 알 수 없다.

✔해설 A : 앞자리 숫자가 5 또는 6일 경우에 480 이상이므로 $2(5 \times 4) = 40$
$\therefore$ 총 경우의 수는 40이므로 $A > B$

31 공원을 가는 데 집에서 갈 때는 시속 2km로 가고 돌아 올 때는 3km 먼 길을 시속 4km로 걸어왔다. 쉬지 않고 걸어 총 시간이 6시간이 걸렸다면 처음 집에서 공원을 간 거리는 얼마나 되는가?

① 7km

② 7.5km

③ 8km

④ 8.5km

> ✔해설 $\dfrac{거리}{속력}$ = 시간이고, 처음 집에서 공원을 간 거리를 x라고 할 때,
>
> $\dfrac{x}{2} + \dfrac{x+3}{4} = 6 \Rightarrow 3x = 21$
>
> $\therefore x = 7$

32 원이가 5%의 설탕물을 가지고 와 지민이가 가지고 있는 10%의 설탕물에 섞어 농도가 8%인 설탕물 300g을 만들려고 한다. 이 때 원이가 가지고 와야 할 설탕물의 양은 몇 g인가?

① 110

② 115

③ 120

④ 125

> ✔해설 5%의 설탕물의 양을 xg이라고 하면 10%의 설탕물의 양은 $(300-x)$g이다. 두 설탕물을 섞기 전과 섞은 후에 들어 있는 설탕의 양은 같으므로 이를 계산하면 다음과 같다.
>
> $\dfrac{5}{100} \times x + \dfrac{10}{100} \times (300-x) = \dfrac{8}{100} \times 300$
>
> $5x + 3000 - 10x = 2400, \ -5x = -600$
>
> $\therefore x = 120(g)$

33 직원들에게 약과를 나누어주려고 할 때 한 명에게 3개씩 주면 7개가 남고, 5개씩 주면 9개가 부족하다. 이때 직원의 수는?

① 7명

② 8명

③ 9명

④ 11명

> ✔해설 직원의 수를 x라고 할 때,
> $3x+7=5x-9$
> $-2x=-16$
> $\therefore\ 8$(명)

34 가로, 세로의 길이가 각각 294m, 63m인 직사각형 모양의 화단 둘레에 일정한 간격으로 꽃을 심으려 한다. 네 모퉁이에 반드시 꽃을 심기로 하고 꽃의 개수가 최소가 되도록 놓는다고 할 때, 필요한 꽃의 개수는?

① 6개

② 13개

③ 26개

④ 34개

> ✔해설 일정한 간격으로 놓는 꽃의 개수를 최소한으로 하려면 꽃 사이의 간격은 294, 63의 최대공약수인 $3\times7=21$이어야 한다. 따라서 필요한 꽃의 개수는 가로 방향으로 $294\div21=14$, 세로방향으로 $63\div21=3$이므로 $(14+3)\times2=34$(개)이다.

35 휘발유 1리터로 12km를 가는 자동차가 있다. 연료계기판의 눈금이 $\frac{1}{3}$을 가리키고 있었는데 20리터의 휘발유를 넣었더니 눈금이 $\frac{2}{3}$를 가리켰다. 이후에 300km를 주행했다면, 남아 있는 연료는 몇 리터인가?

① 15L

② 16L

③ 17L

④ 18L

✔ 해설 20리터가 연료탱크 용량의 $\frac{2}{3} - \frac{1}{3} = \frac{1}{3}$에 해당한다.

휘발유를 넣은 직후 연료는 40리터가 있으므로 300km 주행 후 남은 연료의 양은

$40\text{L} - \dfrac{300\text{km}}{12\text{km/L}} = 40\text{L} - 25\text{L} = 15\text{L}$이다.

36 4%의 소금물과 10%의 소금물을 섞은 후 물을 더 부어 4.5%의 소금물 200g을 만들었다. 10%의 소금물의 양과 더 부은 물의 양이 같다고 할 때, 4% 소금물의 양은 몇 g인가?

① 100g

② 105g

③ 110g

④ 120g

✔ 해설 4%의 소금물을 x, 10%의 소금물을 y라 하면

$$\begin{cases} x + 2 = 200y \\ \dfrac{4}{100}x + \dfrac{10}{100}y = \dfrac{45}{1000} \times 200 \end{cases}$$

두 식을 연립하면 $x = 100$, $y = 50$이므로 4% 소금물의 양은 100g이다.

37 원가가 100원인 물건이 있다. 이 물건을 정가의 20%를 할인해서 팔았을 때, 원가의 4%의 이익이 남게 하기 위해서는 원가에 몇 % 이익을 붙여 정가를 정해야 하는가?

① 15% ② 20%

③ 25% ④ 30%

✔해설 정가를 x원이라 하면,

판매가 $= x - x \times \dfrac{20}{100} = x\left(1 - \dfrac{20}{100}\right) = 0.8x(원)$

이익 $= 100 \times \dfrac{4}{100} = 4(원)$

따라서 식을 세우면 $0.8x - 100 = 4$, $x = 130(원)$

정가는 130원이므로 원가에 $y\%$의 이익을 붙인다고 하면, $100 + 100 \times \dfrac{y}{100} = 130$, $y = 30$

따라서 30%의 이익을 붙여 정가를 정해야 한다.

38 행사 참여자들에게 기념품을 나누어주려고 할 때 한 명당 6개씩 주면 1개가 남고, 9개씩 주면 3개가 남거나 마지막 사람에게 7개를 주게 된다. 이때 행사 참여자들은 모두 몇 명인가?

① 10명

② 13명

③ 14명

④ 17명

✔해설 행사 참여자들을 x라고 할 때,

$6x + 1 = 9x - 36 + 7$

$-3x = -30$

$\therefore 10(명)$

39 직선을 따라 1분에 2m씩 움직이는 물체 A와 1분에 3m씩 움직이는 물체 B가 있다. 물체 A가 원점 O를 출발한지 2분 후에 같은 장소인 원점에서 A가 움직인 방향으로 물체 B가 움직이기 시작했다. A와 B가 서로 만나는 것은 A가 출발한지 몇 분 후인가?

① 3분   ② 4분

③ 5분   ④ 6분

> ✔해설 A가 출발한 지 x분 후의 위치를 y라 하면 A는 $y=2x$, B는 $y=3(x-2)$를 만족한다.
> 서로 만나는 것은 위치가 같다는 뜻이므로 $2x=3(x-2)$
> $\therefore x=6(분)$

40 주어진 그림과 같은 게임 판에 지뢰를 클릭하면 게임이 끝나고, 한번 누른 칸은 다시 누를 수 없다. 두 번째 클릭에서 게임이 끝날 확률은 얼마인가?

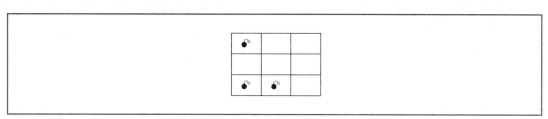

① 0.22   ② 0.25

③ 0.28   ④ 0.31

> ✔해설 두 번째 클릭에서 게임이 끝나려면, 첫 번째는 지뢰가 아닌 곳을 클릭하고, 두 번째에 지뢰를 클릭해야 한다.
> $\therefore \frac{6}{9} \times \frac{3}{8} = \frac{3}{12} = 0.25$

41 두 가지 메뉴 A, B를 파는 어느 음식점에서 지난주에 두 메뉴를 합하여 1000명분을 팔았다. 이번 주 판매량은 지난주에 비하여 A 메뉴는 5% 감소하고, B 메뉴는 10% 증가하여 전체적으로 4% 증가하였다. 이번 주에 판매된 A 메뉴는 몇 명분인가?

① 350명 　　　　　　　　　　　　　　② 380명

③ 400명 　　　　　　　　　　　　　　④ 415명

✔해설 　지난 주 판매된 A 메뉴를 x, 　B 메뉴를 y라 하면

$$\begin{cases} x+y=1000 \\ x\times(-0.05)+y\times0.1=1000\times0.04 \end{cases}$$

두 식을 연립하면 $x=400$, $y=600$

따라서 이번 주에 판매된 A 메뉴는 $x\times0.95=400\times0.95=380$명분이다.

42 과자 3묶음과 아이스크림 4묶음은 39명의 어린이들이 나눠가질 수 있고, 과자 1묶음과 아이스크림 4묶음은 21명의 어린이들이 나눠가질 수 있다. 과자 3묶음과 아이스크림 5묶음이 있다면 몇 명의 아이들이 나눠가질 수 있겠는가?

① 40명 　　　　　　　　　　　　　　② 41명

③ 42명 　　　　　　　　　　　　　　④ 43명

✔해설 　과자 한 묶음, 아이스크림 한 묶음을 각각 x, y로 둔다.

문제의 내용을 수식으로 옮기면 $\begin{cases} 3x+4y=39 \\ 1x+4y=21 \end{cases}$이 되므로, $2x=18 \rightarrow x=9$, $y=3$ 임을 알 수 있다.

따라서 과자 3묶음과 아이스크림 5묶음은 $3x+5y=27+15=42$(명)이 나눠가질 수 있다.

43 지수가 낮잠을 자는 동안 엄마가 집에서 마트로 외출을 했다. 곧바로 잠에서 깬 지수는 엄마가 출발하고 10분 후 엄마의 뒤를 따라 마트로 출발했다. 엄마는 매분 100m의 속도로 걷고, 지수는 매분 150m의 속도로 걷는다면 지수는 몇 분 만에 엄마를 만나게 되는가?

① 10분   ② 20분
③ 30분   ④ 40분

✔ 해설 지수가 걸린 시간을 y, 엄마가 걸린 시간을 x라 하면
$\begin{cases} x - y = 10 \cdots ㉠ \\ 100x = 150y \cdots ㉡ \end{cases}$에서 ㉠을 ㉡에 대입한다.
$100(y + 10) = 150y \Rightarrow 5y = 100 \Rightarrow y = 20$
따라서 지수는 20분 만에 엄마를 만나게 된다.

44 서울 사람 2명과 대전 사람 2명, 대구, 부산, 세종 사람 각 1명씩 모여 7개의 의자에 일렬로 앉았다. 양쪽 끝에 같은 지역의 사람이 앉아있을 확률은?

① $\dfrac{1}{21}$ ② $\dfrac{2}{21}$

③ $\dfrac{4}{21}$ ④ $\dfrac{8}{21}$

✔ 해설 ㉠ 7명의 사람이 의자에 일렬로 앉을 수 있는 경우의 수 : 7!
㉡ 서울 사람이 양쪽 끝의 의자에 앉는 경우 : 5!×2
㉢ 대전 사람이 양쪽 끝의 의자에 앉는 경우 : 5!×2
∴ $\dfrac{㉡ + ㉢}{㉠} = \dfrac{5! \times 2 \times 2}{7!} = \dfrac{2}{21}$

45 11% 소금물 400g과 2% 소금물을 섞어 6%의 소금물을 만들었다. 2%의 소금물 양은 얼마인가?

① 300g

② 450g

③ 500g

④ 650g

> ✔해설 ㉠ 11% 소금물의 소금의 양 $= 11\% \times 400 \div 100 = 44$g, 2% 소금물의 소금의 양 $= 0.02x$
> ㉡ $(400 \times x)$g, $(44 + 0.02x)$g
> ㉢ $\dfrac{44 + 0.02x}{400 + x} = \dfrac{6}{100}$, $\dfrac{100(44 + 0.02x)}{100(400 + x)} = \dfrac{6(400 + x)}{100(400 + x)}$
> ㉣ $\dfrac{4400 + 2x}{40000 + 100x} = \dfrac{2400 + 6x}{40000 + 100x}$
> ㉤ $4400x + 2x = 2400 + 6x$, $2x - 6x = 2400 - 4400$
> ㉥ $-4x = 2000$
> ∴ 500(g)

46 다음 그림에서 구분되는 네 부분에 서로 다른 색을 칠하려고 한다. 7가지 색깔 중 4가지 색을 칠하고 할 때 방법의 수는?

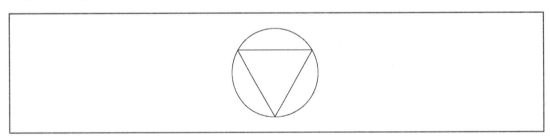

① 190가지 　　　　　　　　　　　② 230가지

③ 280가지 　　　　　　　　　　　④ 320가지

> ✔해설 7가지 색 중 4가지 색을 선택하는 방법의 수는 $_7C_4$, 선택된 4가지 색 중 1가지 색을 선택하는 방법의 수는 $_4C_1$이고 이것을 가운데 ▽부분에 칠하며, 나머지 3가지 색을 둘레에 칠하는 방법의 수는 원순열에 해당하므로 $(3-1)!$
> ∴ $_7C_4 \times _4C_1 \times (3-1)! = 280$(가지)

47 구리와 아연을 4:3의 비율로 섞은 합금 A와 구리와 아연을 2:3으로 섞은 합금 B가 있다. 이 두 종류의 합금을 녹여 구리와 아연을 10:9의 비율로 섞은 합금 950g을 만들려고 한다. 필요한 두 합금 A, B의 양을 각각 구하면?

① A=400g, B=550g

② A=500g, B=450g

③ A=650g, B=300g

④ A=700g, B=250g

✔해설 A 합금의 양을 x, B 합금의 양을 y라 하면

$$\frac{4}{7}x + \frac{2}{5}y = \frac{10}{19} \times 950 \implies 10x + 7y = 8750$$

$$\frac{3}{7}x + \frac{3}{5}y = \frac{9}{19} \times 950 \implies 5x + 7y = 5250$$

두 식을 연립하면 A = x = 700g, B = y = 250g

48 30,000원을 모두 사용해서 1,500원짜리 볼펜과 2,000원짜리 샤프를 종류에 상관없이 최대한 많이 산다고 할 때, 볼펜과 샤프를 합하여 총 몇 개를 살 수 있는가? (단, 볼펜과 샤프 둘 다 최소 1개 이상은 사야한다)

① 18개   ② 19개

③ 20개   ④ 21개

✔해설 볼펜과 샤프 구매개수를 각각 x, y라고 할 때, $1,500x + 2,000y = 30,000$인 정수 x, y는 (16, 3), (12, 6), (8, 9), (4, 12)이다. 따라서 최대한 많이 산다고 하면 볼펜 16개, 샤프 3개로 총 19개를 살 수 있다.

49 원가가 2,200원인 상품을 3할의 이익이 남도록 정가를 책정하였다. 하지만 판매부진으로 할인하여 판매하였고, 할인가가 원가보다 484원 저렴했다. 그렇다면 정가의 얼마를 할인한 것인가?

① 2할2푼

② 3할

③ 3할5푼

④ 4할

 해설 정가 $= 2200(1+0.3) = 2860$(원)

할인율을 x라 하면 $2860 \times (1-x) - 2200 = -484$이므로

$2860 - 2860x = 1716$

$x = 0.4$

즉, 4할을 할인한 것이다.

50 올해 엄마와 딸의 나이를 합하면 38이다. 아들은 딸보다 두 살 어리고, 3년 후의 딸과 아들의 나이를 합하면 20일 때, 올해 엄마의 나이는 몇 살인가?

① 28세

② 30세

③ 32세

④ 34세

 해설 ㉠ 딸의 나이를 x세라고 할 때 엄마의 나이는 $38-x$세, 아들의 나이는 $x-2$세

㉡ 3년 후 딸과 아들의 나이 합 $= ((x+3)+(x-2+3)) = 20$

㉢ $x+3+(x-2=3) = 20$, $2x+4 = 20$

㉣ $2x+4-4 = 20-4$, $2x = 16$, $x = 8$(세)

∴ 엄마의 나이 30(세)

51   A전자마트에서 TV는 원가의 10%를 더하여 정가를 정하고, 에어컨은 원가의 5%를 더하여 정가를 정하는데 직원의 실수로 TV와 에어컨의 이익률을 반대로 계산했다. TV 15대, 에어컨 10대를 판매한 후에야 이 실수를 알았을 때, 제대로 계산했을 때와 잘못 계산했을 때의 손익계산으로 옳은 것은? (단, TV가 에어컨보다 원가가 높고, TV와 에어컨 원가의 차는 20만 원, 잘못 계산된 정가의 합은 150만 원이다)

① 60만 원 이익   ② 60만 원 손해

③ 30만 원 이익   ④ 30만 원 손해

✔ 해설   TV의 원가를 x, 에어컨의 원가를 y라 할 때,

$x - y = 20$만 원

$x + \dfrac{5}{100}x = \dfrac{105}{100}x(원) = 1.05x$, $y + \dfrac{10}{100}y = \dfrac{110}{100}y(원) = 1.1y$

$1.05x + 1.1y = 150$만 원

위의 두식을 연립하여 풀면 $x = 80$, $y = 60$이다.

㉠ 잘못 계산된 정가

    TV : 1.05×80만 $= 84$만 원

    에어컨 : 1.1×60만 $= 66$만 원 이므로

    TV 15대, 에어컨 10대의 가격은 $84 \times 15 + 66 \times 10 = 1,260 + 660 = 1,920$만 원

㉡ 제대로 계산된 정가

    TV : 1.1×80만 $= 88$만 원

    에어컨 : 1.05×60만 $= 63$만 원 이므로

    TV 15대, 에어컨 10대의 가격은 $88 \times 15 + 63 \times 10 = 1,320 + 630 = 1,950$만 원

∴ 30만 원 손해

52   두 자리의 자연수에 대하여 각 자리의 숫자의 합은 11이고, 이 자연수의 십의 자리 숫자와 일의 자리 숫자를 바꾼 수의 3배 보다 5 큰 수는 처음 자연수와 같다고 한다. 처음 자연수의 십의 자리 숫자는?

① 9   ② 7

③ 5   ④ 3

✔ 해설   십의 자리 숫자를 x, 일의 자리 숫자를 y라고 할 때,

$x + y = 11 \cdots$ ㉠

$3(10y + x) + 5 = 10x + y \cdots$ ㉡

㉡을 전개하여 정리하면 $-7x + 29y = -5$이므로

㉠ $\times 7 +$ ㉡을 계산하면 $36y = 72$

따라서 $y = 2$, $x = 9$이다.

Answer   49.④   50.②   51.④   52.①

CHAPTER 02. 수리력 ›› **133**

53 셋째는 올해 7살이다. 올해 할아버지의 나이는 셋째의 나이와 둘째의 나이를 곱한 값과 같고, 2년 후 할아버지는 상수(上壽)를 맞는다. 둘째와 첫째의 나이가 3살 차이가 날 때, 2년 후 첫째의 나이는 몇 살 인가?

① 18살   ② 19살

③ 20살   ④ 21살

✔해설 2년 후 할아버지 나이＝상수(上壽)＝100세이므로 올해 할아버지 나이는 98세＝7×둘째의 나이, 따라서 둘째의 나이는 14살이다. 첫째는 둘째보다 3살 많다고 했으므로 올해 17살이고, 2년 후에는 19살이 된다.

---

54 다음은 통신사 A, B의 휴대폰 요금표이다. 통신사 B를 선택한 사람의 통화량이 최소 몇 분이 넘어야 통신사 A를 선택했을 때 보다 이익인가?

통신사	월별 기본료	월별 무료통화	초과 1분당 통화료
A	40,000원	300분	60원
B	50,000원	400분	50원

① 500분   ② 600분

③ 700분   ④ 800분

✔해설 통화량이 x분인 사람의 요금은
통신사 A의 경우 $40,000+60(x-300)$, 통신사 B의 경우 $50,000+50(x-400)$이므로
$50,000+50(x-400)<40,000+60(x-300)$일 때 A를 선택했을 때보다 더 이익이다.
$\therefore x>800$(분)

55 서원산에는 등산로 A와 A보다 2km 더 긴 등산로 B가 있다. 민경이가 하루는 등산로 A로 올라갈 때는 시속 2km, 내려올 때는 시속 6km의 속도로 등산을 했고, 다른 날은 등산로 B로 올라갈 때는 시속 3km, 내려올 때는 시속 5km의 속도로 등산을 했다. 이틀 모두 동일한 시간에 등산을 마쳤을 때, 등산로 A, B의 거리의 합은?

① 16km
② 18km
③ 20km
④ 22km

✔해설 등산로 A의 거리를 $a$km, 등산로 B의 거리를 $(a+2)$km라 하면

$$\frac{a}{2} + \frac{a}{6} = \frac{a+2}{3} + \frac{a+2}{5} \text{이므로}$$

$a = 8$km

∴ 등산로 A와 B의 거리의 합은 18km

56 물통을 채우는 데 A관의 경우 6시간, B관의 경우 4시간이 걸린다. A, B 두 관을 다 사용했을 경우, 물이 가득 찰 때까지 몇 시간이 걸리는가?

① 2시간 12분
② 2시간 18분
③ 2시간 24분
④ 2시간 36분

✔해설 물의 양을 1이라 했을 때,

㉠ A관의 경우 시간당 $\frac{1}{6}$만큼 물이 채워진다.

㉡ B관의 경우 시간당 $\frac{1}{4}$만큼 물이 채워진다.

A관, B관 둘 다 사용하면 ㉠ + ㉡이 되므로 시간당 $\frac{1}{6} + \frac{1}{4} = \frac{5}{12}$만큼 물이 채워진다.

물이 다 채워질 때까지 걸리는 시간을 x라 하면 $\frac{5}{12} \times x = 1$

∴ $x = \frac{12}{5} = 2\frac{2}{5} = 2\frac{24}{60}$이므로, 2시간 24분이 걸린다.

57 은희는 친구들과 함께 은정이의 생일선물을 사기 위해 돈을 모았다. 한 친구가 24,000원을 내고 나머지 다른 친구들은 10,000원씩 걷었더니 평균 한 사람당 12,000원씩 낸 것이 된다면 친구들의 인원수는?

① 7명 ② 9명

③ 11명 ④ 13명

✔해설 10,000원 낸 친구들의 인원수를 x라 하면 $\dfrac{24000+10000x}{x+1}=12000$, $x=6$

∴ 총 친구들의 인원수는 $6+1=7$(명)

58 민수의 재작년 나이의 $\dfrac{1}{4}$과 내년 나이의 $\dfrac{1}{5}$이 같을 때, 민수의 올해 나이는?

① 10세 ② 12세

③ 14세 ④ 16세

✔해설 민수의 올해 나이를 x라 하면,

$\dfrac{1}{4}(x-2)=\dfrac{1}{5}(x+1)$

$5(x-2)=4(x+1)$

$5x-10=4x+4$

∴ $x=14$(세)

59 A가 있는 산책로와 B가 있는 산책로의 거리는 6km이다. A와 B가 만나기 위해 동시에 출발하여 A가 B가 있는 산책로로 시속 5km 속도로 걸어가고, B는 A가 있는 산책로로 시속 4km 속도로 걸어갈 때 동시에 출발하여 만나기까지 걸리는 시간은?

① 20분 ② 25분

③ 35분 ④ 40분

✔해설 ㉠ A가 B를 만나기까지 걸린 시간 : $\dfrac{x}{5}$(시간), B가 A를 만나기까지 걸은 거리는 $6-x$(km), B가 A를

만나기까지 걸린 시간 : $\dfrac{6-x}{4}$(시간)

㉡ $\dfrac{x}{5}=\dfrac{6-x}{4}$, $4x=5(6-x)$, $9x=30$, $x=\dfrac{10}{3}$

㉢ $\dfrac{10}{3}\div 5=\dfrac{2}{3}$(분)

∴ 40(분)

60 2개의 주사위를 동시에 던질 때, 주사위에 나타난 숫자의 합이 7이 될 확률과 두 주사위가 같은 수가 나올 확률의 합은?

① $\dfrac{1}{12}$

② $\dfrac{1}{2}$

③ $\dfrac{1}{9}$

④ $\dfrac{1}{3}$

> ✔ 해설 두 주사위를 동시에 던질 때 나올 수 있는 모든 경우의 수는 36이다. 숫자의 합이 7이 될 확률은 (1,6), (2,5), (3,4), (4,3), (5,2), (6,1) 총 6가지, 두 주사위가 같은 수가 나올 확률은 (1,1), (2,2), (3,3), (4,4), (5,5), (6,6) 총 6가지다.
>
> $\therefore \dfrac{6}{36} + \dfrac{6}{36} = \dfrac{1}{3}$

61 다음은 어느 산의 5년 동안 산불 피해 현황을 나타낸 표이다. 다음 표에 대한 설명으로 옳은 것은?

구분	2023년	2022년	2021년	2020년	2019년
입산자실화	185	232	250	93	217
논밭두렁 소각	63	95	83	55	110
쓰레기 소각	40	41	47	24	58
어린이 불장난	14	13	13	4	20
담뱃불실화	26	60	51	43	60
성묘객실화	12	24	22	31	63
기타	65	51	78	21	71
합계	405	516	544	271	599

① 2020년 산불피해건수는 전년에 비해 감소하였다.

② 산불피해건수는 해마다 꾸준히 증가하고 있다.

③ 산불발생에 가장 큰 원인은 논밭두렁 소각이다.

④ 입산자실화에 의한 산불피해 건수는 2020년에 가장 많았다.

> ✔ 해설 ② 2019년부터 산불은 증가와 감소를 반복하고 있다.
> ③ 가장 큰 원인은 입산자실화이다.
> ④ 입산자실화에 의한 산불피해 건수는 2021년에 가장 많았다.

Answer 57.① 58.③ 59.④ 60.④ 61.①

62 다음은 어떤 학교의 우유 급식 현황을 나타낸 것이다. 이를 통해 알 수 있는 것은?

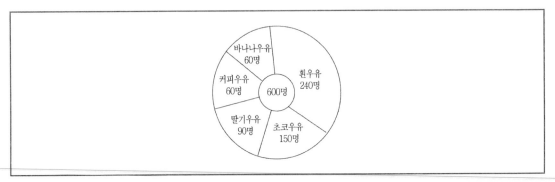

① 흰우유를 마시는 학생은 전체 학생의 40%이다.

② 초코우유를 마시는 학생은 바나나우유를 마시는 학생의 1.5배이다.

③ 전체 학생의 20%는 딸기우유를 마신다.

④ 초코우유와 딸기우유를 마시는 학생의 합은 흰우유를 마시는 학생보다 많다.

✔ 해설 ① 전체 학생은 600명, 흰우유를 마시는 학생은 240명이므로 $\frac{240}{600} \times 100 = 40(\%)$이다.

② 초코우유를 마시는 학생은 바나나우유를 마시는 학생의 2.5배이다.

③ 전체 학생의 15%가 딸기우유를 마신다.

④ 초코우유와 딸기우유를 마시는 학생의 합은 흰우유를 마시는 학생 수와 동일하다.

63 다음은 A 드라마의 시청률을 나타낸 그래프이다. 그래프에 대한 설명으로 옳은 것은?

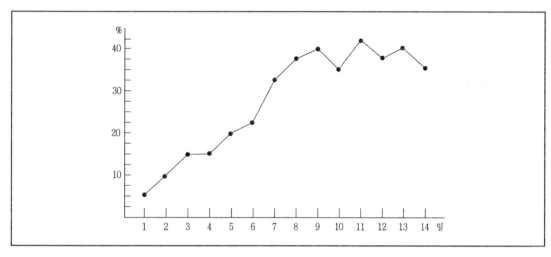

① A 드라마의 시청률은 꾸준히 감소하고 있다.

② 9일 이후 A 드라마의 시청률은 꾸준히 하락하고 있다.

③ 13일에 A 드라마는 최고 시청률을 기록하였다.

④ 3일의 시청률은 1일의 시청률보다 3배 증가하였다.

✔ 해설 ④ 3일의 시청률은 15%로 1일의 시청률 5%보다 3배 증가하였다.
① A 드라마는 시청률이 증가, 감소를 반복하고 있다.
② 9일 이후 A드라마의 시청률은 증가, 감소를 반복하고 있다.
③ A 드라마는 11일에 최고 시청률을 기록하였다.

| 64 ~ 65 | 다음은 어느 카페의 메뉴별 판매비율을 나타낸 것이다. 물음에 답하시오.

(단위 : %)

메뉴	2020년	2021년	2022년	2023년
아메리카노	17.0	26.5	31.5	36.0
요거트	24.0	28.0	27.0	29.5
라떼	38.5	30.5	23.5	15.5
허브차	14.0	7.0	12.0	11.5
쿠키	6.5	8.0	6.0	7.5

64 2023년 판매개수가 1,500개라면 아메리카노의 판매량은 몇 개인가?

① 500개

② 512개

③ 535개

④ 540개

✔해설 2023년 아메리카노 판매비율은 36.0%이므로, 판매개수는 $1,500 \times 0.36 = 540$(개)

65 다음 중 옳지 않은 것은?

① 아메리카노의 판매비율은 꾸준히 증가하고 있다.

② 라떼의 판매비율은 4년 동안 20%p 이상 감소하였다.

③ 2020년과 비교할 때 쿠키의 2023년 판매비율은 3%p 증가하였다.

④ 2020년 라떼의 판매비율이 2023년 아메리카노 판매비율보다 높다.

✔해설 2020년 쿠키 판매비율 6.5%, 2023년 쿠키 판매비율 7.5%이므로 1%p 증가하였다.

66 다음은 지방섭취량과 혈중 납량의 관계 그래프이다. 이에 대한 설명으로 옳지 않은 것은?

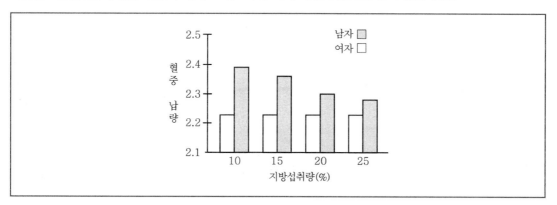

① 지방섭취량과 혈중 납량은 반비례의 관계이다.
② 남자의 경우 적절한 지방섭취는 혈액 중의 납 농도를 감소시킨다.
③ 여자의 경우 지방의 적정 권장량을 먹는 사람(25% 지방섭취량)이 10% 정도로 적게 섭취하는
   사람과 혈중 납이 비슷한 결과를 보인다.
④ 남자의 경우 지방의 적정 권장량을 먹는 사람(25% 지방섭취량)이 10% 정도로 적게 섭취하는
   사람보다 혈중 납이 줄어드는 결과를 보인다.

✔해설 남자의 경우 지방섭취량이 증가할수록 혈중 납 농도가 감소하나 여자의 경우 혈중 납 농도는 지방섭취
        량에 관계없이 일정하다.

67 다음은 2023년도 주요세목 체납정리 현황을 표로 나타낸 자료이다. 주어진 표를 그래프로 나타낸 것으로 옳지 않은 것은?

분야	구분	소득액	법인세	부가가치세
현금정리	건수(건)	398,695	35,947	793,901
	금액(억 원)	7,619	3,046	29,690
	건당금액(만 원)	191	847	374
결손정리	건수	86,383	9,919	104,913
	금액	21,314	5,466	16,364
	건당금액	2,467	5,511	1,560
기타정리	건수	19,218	1,000	70,696
	금액	2,507	318	3,201
	건당금액	1,305	3,180	453
미정리	건수	322,349	22,265	563,646
	금액	10,362	3,032	17,815
	건당금액	321	1,362	316

① **부가가치세 체납액정리 현황**

② **소득세 세납액정리 현황**

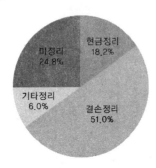

③

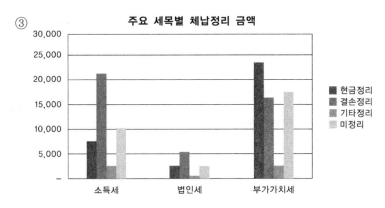

주요 세목별 체납정리 금액

④

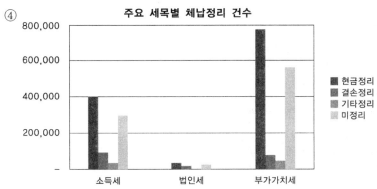

주요 세목별 체납정리 건수

✔해설 현금정리 된 부가가치세는 29,690억 원으로 그래프에 잘못 표기되었다.

68 다음은 2019~2023년 전체 산업과 보건복지산업 취업자 수를 표로 나타낸 것이다. 주어진 표를 그래프로 나타낸 것으로 옳은 것은?

(단위 : 천 명)

연도 산업 구분	2019	2020	2021	2022	2023
전체 산업	24,861	24,900	25,617	26,405	27,189
보건복지산업	1,971	2,127	2,594	2,813	3,187
보건업 및 사회복지서비스업	1,153	1,286	1,379	1,392	1,511
기타 보건복지산업	818	841	1,215	1,421	1,676

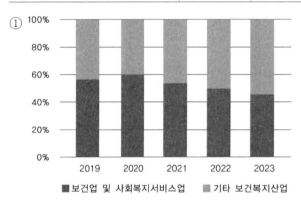

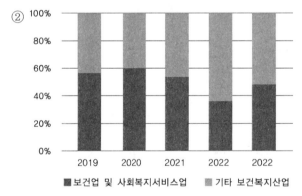

③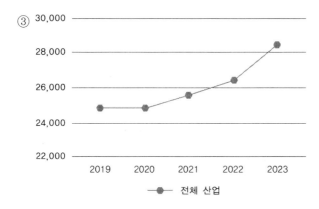

④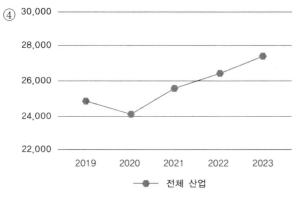

✔해설 ② 2022년도의 비율이 잘못되었다.
③ 2023년도의 전체 산업 취업자 수는 27,189천 명이다.
④ 2020년도의 전체 산업 취업자 수는 24,900천 명으로 2019년도 보다 증가한다.

69 자료에 대한 분석으로 옳은 것은?

〈고령 인구 규모 및 추이〉

(단위 : 천 명)

구분		2015년	2020년	증가율(%)
총인구		45,125	47,345	4.9
65세 이상		3,371	4,365	29.5
성별	남자	1,287	1,736	34.9
	여자	2,084	2,629	26.1
지역	도시	2,001	2,747	37.2
	농촌	1,370	1,618	18.1

〈지역별 고령 인구 비율〉

(단위 : %)

① 도시의 고령화가 농촌보다 빠르게 진행되었다.

② 도시 지역은 2015년에 고령화 단계에 진입하였다.

③ 총 인구 수보다 고령 인구 수가 더 많이 증가하였다.

④ 여성 고령자의 비중이 더 크지만 증가율은 남성이 더 높다.

✔️해설 ① 전체 인구에 대한 고령 인구의 비율 즉, 고령화 정도는 농촌이 도시보다 빠르게 진행되고 있다.
② 전체 인구 중 고령 인구가 차지하는 비율이 7%, 14%, 21% 이상이면 각각 고령화 사회, 고령 사회, 초고령 사회라고 한다.
③ 총 인구 수는 222만 명, 고령 인구(65세 이상) 수는 99만 4천 명 증가하였다.

70 다음은 F기업 각 지점의 남녀 직원의 비율을 나타낸 자료이다. 이를 참고할 때 다음 중 올바른 설명이 아닌 것은?

구분	A지점	B지점	C지점	D지점
남직원(%)	48	45	54	40
여직원(%)	52	55	46	60

① 여직원 대비 남직원의 비율은 C지점이 가장 높고 D지점이 가장 낮다.

② C지점의 남직원은 D지점의 여직원보다 그 수가 더 적다.

③ B지점과 D지점의 남직원 수의 합은 여직원 수의 합보다 적다.

④ 남직원 1인당 여직원의 수는 D지점이 가장 많다.

✔해설 ② 각 지점 전체의 인원수를 알 수 없으므로 비율이 아닌 지점 간의 인원수를 직접 비교하는 것은 무의미한 계산이다.

① 여직원 대비 남직원의 비율은 남직원 수÷여직원 수로 계산되므로 C지점이 가장 높고 D지점이 가장 낮다.

③ B지점, C지점 모두 남직원의 비율이 여직원의 비율보다 낮으므로 두 곳을 더해도 남녀 직원 수의 많고 적음은 비율의 크고 작음과 동일하다.

④ 남직원 1인당 여직원의 수는 여직원 수÷남직원 수로 계산되므로 D지점이 60÷40=1.5로 가장 많음을 알 수 있다.

71 다음 자료에 대한 분석으로 옳은 것은?

- t-1년에 갑국의 실업률은 10 %이다.
- A, B, C는 각각 취업자, 실업자, 비경제 활동 인구 중 하나이고, A는 매년 5 % 증가했다.

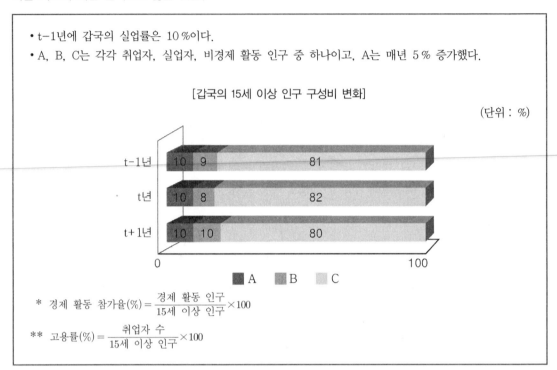

[갑국의 15세 이상 인구 구성비 변화]

(단위 : %)

$$* \ \text{경제 활동 참가율(\%)} = \frac{\text{경제 활동 인구}}{\text{15세 이상 인구}} \times 100$$

$$** \ \text{고용률(\%)} = \frac{\text{취업자 수}}{\text{15세 이상 인구}} \times 100$$

① 실업률은 변함이 없다.

② 취업자 수는 t년에 가장 많다.

③ 경제 활동 참가율은 변함이 없다.

④ 비경제 활동 인구는 변함이 없다.

✔해설 t-1년에 갑국의 실업률이 10 %이므로, A는 비경제 활동 인구, B는 실업자, C는 취업자이다. 모든 연도에서 경제 활동 참가율은 90 %로 변함이 없다.

72 다음의 설문에 대한 응답 결과를 통해 추론할 수 있는 내용으로 가장 타당한 것은?

> • 소득이 감소한다면, 소비 지출을 줄이겠습니까?
> • 소비 지출을 줄인다면, 어떤 부분부터 줄이겠습니까?

(단위 : %)

구분		지출 줄임						줄일 수 없음
		음식료비	외식비	주거관련비	문화여가비	사교육비	기타	
지역	도시	5.8	20.5	15.7	7.1	4.6	26.7	19.6
	농촌	8.6	12.0	18.5	4.9	3.2	18.8	34.0
학력	중졸 이하	9.9	10.4	24.9	4.2	2.1	11.9	36.6
	고졸	5.4	20.2	15.1	7.2	4.8	30.8	16.5
	대졸 이상	4.9	25.9	7.6	8.1	3.5	37.0	13.0

① 도시 지역과 농촌 지역의 소비 행태는 거의 비슷하다.

② 도시 가구는 소득이 감소하면 주거 관련비를 가장 많이 줄인다.

③ 학력이 낮을수록 소득이 감소하면 소비 지출을 더 줄이려는 경향이 있다.

④ 학력 수준에 관계없이 소득 감소가 사교육비에 미치는 영향은 가장 적다.

> ✔해설 소득이 감소할 때 소비 지출을 줄이겠다고 응답한 사람은 농촌보다 도시에서, 학력이 높을수록 높게 나타난다. 지출을 줄이겠다고 응답한 사람들의 항목별 비율에서는 외식비, 주거 관련비를 줄이겠다고 응답한 사람들의 비율이 높은 반면, 사교육비 지출을 줄이겠다는 사람들은 학력에 관계없이 가장 적게 나타나고 있다.

Answer 71.③ 72.④

73 다음은 우체국 택배물 취급에 관한 기준표이다. 미영이가 서울에서 포항에 있는 보람이와 설희에게 각각 택배를 보내려고 한다. 보람이에게 보내는 물품은 10kg에 130cm이고, 설희에게 보내려는 물품은 4kg에 60cm이다. 미영이가 택배를 보내는 데 드는 비용은 모두 얼마인가?

(단위 : 원/개)

중량(크기)		2kg까지 (60cm까지)	5kg까지 (80cm까지)	10kg까지 (120cm까지)	20kg까지 (140cm까지)	30kg까지 (160cm까지)
동일지역		4,000원	5,000원	6,000원	7,000원	8,000원
타지역		5,000원	6,000원	7,000원	8,000원	9,000원
제주 지역	빠른(항공)	6,000원	7,000원	8,000원	9,000원	11,000원
	보통(배)	5,000원	6,000원	7,000원	8,000원	9,000원

※ 1) 중량이나 크기 중에 하나만 기준을 초과하여도 초과한 기준에 해당하는 요금을 적용한다.
2) 동일지역은 접수지역과 배달지역이 동일한 시/도이고, 타지역은 접수한 시/도 지역 이외의 지역으로 배달되는 경우를 말한다.
3) 부가서비스(안심소포) 이용 시 기본요금에 50% 추가하여 부가한다.

① 13,000원　　　　　　　② 14,000원
③ 15,000원　　　　　　　④ 16,000원

✔해설 중량이나 크기 중에 하나만 기준을 초과하여도 초과한 기준에 해당하는 요금을 적용한다고 하였으므로, 보람이에게 보내는 택배는 10kg지만 130cm로 크기 기준을 초과하였으므로 요금은 8,000원이 된다. 또한 설희에게 보내는 택배는 60cm이지만 4kg으로 중량기준을 초과하였으므로 요금은 6,000원이 된다.

74 다음은 A지역출신 210명의 학력을 조사한 표이다. A지역 여성 중 중졸 이하 학력의 비율은 얼마인가?

학력 성별	초졸	중졸	고졸	대졸	합계
남성	10	35	45	30	120
여성	10	25	35	20	90
합계	20	60	80	50	210

① $\frac{11}{24}$　　　　　　　② $\frac{7}{18}$
③ $\frac{8}{9}$　　　　　　　④ $\frac{5}{8}$

✔해설 $\dfrac{초졸 + 중졸수}{여성수} = \dfrac{10+25}{90} = \dfrac{35}{90} = \dfrac{7}{18}$

|75～76| 2024년 인터넷 쇼핑몰 상품별 거래액에 관한 표이다. 물음에 답하시오.

(단위 : 백만 원)

	1월	2월	3월	4월	5월	6월	7월	8월	9월
컴퓨터	200,078	195,543	233,168	194,102	176,981	185,357	193,835	193,172	183,620
소프트웨어	13,145	11,516	13,624	11,432	10,198	10,536	45,781	44,579	42,249
가전·전자	231,874	226,138	251,881	228,323	239,421	255,383	266,013	253,731	248,474
서적	103,567	91,241	130,523	89,645	81,999	78,316	107,316	99,591	93,486
음반·비디오	12,727	11,529	14,408	13,230	12,473	10,888	12,566	12,130	12,408
여행·예약	286,248	239,735	231,761	241,051	288,603	293,935	345,920	344,391	245,285
아동·유아용	109,344	102,325	121,955	123,118	128,403	121,504	120,135	111,839	124,250
음·식료품	122,498	137,282	127,372	121,868	131,003	130,996	130,015	133,086	178,736

75 1월 컴퓨터 상품 거래액의 다음 달 거래액과 차이는?

① 4,455백만 원   ② 4,535백만 원

③ 4,555백만 원   ④ 4,655백만 원

✔ 해설 200,078 - 195,543 = 4,535백만 원

76 1월 서적 상품 거래액은 음반·비디오 상품의 몇 배인가? (소수점 둘째자리까지 구하시오)

① 8.13   ② 8.26

③ 9.53   ④ 9.75

✔ 해설 103,567 ÷ 12,727 = 8.13배

Answer 73.② 74.② 75.② 76.①

77 다음 표는 A백화점의 판매비율 증가를 나타낸 것으로 전체 평균 판매증가비율과 할인기간의 판매증가비율을 구분하여 표시한 것이다. 주어진 조건을 고려할 때 A~F에 해당하는 상품을 순서대로 나열한 것은?

구분 / 월별	A 전체	A 할인	B 전체	B 할인	C 전체	C 할인	D 전체	D 할인	E 전체	E 할인	F 전체	F 할인
1	20.5	30.9	15.1	21.3	32.1	45.3	25.6	48.6	33.2	22.5	31.7	22.5
2	19.3	30.2	17.2	22.1	31.5	41.2	23.2	33.8	34.5	27.5	30.5	22.9
3	17.2	28.7	17.5	12.5	29.7	39.7	21.3	32.9	35.6	29.7	30.2	27.5
4	16.9	27.8	18.3	18.9	26.5	38.6	20.5	31.7	36.2	30.5	29.8	28.3
5	15.3	27.7	19.7	21.3	23.2	36.5	20.3	30.5	37.3	31.3	27.5	27.2
6	14.7	26.5	20.5	23.5	20.5	33.2	19.5	30.2	38.1	39.5	26.5	25.5

㉠ 의류, 냉장고, 보석, 핸드백, TV, 가구에 대한 표이다.
㉡ 가구는 1월에 비해 6월에 전체 평균 판매증가비율이 높아졌다.
㉢ 냉장고는 3월을 제외하고는 할인기간의 판매증가비율이 전체 평균 판매증가비율보다 크다.
㉣ 핸드백은 할인기간의 판매증가비율보다 전체 평균 판매증가비율이 더 크다.
㉤ 1월과 6월을 비교할 때 의류는 전체 평균 판매증가비율의 감소가 가장 크다.
㉥ 보석은 1월에 전체 평균 판매증가비율과 할인기간의 판매증가비율의 차이가 가장 크다.

① TV – 의류 – 보석 – 핸드백 – 가구 – 냉장고
② TV – 냉장고 – 의류 – 보석 – 가구 – 핸드백
③ 의류 – 보석 – 가구 – 냉장고 – 핸드백 – TV
④ 의류 – 냉장고 – 보석 – 가구 – 핸드백 – TV

✔해설 주어진 표에 따라 조건을 확인해보면, 조건의 ㉡은 B, E가 해당하는데 ㉢에서 B가 해당하므로 ㉡은 E가 된다. ㉣은 F가 되고 ㉤은 C가 되며 ㉥은 D가 된다. 남은 것은 TV이므로 A는 TV가 된다. 그러므로 TV – 냉장고 – 의류 – 보석 – 가구 – 핸드백 순이다.

|78 ~ 79| 다음은 A~D대학교 학생들의 학년별 평균 학점(4.5만점)을 조사한 결과이다. 다음 물음에 답하시오.

구분	1학년	2학년	3학년	4학년
㉠	3.7	3.4	4.0	4.3
㉡	2.8	2.9	3.2	3.9
㉢	3.1	3.0	3.6	4.0
㉣	3.2	3.1	3.4	3.8
평균	3.2	3.1	3.55	4.0

- A대학은 학년이 올라갈수록 평균학점이 높아진다.
- B대학은 각 학년별 평균학점이 모두 평균 이상이다.
- C대학은 2학년의 평균학점이 제일 낮다.
- D대학 4학년의 평균학점은 평균 이상이다.

78 ㉠~㉣순으로 들어갈 대학을 올바르게 배치한 것은?

① A→C→D→B ② B→A→D→C

③ A→B→D→C ④ B→A→C→D

✔해설 학년이 올라갈수록 평균학점이 높아지는 대학은 ㉡으로 A, 학년별 평균학점이 모두 평균 이상인 대학은 ㉠으로 B이다. 또 2학년의 평균학점이 제일 낮은 대학은 ㉢, ㉣이지만 D대학의 경우 4학년 평균학점이 평균 이상이라고 했으므로 ㉢이 D, 남은 ㉣이 C대학이 된다.

79 다음 중 옳지 않은 것은?

① 2학년 이후로는 모든 대학 학생들의 평균학점이 올랐다.

② B대학 전체학년의 평균 학점은 3학년의 평균 학점보다 높다.

③ 전체학년 평균 학점이 제일 낮은 곳은 A대학이다.

④ 모든 학교에서 4학년의 평균 학점이 제일 높다.

✔해설 B대학 전체학년의 평균 학점은 3.7+3.4+4.0+4.3=3.85점이고, 3학년의 평균 학점은 4.0이다.

80 ○○ 기업은 최종 면접자 A, B, C, D 중 한 명을 채용하려고 한다. 다음 채용 기준에 근거했을 때 채용되는 사람은?

〈채용 기준〉
• 면접심사에서 가장 높은 점수를 받은 한 명을 최종적으로 채용한다.
• 면접자별 평가항목의 점수와 가중치를 곱한 값을 합한 총점이 80점 이하인 경우 불합격 처리를 한다.
※ 1) 면접자별 점수는 100점 만 점이다.
　 2) 총점이 동점일 경우 윤리·책임 항목의 점수가 더 높은 면접자를 우선으로 채용한다.

표1. 면접심사 점수

평가 항목	가중치	면접자별 점수			
		A	B	C	D
소통·공감	30%	80	70	90	80
헌신·열정	20%	70	60	70	80
창의·혁신	20%	50	70	80	70
윤리·책임	30%	90	90	100	90

① A　　　　　　　　　　　　　② B
③ C　　　　　　　　　　　　　④ D

평가 항목	가중치	면접자별 접수			
		A	B	C	D
소통·공감	30%	24	21	27	24
헌신·열정	20%	14	12	14	16
창의·혁신	20%	10	14	16	14
윤리·책임	30%	27	27	30	27
총점		75	74	87	81
결과		탈락	탈락	1순위	2순위

81 다음은 성인 직장인을 대상으로 소속감에 대하여 조사한 결과를 정리한 표이다. 조사 결과를 사회 집단 개념을 사용하여 분석한 내용으로 옳은 것은?

(단위 : %)

구분		가정	직장	동창회	친목 단체	합계
성별	남성	53.1	21.9	16.1	8.9	100.0
	여성	68.7	13.2	9.8	8.3	100.0
학력	중졸 이하	71.5	8.2	10.6	9.7	100.0
	고졸	62.5	17.7	11.8	8.0	100.0
	대졸 이상	54.0	22.5	16.0	7.5	100.0

① 학력이 높을수록 공동 사회라고 응답한 비율이 높다.
② 이익 사회라고 응답한 비율은 남성이 여성보다 높다.
③ 성별과 상관없이 자발적 결사체라고 응답한 비율이 가장 높다.
④ 과업 지향적인 집단이라고 응답한 비율은 여성이 남성보다 높다.

✔해설 직장, 동창회, 친목 단체는 이익 사회에 해당하며, 이들 집단에서 소속감을 가장 강하게 느낀다고 응답한 비율은 남성이 더 높다.

82 다음은 A도시의 생활비 지출에 관한 자료이다. 연령에 따른 전년도 대비 지출 증가비율을 나타낸 것이라 할 때 작년에 비해 가게운영이 더 어려웠을 가능성이 높은 업소는?

연령(세) 품목	24 이하	25~29	30~34	35~39	40~44	45~49	50~54	55~59	60~64	65 이상
식료품	7.5	7.3	7.0	5.1	4.5	3.1	2.5	2.3	2.3	2.1
의류	10.5	12.7	-2.5	0.5	-1.2	1.1	-1.6	-0.5	-0.5	-6.5
신발	5.5	6.1	3.2	2.7	2.9	-1.2	1.5	1.3	1.2	-1.9
의료	1.5	1.2	3.2	3.5	3.2	4.1	4.9	5.8	6.2	7.1
교육	5.2	7.5	10.9	15.3	16.7	20.5	15.3	-3.5	-0.1	-0.1
교통	5.1	5.5	5.7	5.9	5.3	5.7	5.2	5.3	2.5	2.1
오락	1.5	2.5	-1.2	-1.9	-10.5	-11.7	-12.5	-13.5	-7.5	-2.5
통신	5.3	5.2	3.5	3.1	2.5	2.7	2.7	-2.9	-3.1	-6.5

① 30대 후반이 주로 찾는 의류 매장
② 중학생 대상의 국어·영어·수학 학원
③ 30대 초반의 사람들이 주로 찾는 볼링장
④ 65세 이상 사람들이 자주 이용하는 마을버스 회사

✔해설 마이너스가 붙은 수치들은 전년도에 비해 지출이 감소했음을 뜻하므로 주어진 보기 중 마이너스 부호가 붙은 것을 찾으면 된다. 중학생 대상의 국·영·수 학원비 부담 계층은 대략 50세 이하인데 모두 플러스 부호에 해당하므로 전부 지출이 증가하였고, 30대 초반의 오락비 지출은 감소하였다.

┃83~84┃ 다음 표는 지역별 월별 평균 기온을 나타낸 것이다. 물음에 답하시오.

(단위 : ℃)

월 도시	1월	4월	7월	10월
서울	-2.5	9.5	28.4	10.2
경기	-1.8	9.2	26.2	6.8
강원	-6.9	5.8	23.4	3.7
충청	1.2	8.3	25.1	4.3
제주	3.7	13.4	27.8	12.3

83 1월의 경우 제주지방은 서울지방에 비하여 평균기온이 몇 ℃ 높은가?

① 3.8℃

② 5.4℃

③ 6.2℃

④ 8.7℃

✔ 해설 $3.7-(-2.5)=6.2(℃)$

84 강원도지역의 1월과 7월의 평균기온 차이는 몇 ℃인가?

① 23.2℃

② 28.2℃

③ 28.4℃

④ 30.3℃

✔ 해설 $23.4-(-6.9)=30.3(℃)$

85 다음은 6명의 학생들의 지난 달 독서 현황을 나타낸 표이다. 이에 대한 설명으로 옳은 것은?

구분＼학생	A	B	C	D	E	F
성별	남	남	여	남	여	남
독서량(권)	2	0	6	4	8	10

① 학생들의 평균 독서량은 6권이다.

② 남학생이면서 독서량이 7권 이상인 학생은 전체 학생 수의 절반 이상이다.

③ 여학생이거나 독서량이 7권 이상인 학생은 전체 학생 수의 절반 이상이다.

④ 독서량이 2권 이상인 학생 중 남학생의 비율은 전체 학생 중 여학생 비율의 2배 이상이다.

✔ 해설 ① 학생들의 평균 독서량은 5권이다.
② 남학생 중 독서량이 7권 이상인 학생은 F 한 명이다.
③ 여학생은 두 명이고 남학생 중 독서량이 7권 이상인 학생은 한 명이므로, 여학생이거나 독서량이 7권 이상인 학생은 세 명으로 전체 학생 수의 절반 이상이다.
④ 독서량이 2권 이상인 학생 중 남학생의 비율은 5분의 3이고 전체 학생 중 여학생의 비율은 3분의 1이므로 2배 이하이다.

|86~87| 다음 표는 커피 수입 현황에 대한 표이다. 물음에 답하시오.

(단위 : 톤, 천 달러)

구분	연도	2019	2020	2021	2022	2023
생두	중량	97.8	96.9	107.2	116.4	100.2
	금액	252.1	234.0	316.1	528.1	365.4
원두	중량	3.1	3.5	4.5	5.4	5.4
	금액	37.1	42.2	55.5	90.5	109.8
커피조제품	중량	6.3	5.0	5.5	8.5	8.9
	금액	42.1	34.6	44.4	98.8	122.4

※ 1) 커피는 생두, 원두, 커피조제품으로만 구분됨
   2) 수입단가 = 금액 / 중량

86 다음 중 표에 관한 설명으로 가장 적절한 것은?

① 커피전체에 대한 수입금액은 매해마다 증가하고 있다.

② 2022년 생두의 수입단가는 전년의 2배 이상이다.

③ 원두 수입단가는 매해마다 증가하고 있지는 않다.

④ 2023년 커피조제품 수입단가는 2017년의 2배 이상이다.

 ① 커피전체에 대한 수입금액은 2019년 331.3, 2020년 310.8, 2021년 416, 2022년 717.4, 2023년 597.6으로 2020년과 2023년에는 전년보다 감소했다.
   ② 생두의 2022년 수입단가는(528.1 / 116.4 = 4.54)로, 2021년 수입단가(316.1 / 107.2 = 2.95)의 약 1.5배 정도이다.
   ③ 원두의 수입단가는 2019년 11.97, 2020년 12.06, 2021년 12.33, 2022년 16.76, 2023년 20.33 으로 매해마다 증가하고 있다.

87 다음 중 수입단가가 가장 큰 것은?

① 2021년 원두   ② 2022년 생두

③ 2023년 원두   ④ 2022년 커피조제품

 ① 2021년 원두의 수입단가 = 55.5 / 4.5 = 12.33
   ② 2022년 생두의 수입단가 = 528.1 / 116.4 = 4.54
   ③ 2023년 원두의 수입단가 = 109.8 / 5.4 = 20.33
   ④ 2022년 커피조제품의 수입단가 = 98.8 / 8.5 = 11.62

88 아래 표는 학년말에 치러진 시험점수 중 영역별 상위 5명의 점수이다. 이에 대한 설명으로 옳지 않은 것은?

순위	국어		영어		수학		한국사	
	이름	점수	이름	점수	이름	점수	이름	점수
1	A	98	B	91	D	83	F	95
2	C	95	A	88	G	82	D	94
3	E	93	C	87	F	79	B	90
4	D	92	F	85	B	75	A	87
5	F	89	D	80	A	71	C	85

• 각 영역별 동점자는 없었음
• 총점이 340 이하인 학생은 보충수업을 받는다.
• 전체 순위는 네 영역의 점수를 더해서 정한다.

① C의 총점은 340점을 넘지 못한다.
② 보충수업을 받지 않아도 되는 학생은 3명이다.
③ F의 전체순위는 2위이다.
④ A, D, F 세 학생 점수의 평균은 B, C 두 학생 점수의 평균보다 높다.

✔해설 ②③ 보충수업은 총점 340을 넘으면 받지 않아도 되므로 A(344), B(344), D(349), F(348), 4명이 제외된다.
① C의 최대 총점은 95+87+70(받을 수 있는 최대 점수)+85=337점이다.
④ A, D, F의 평균은 347점이며 B, C 두 학생의 평균은 340.5점으로 A, D, F 세 학생의 평균이 더 높다.

89 다음 자료는 연도별 자동차 사고 발생상황을 정리한 것이다. 다음의 자료로부터 추론하기 어려운 내용은?

구분 연도	발생 건수(건)	사망자 수(명)	10만 명당 사망자 수(명)	차 1만 대당 사망자 수(명)	부상자 수(명)
1997	246,452	11,603	24.7	11	343,159
1998	239,721	9,057	13.9	9	340,564
1999	275,938	9,353	19.8	8	402,967
2000	290,481	10,236	21.3	7	426,984
2001	260,579	8,097	16.9	6	386,539

① 연도별 자동차 수의 변화

② 운전자 1만 명당 사고 발생 건수

③ 자동차 1만 대당 사고율

④ 자동차 1만 대당 부상자 수

 해설 ① 연도별 자동차 수 = $\dfrac{사망자\ 수}{차\ 1만\ 대당\ 사망자\ 수} \times 10,000$

② 운전자 수가 제시되어 있지 않아서 운전자 1만 명당 사고 발생 건수는 알 수 없다.

③ 자동차 1만 대당 사고율 = $\dfrac{발생\ 건수}{자동차\ 수} \times 10,000$

④ 자동차 1만 대당 부상자 수 = $\dfrac{부상자\ 수}{자동차\ 수} \times 10,000$

90 다음은 A기업에서 승진시험을 시행한 결과이다. 시험을 치른 200명의 국어와 영어의 점수 분포가 다음과 같을 때 국어에서 30점 미만을 얻은 사원의 영어 평균 점수의 범위는?

(단위 : 명)

영어(점) \ 국어(점)	0~9	10~19	20~29	30~39	40~49	50~59	60~69	70~79	80~89	90~100
0~9	3	2	3							
10~19	5	7	4							
20~29			6	5	5	4				
30~39				10	6	3	1	3	3	
40~49				2	9	10	2	5	2	
50~59				2	5	4	3	4	2	
60~69				1	3	9	24	10	3	
70~79					2	18				
80~89						10				
90~100										

① 9.3 ~ 18.3

② 9.5 ~ 17.5

③ 10.2 ~ 12.3

④ 11.6 ~ 15.4

✔해설 국어점수 30점 미만인 사원의 수는 3 + 2 + 3 + 5 + 7 + 4 + 6 = 30명
점수가 구간별로 표시되어 있으므로 구간별로 가장 작은 수와 가장 큰 수를 고려하여 구한다.

영어 평균 점수 최저는 $\frac{0 \times 8 + 10 \times 16 + 20 \times 6}{30} = 9.3$이고

영어 평균 점수 최고는 $\frac{9 \times 8 + 19 \times 16 + 29 \times 6}{30} = 18.3$이다.

1 도형추리

(1) 같거나 다른 모양의 도형을 찾는 문제

예 다음 제시된 도형과 다른 것을 고르면?

⇨ ② 그림을 제시된 도형과 같은 위치로 돌려보면 오른쪽과 같은 모양이 된다.
　　　왼쪽 삼각형의 모양이 다른 것을 알 수 있다.

　　　① 제시된 그림을 오른쪽으로 90° 회전시킨 모양이다.
　　　③ 제시된 그림을 왼쪽으로 90° 회전시킨 모양이다.
　　　④ 제시된 그림을 180° 회전시킨 모양이다.

(2) 회전한 도형의 모양을 찾는 문제

예 다음 그림 중에서 회전시켰을 때 서로 일치하는 도형을 고르면?

① 　② 　③ 　④

⇨ ② ▲의 모양이 다르다.
　　④ 2의 위치가 다르다.

② 블록개수

(1) 전체 블록을 보여주고 개수를 찾는 문제

① 정사각형 모양의 블록의 개수는 가로 개수×세로 개수×높이 개수의 공식을 이용하여 찾는다.

② 불규칙적으로 쌓여 있는 경우 보이지 않는 곳의 개수까지 잘 살펴본다.

③ 쌓여있는 블록을 빈 곳에 옮겨서 구하는 방법을 이용할 수 있다.

④ 블록이 쌓여 있는 곳의 아랫부분은 빈 공간이 될 수 없다.

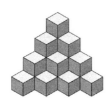
⇨ 맨 윗줄 : 1개
　두 번째 줄 : 3개
　세 번째 줄 : 6개
　맨 아래 줄 : 10개
　$1+3+6+10 = 20$(개)

(2) 앞 · 뒤 · 옆 블록의 모양을 보여주고 개수를 찾는 문제

① 앞 · 뒤 · 옆의 블록 모양을 통해 전체적인 블록의 모양을 유추한다.
② 공통적인 부분의 블록의 개수는 제외한다.

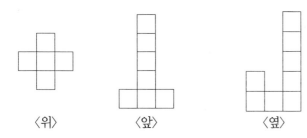

〈위〉　　〈앞〉　　〈옆〉

⇨ 입체적으로 생각해보면 쌓기나무의 모양은 오른쪽과 같은 모양이 된다.
　필요한 쌓기나무의 개수는 모두 10개이다.

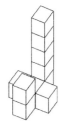

3 전개도

(1) 기본적인 전개도의 모양

이름	입체도형	전개도
정사면체		
정육면체		
정팔면체		
정십이면체		
정이십면체		

(2) 전개도 문제 유형

① 도형을 제시하고 전개도의 모양을 찾는 문제

예 다음 입체도형의 전개도로 옳은 것을 고르면?

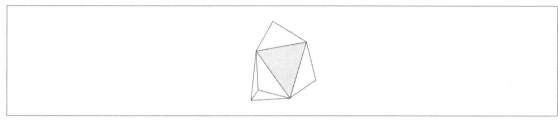

①   ②

③ 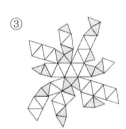   ④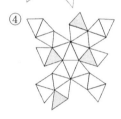

▷ 전개도의 맞닿는 면을 잘 살펴보면 다음과 같다.

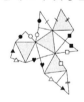

② 전개도를 통해 도형을 찾는 문제

예 다음 전개도를 접었을 때 만들어질 도형으로 올바른 것은?

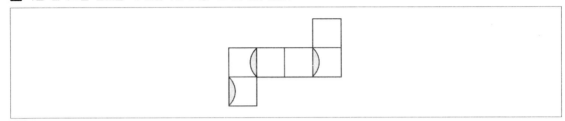

① 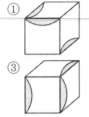   ②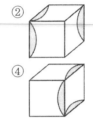

③   ④

⇨ 전개도의 맞닿는 면을 잘 살펴보면 다음과 같다.

③번의 경우 모양이 된다면 답이 될 수 있었으나, 무늬의 위치가 틀려 오답이다.

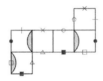

④ 회전체

(1) 동일한 전개도로 만들 수 있는(없는) 회전체 찾기

예 다음 중 동일한 전개도로 만들 수 없는 것은?

⇨ 색칠된 면의 크기를 잘 살펴보아야 한다.
④ 윗면의 원의 크기는 ①②④과 동일하지만, 아랫면의 원의 크기가 서로 다르다는 것을 알 수 있다. 그러므로 동일한 전개도로 만들어졌다고 볼 수 없다.
①②③ 윗면의 원의 크기와 아랫면의 원의 크기가 모두 같은 크기로 되어있다.

(2) 축을 중심으로 회전시켰을 때의 회전체 찾기

예 상자 안의 도형을 제시된 축을 중심으로 회전시켰을 때 생기는 입체의 모양은?

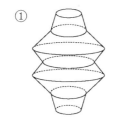 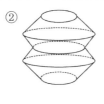  

⇨ 회전축을 중심으로 두 도형이 서로 어긋난 모양으로 만나고 있다. 맨 위와 맨 아래는 원기둥의 모양이 만들어지게 되며, 옆면은 뾰족한 부분과 들어간 부분이 생기게 된다. ②번은 위아래에 원기둥의 모양이 생기지 않았기 때문에 오답이다.

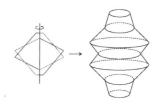

⑤ 펀칭

(1) 펀칭문제 해결

① 종이의 접힌 면을 잘 살펴본다.

② 접힌 면을 중심으로 펀칭구멍이 대칭으로 생긴다는 것을 염두한다.

③ 펀칭 순서를 역으로 추리해나간다.

(2) 대표적인 문제 유형

예 다음 그림과 같이 화살표 방향으로 종이를 접은 후, 펀치로 구멍을 뚫어 다시 펼친 그림은?

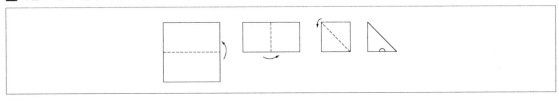

① 　② 　③ 　④

⇨ 역으로 순서를 유추해보면 다음 그림과 같다. 접힌 면을 항상 염두해야 한다.

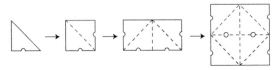

6 절단면

(1) 절단면 구하기

① 원기둥은 밑면과 수직이 되도록 세로로 자르면 절단면은 직사각형 또는 정사각형이 된다.

② 원기둥을 밑면과 평행하도록 자르면 절단면은 원이 된다.

③ 원기둥을 비스듬하게 자르면 절단면은 타원형의 모습이 된다.

④ 구는 어떤 방향으로 잘라도 그 단면의 모양은 항상 원이 된다.

(2) 절단면을 찾는 문제의 경우 도형을 여러 가지로 잘랐을 때 모양을 잘 유추해보아야 한다. 아래와 같은 문제를 보자.

예 다음 입체도형을 평면으로 잘랐을 때 생기는 단면의 모양이 아닌 것은?

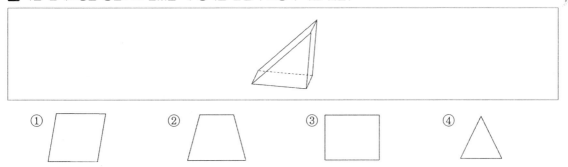

①   ②   ③   ④

⇨ 도형은 여러 가지 모양으로 자를 수 있는데 아래의 그림처럼 각각 ②로 자르면 사다리꼴 모양, ③으로 자르면 직사각형 모양, ④로 자르면 삼각형 모양이 나오게 된다.

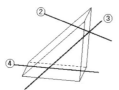

출제예상문제

|1~3| 다음 제시된 두 도형을 결합했을 때 만들 수 없는 형태를 고르시오.

1
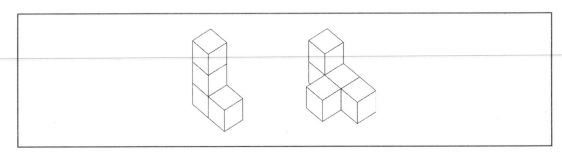

①

②

③

④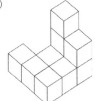

✔ 해설 ④

2

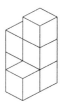

①

②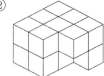

③

④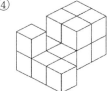

✔ 해설 ③

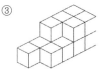

3

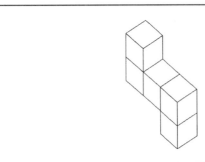 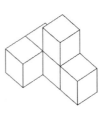

①

②

③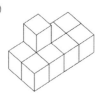

④

✔ **해설** ③

|4~6| 다음 보기 중 아래의 입체도형과 일치하는 것을 고르시오.

※ 4 ~ 6번은 별도의 해설이 제공되지 않습니다.

4

①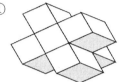

②

③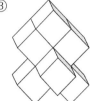

④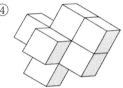

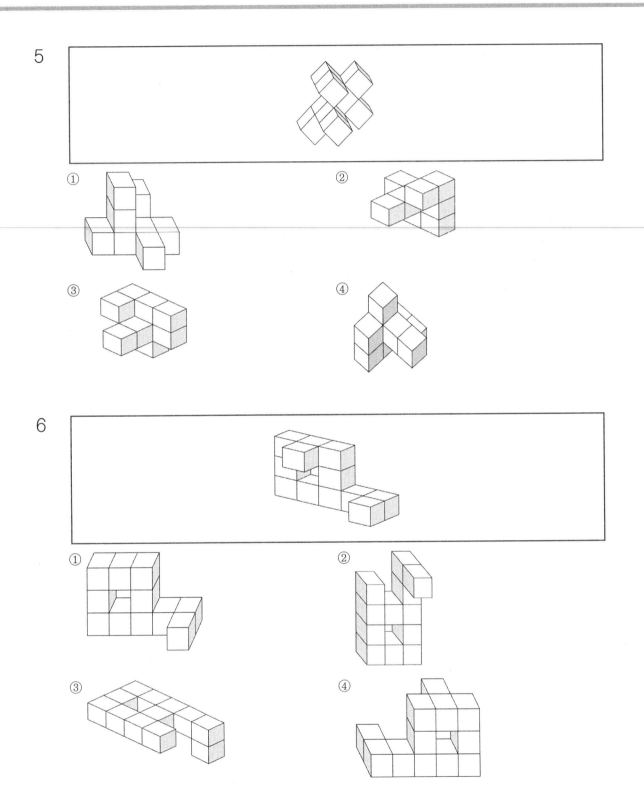

▌7 ~ 10▐ 다음에 제시된 블록에 추가로 블록을 쌓아 정육면체를 만들려고 할 때, 몇 개의 블록이 더 필요한지 구하시오.

7

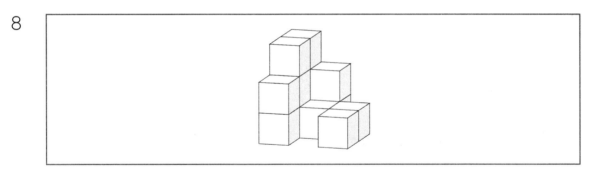

① 15개   ② 16개
③ 17개   ④ 18개

✔해설 3×3 정육면체가 될 수 있다. 따라서 27−10＝17(개)

8

① 11개   ② 12개
③ 13개   ④ 14개

✔해설 3×3 정육면체가 될 수 있다. 따라서 27−13＝14(개)

9

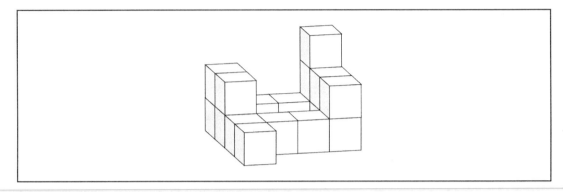

① 45개   ② 46개

③ 47개   ④ 48개

✔해설 4×4 정육면체가 될 수 있다. 따라서 64−17＝47(개)

10

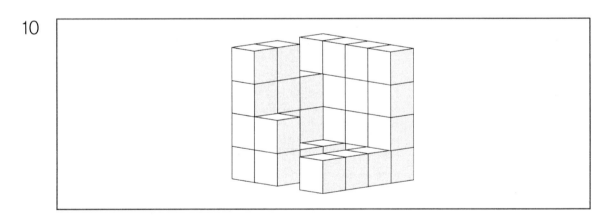

① 29개   ② 30개

③ 31개   ④ 32개

✔해설 4×4 정육면체가 될 수 있다. 따라서 64−17＝30(개)

｜11 ～ 15｜ 주어진 그림을 지문에 따라 회전, 반전시킨 그림을 고르시오.

※ 11 ～ 15번은 별도의 해설이 제공되지 않습니다.

11 시계방향으로 135° 회전한 후 좌우로 반전한 그림은?

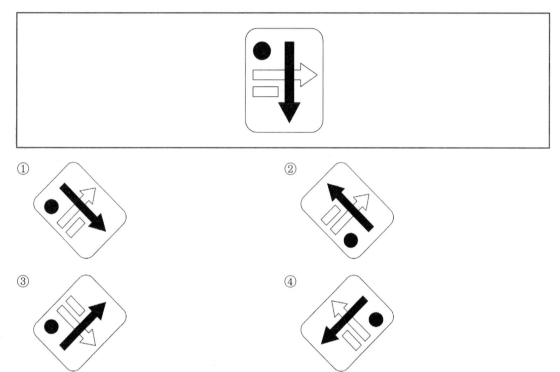

12 반시계 방향으로 30° 회전한 후 상하로 반전한 그림은?

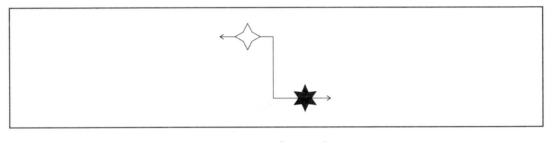

①

②

③

④

13 반시계 방향으로 90° 회전한 후 좌우로 반전한 그림은?

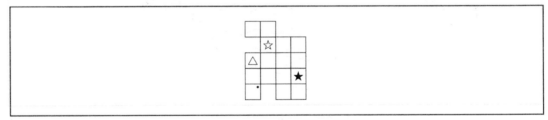

①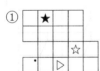

②

③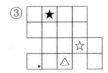

④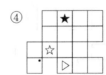

14 시계방향으로 210° 회전한 후 상하 반전한 그림은?

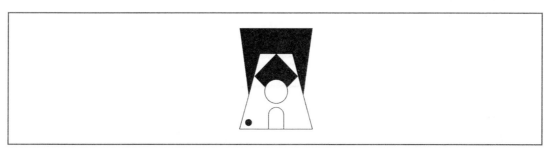

①

②

③

④

15 다음 그림을 좌우 대칭한 후, 상하 대칭하고 반시계방향으로 45° 회전한 그림은?

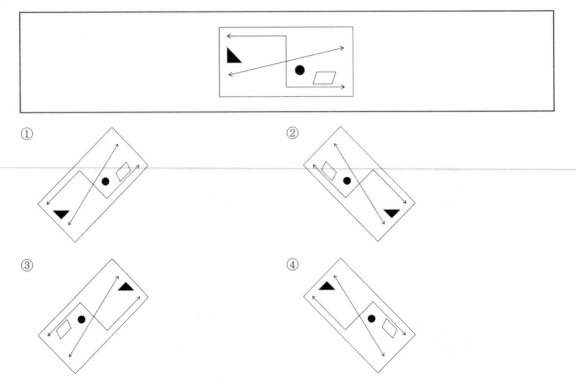

①

②

③

④

16 다음 제시된 그림과 다른 그림인 것은?

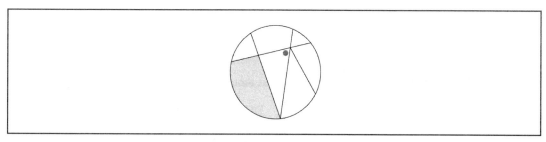

①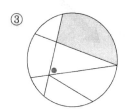

②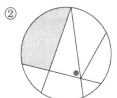

③

④

해설 ① 제시된 그림을 오른쪽으로 90° 돌린 모양이다.
② 제시된 그림을 세로대칭 시킨 모양이다.
③ ①번을 좌우대칭 시킨 모양이다.

17 다음 제시된 도형과 같은 그림인 것은?

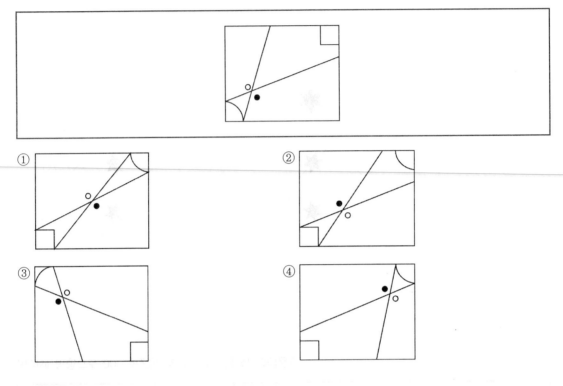

▍ 18 ～ 27 ▍ 다음 제시된 블록의 개수를 구하시오.

※ 18 ~ 27번은 별도의 해설이 제공되지 않습니다.

18
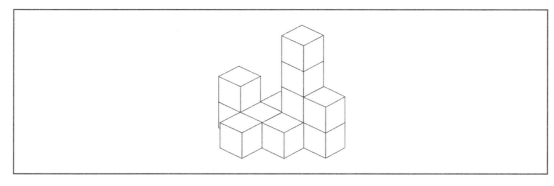

① 12   ② 13
③ 14   ④ 15

19
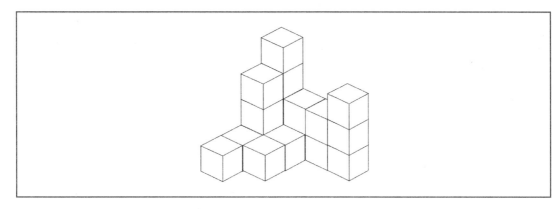

① 15   ② 16
③ 17   ④ 18

20

① 18   ② 19

③ 20   ④ 21

21

① 20   ② 21

③ 22   ④ 23

22

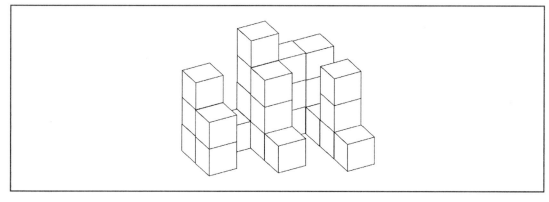

① 23

② 24

③ 25

④ 26

23

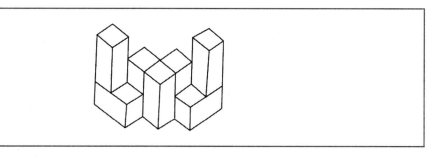

① 5개

② 6개

③ 7개

④ 8개

24

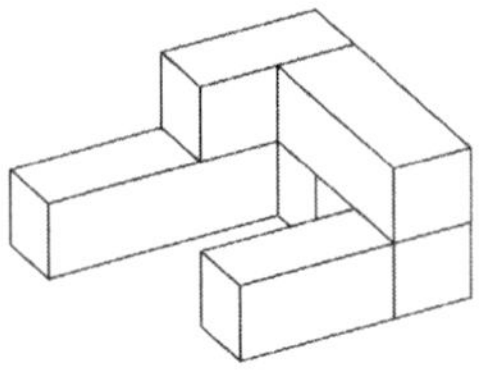

① 5

② 6

③ 7

④ 8

25

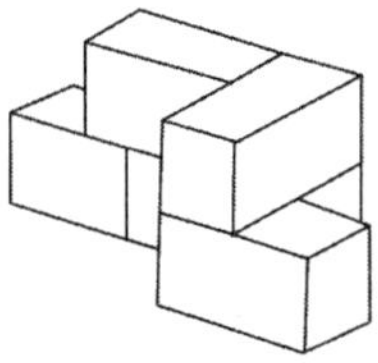

① 5개

② 6개

③ 7개

④ 8개

26

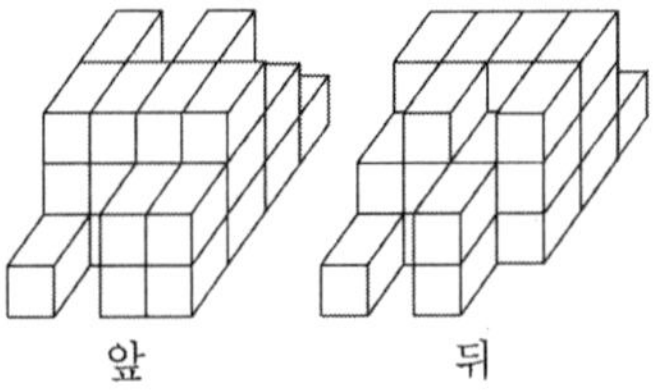

앞   뒤

① 25개

② 30개

③ 35개

④ 40개

27

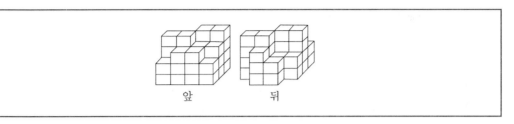

① 41개　　　　　　　　　　　② 42개

③ 43개　　　　　　　　　　　④ 44개

28 다음 도형에서 찾을 수 있는 삼각형의 최대 개수는?

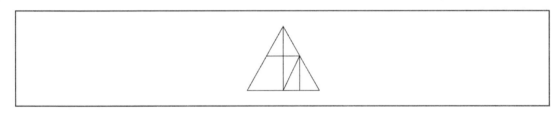

① 9개　　　　　　　　　　　② 11개

③ 12개　　　　　　　　　　　④ 15개

 ①~⑤까지 5개의 삼각형이 나오고, ①+②, ②+③, ④+⑤, ②+③+④+⑤, ①+⑥, ①+②+③+④+⑤+⑥의 6개가 나오므로 총 11개가 된다.

29 다음 도형에서 찾을 수 있는 삼각형의 최대 개수는?

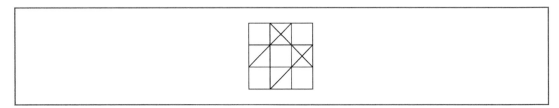

① 25개

③ 27개

② 26개

④ 28개

✔ 해설

②, ③, ④, ⑤, ⑦, ⑧, ⑩, ⑪, ⑫, ⑬, ⑮, ⑯ 12개,

②+③, ②+⑤, ③+④, ④+⑤, ⑩+⑪, ⑩+⑬, ⑪+⑫, ⑫+⑬ 8개,

⑤+④+⑧+⑨, ⑨+⑩+⑪+⑮, ⑦+①+③+②, ⑯+⑰+⑬+⑫ 4개,

④+⑧+⑨+⑩+⑬, ③+④+⑨+⑩+⑬, ②+⑤+⑥+⑪+⑫ 3개,

따라서 찾을 수 있는 삼각형은 최대 27개이다.

30 다음 도형에서 찾을 수 있는 등각사각형의 최대 개수는?

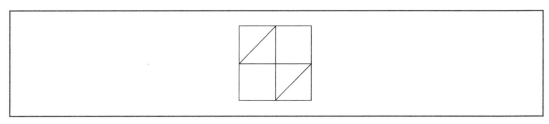

① 7개

③ 9개

② 8개

④ 10개

✔ 해설

정사각형의 수는 ①, ②, ③, ④, ①+②+③+④ 5개이고, 직사각형의 수는 ①+②, ①+③, ②+④, ③+④ 4개이므로 총 사각형의 개수는 9개가 된다.

│31～37│ 다음 제시된 그림을 화살표 방향으로 접은 후 구멍을 뚫은 다음 다시 펼쳤을 때의 그림을 고르시오.

※ 31～37번은 별도의 해설이 제공되지 않습니다.

31

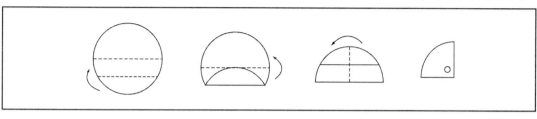

①

②

③

④

32

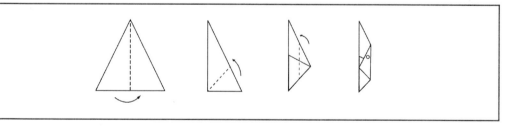

①

②

③

④

Answer 29.③ 30.③ 31.④ 32.②

33

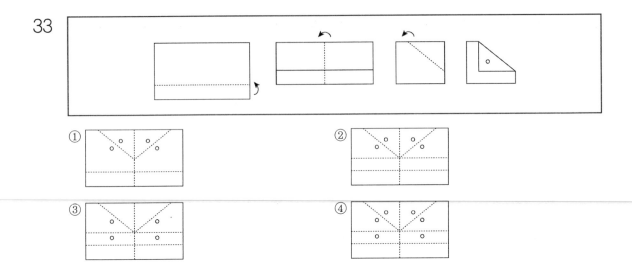

34

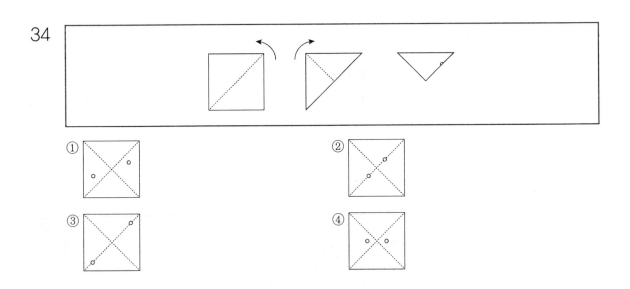

35

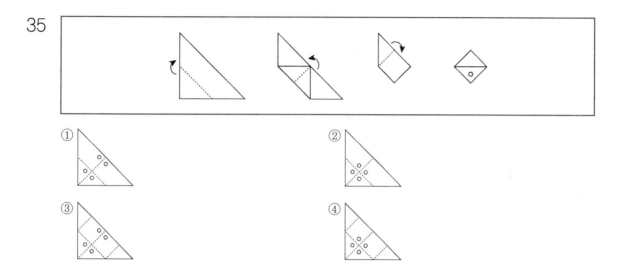

36

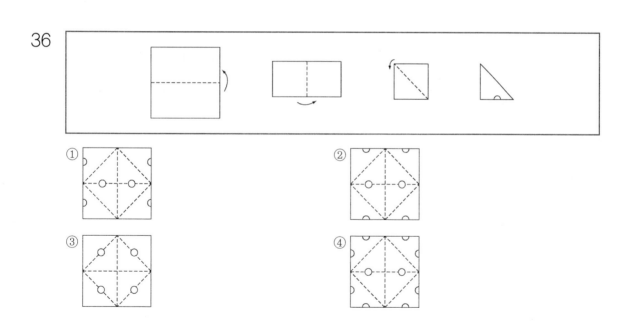

37

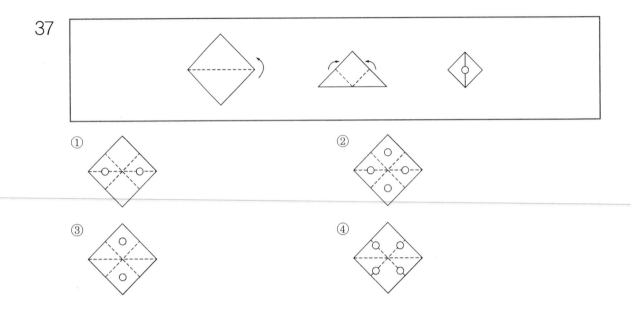

┃38 ~ 42┃ 다음 제시된 도형을 축을 중심으로 회전시켰을 때 나타나는 회전체의 모양으로 옳은 것을 고르시오.

※ 38 ~ 42번은 별도의 해설이 제공되지 않습니다.

38

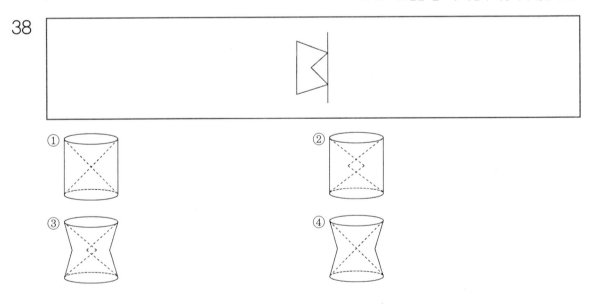

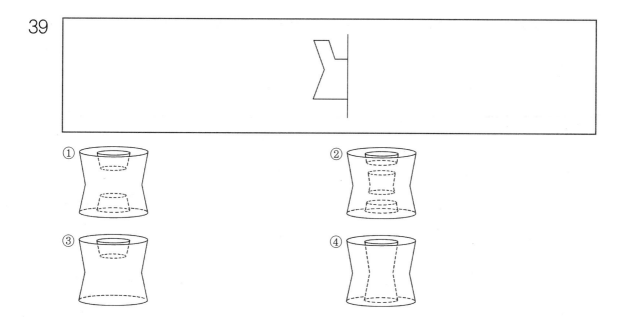

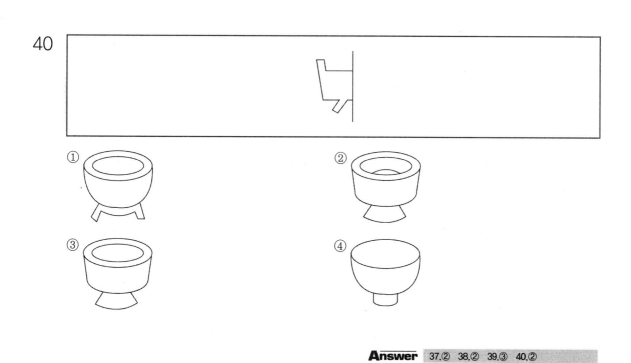

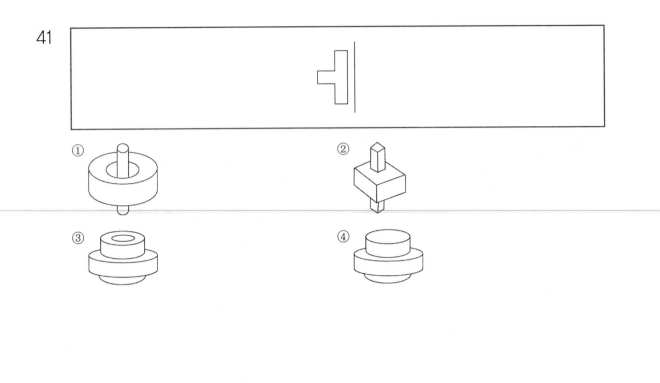

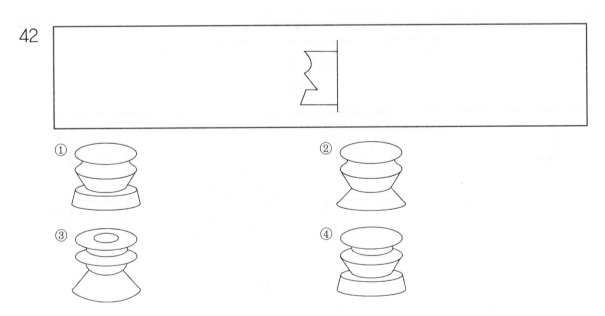

┃ 43 ~ 47 ┃ 다음 전개도를 접었을 때 나타나는 도형의 형태로 옳은 것을 고르시오.

※ 43 ~ 47번은 별도의 해설이 제공되지 않습니다.

43

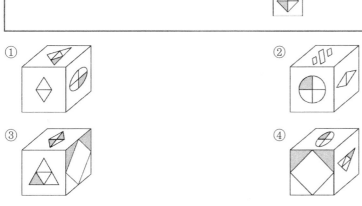

44

45

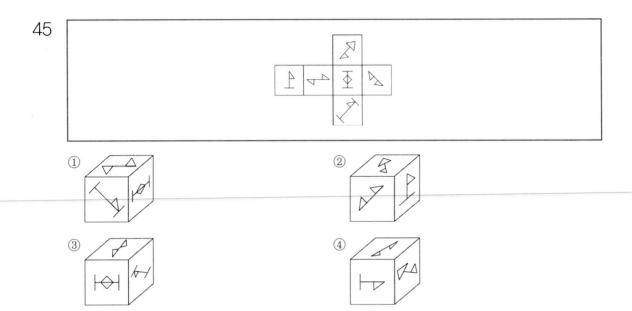

46

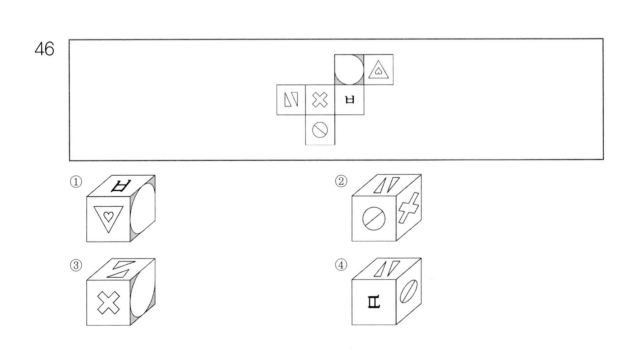

47

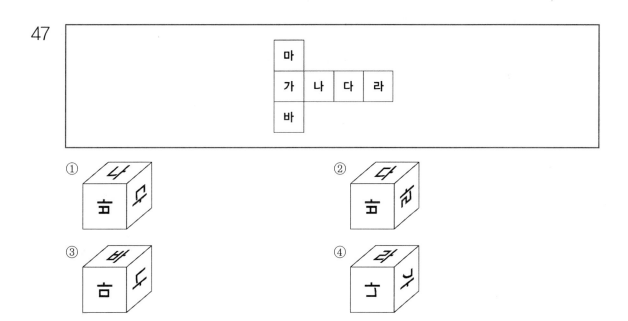

|48 ~ 52| 다음 입체 도형의 전개도로 옳은 것을 고르시오.

※ 48 ~ 52번은 별도의 해설이 제공되지 않습니다.

48

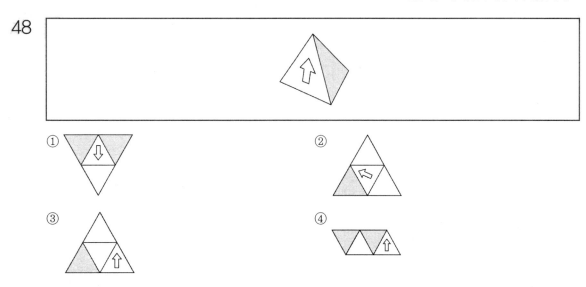

49

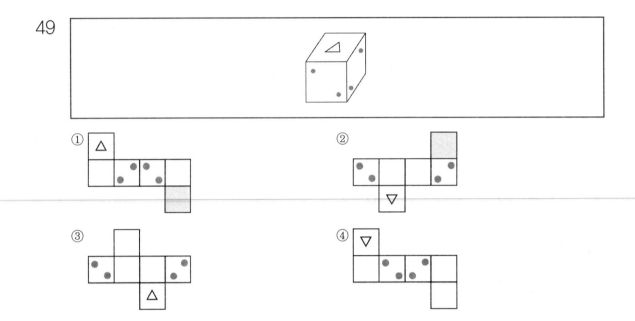

50

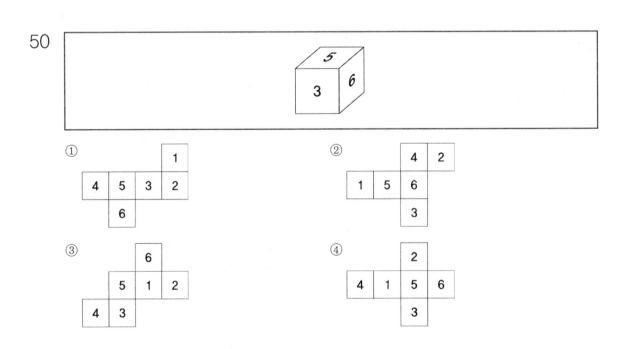

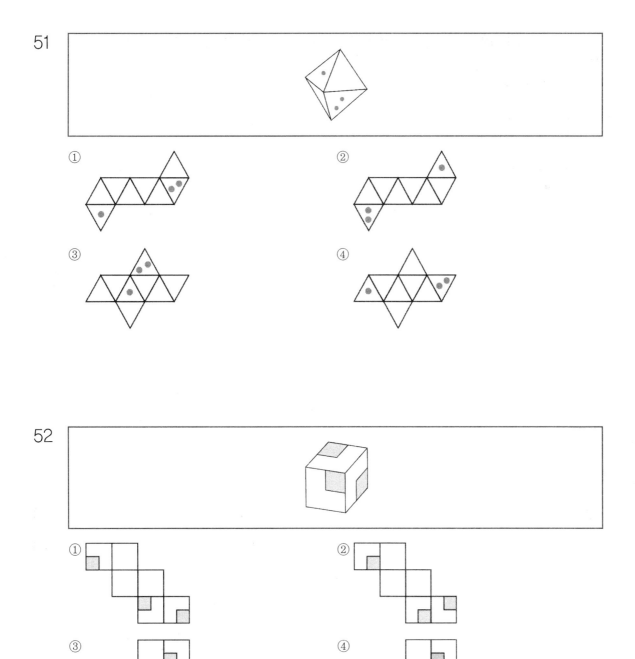

| 53 ~ 55 | 다음 도형을 점과 선으로 표시할 때 나올 수 없는 그림을 고르시오. (단, 항상 투시하여 표현한다)

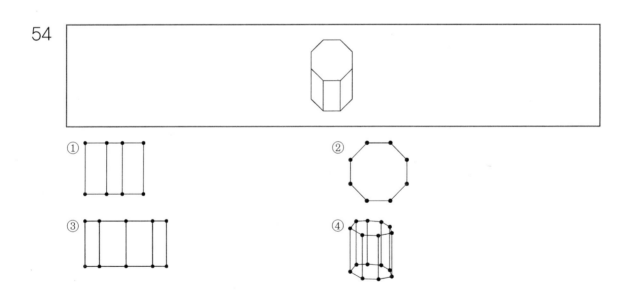

53

① (사각형 대각선)

② (삼각형)

③ (삼각형)

④ (삼각형 중앙선)

✔해설 '항상 투시하여 표현한다.'는 전제가 있으므로 보이지 않는 점과 선까지 표현하여야 한다.

54

① ② ③ ④

해설

55

①

②

③

④

해설

┃ 56～57 ┃ 다음 제시된 그림은 정육면체 블록을 쌓아 놓은 것이다. 그림을 보고 사용가능한 블록의 최대 개수와 최소 개수의 차이를 계산하시오.

56

정면   왼쪽면

① 1개   ② 2개

③ 3개   ④ 4개

✔해설 최소일 경우 8개이고 최대일 경우 12개가 되므로 차이는 4개가 된다.
최소일 경우는 보이는 블록만 생각하고 최대일 경우는 안 보이는 부분까지 생각하여야 한다.

57

정면   왼쪽면

① 1개   ② 2개

③ 3개   ④ 4개

✔해설 ④ 최소일 경우 8개, 최대일 경우 12개가 되므로 차이는 4개가 된다.

| 58 ~ 59 | 다음 전개도를 접었을 때 두 점 사이의 거리가 가장 먼 것을 고르시오.

58

D

B

A

C

① AB   ② AC
③ BC   ④ BD

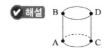 그림을 보면 BC의 거리가 가장 길다.

59

D   B

A

C

① AB   ② AC
③ BC   ④ BD

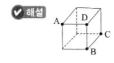 그림을 보면 AC의 길이가 가장 길다.

▌60~65▐ 다음에 제시된 도형을 조합하여 만들 수 있는 모양으로 가장 알맞은 것을 고르시오.

※ 60~65번은 별도의 해설이 제공되지 않습니다.

60

①

②

③

④

61

①

②

③

④

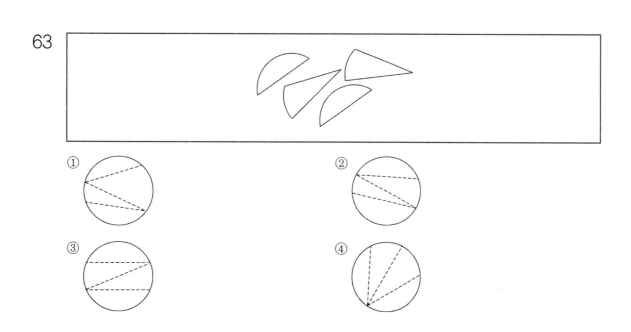

64

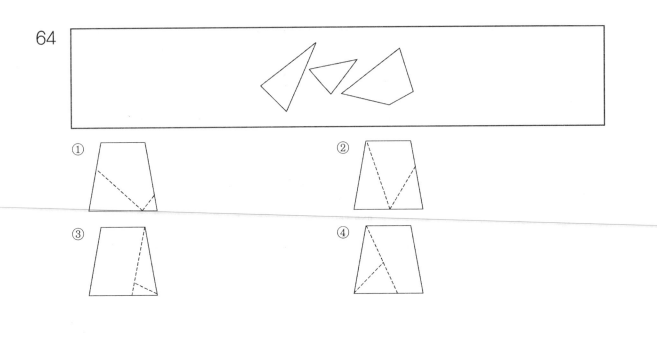

65

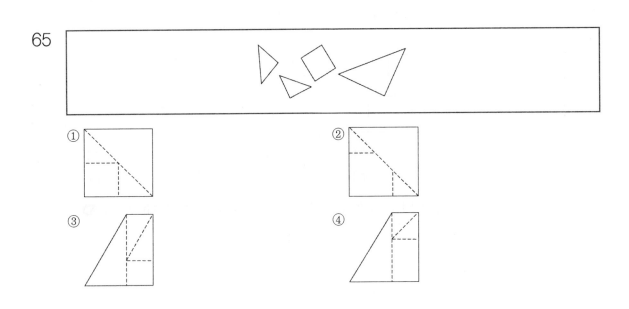

┃66～71┃ 다음 제시된 도형을 선을 따라 절단했을 때 나올 수 없는 모양을 고르시오.

※ 66～71번은 별도의 해설이 제공되지 않습니다.

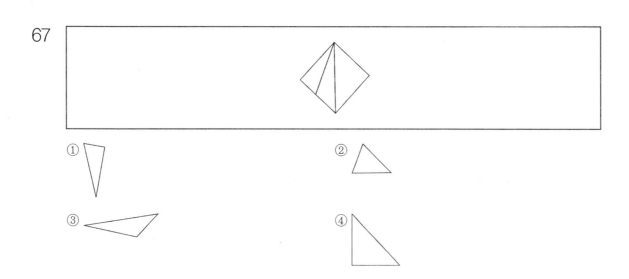

68

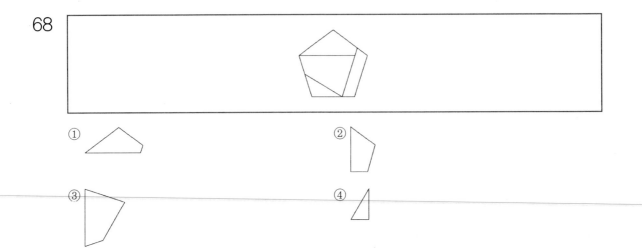

69

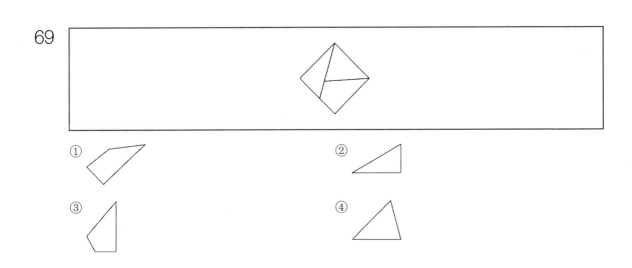

70

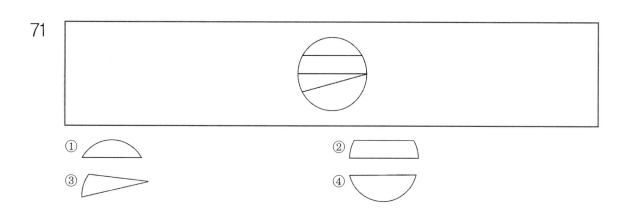

① ② ③ ④

71

① ② ③ ④

※ 72 ~ 74번은 별도의 해설이 제공되지 않습니다.

72

①   ②

③   ④

73

①   ②

③   ④

74

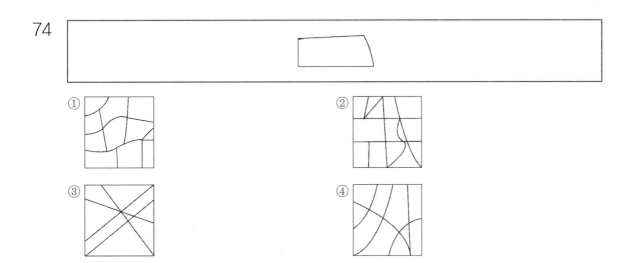

① ② ③ ④

▌75 ～ 77 ▌ 다음 제시된 그림에서 나올 수 없는 조각을 고르시오.

※ 75 ~ 77번은 별도의 해설이 제공되지 않습니다.

75

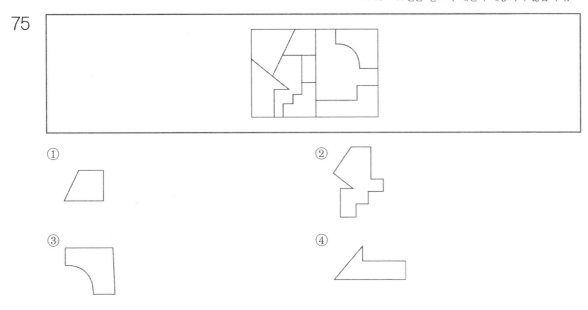

① ② ③ ④

76

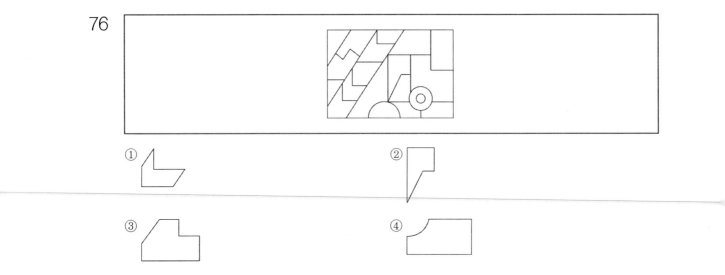

① ② ③ ④

77

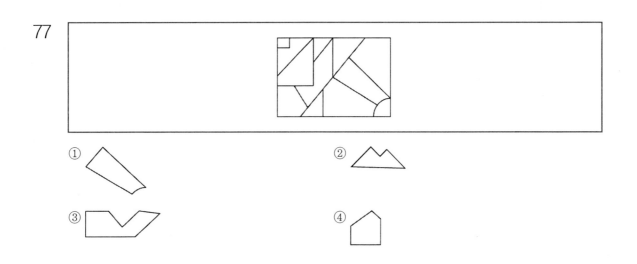

① ② ③ ④

78 다음 입체도형을 평면으로 잘랐을 때 생기는 단면의 모양이 아닌 것은?

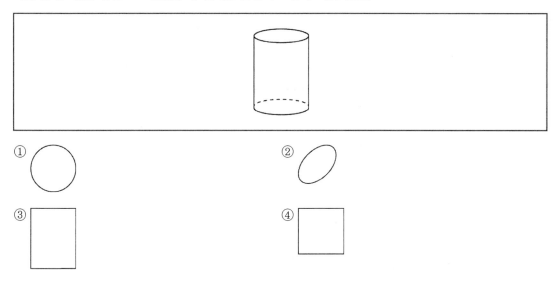

① ② ③ ④

✔해설 ④ 세로로 긴 원기둥이기 때문에 정사각형은 나올 수 없다.

79 다음 입체도형을 평면으로 잘랐을 대 생기는 단면의 모양인 것은?

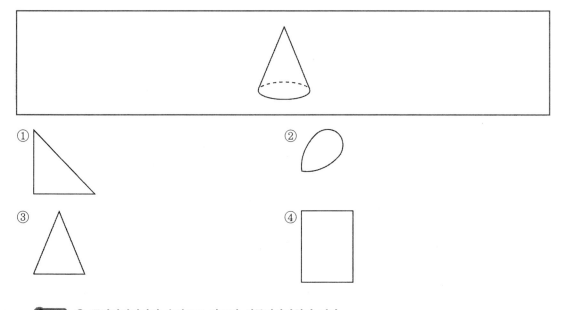

① ② ③ ④

✔해설 ③ 꼭지점밑면까지 수직으로 자르면 이등변삼각형이 된다.

Answer 76.③ 77.③ 78.④ 79.③

┃80～84┃ 다음 제시된 블록에서 바닥에 닿은 면을 제외하고 어디서도 보이지 않는 블록의 개수를 고르시오.

80

① 3개　　　　　　　　　　　② 4개

③ 5개　　　　　　　　　　　④ 6개

　　　✔해설　다음에 표시된 맨 아래층 블록 4개가 어디서도 보이지 않는다.

2	1	1	1	2
1	0	0	0	1
1	2	0	2	1
2		3		4
2		4		
4				

81

① 0개　　　　　　　　　　　② 1개

③ 2개　　　　　　　　　　　④ 3개

　　　✔해설　모든 블록이 1면 이상 외부로 노출되어 있다.

82

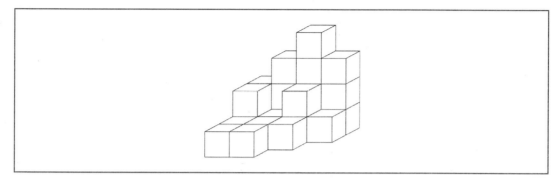

① 1개   ② 2개
③ 3개   ④ 4개

✔해설 다음에 표시된 맨 아래층 블록 1개가 어디서도 보이지 않는다.

2	1	1	2
1	1	0	3
2	1	3	
3	3		

83

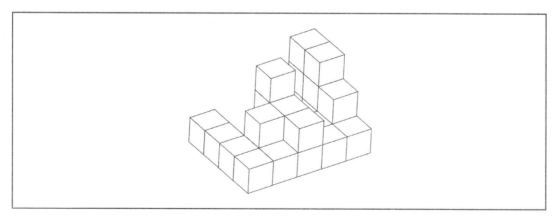

① 0개   ② 1개
③ 2개   ④ 3개

✔해설 모든 블록이 1면 이상 외부로 노출되어 있다.

Answer   80.②   81.①   82.①   83.①

84

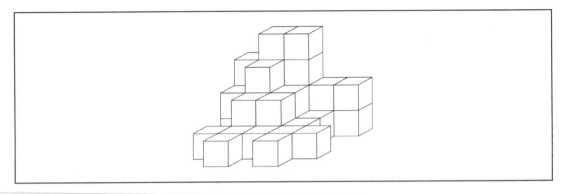

① 3개   ② 4개

③ 5개   ④ 6개

✔해설 다음에 표시된 맨 아래층 블록 3개와 2층의 블록 1개가 어디서도 보이지 않는다.

2	1	1	1	3
2	0	0	2	
	1	0	2	
4	1	2	1	4
	4		4	

2	1	1	3	4
3	0	2		
	3	3		

▌85 ～ 90 ▌ 다음 제시된 그림을 순서대로 연결하시오.

85

① ㉠㉣㉢㉡   ② ㉠㉢㉣㉡
③ ㉡㉠㉣㉢   ④ ㉠㉣㉡㉢

✅해설 그림의 중심이 되는 잘려진 집과 길의 모양을 보고 끊어짐 없이 연결한다.

86

① ㉠㉡㉢㉣ ② ㉣㉠㉡㉢
③ ㉢㉠㉡㉣ ④ ㉢㉡㉠㉣

✅ **해설** 그림에서 가장 중심이 되는 다리의 모양과 폭을 기준으로 연결한다.

87

① ㉠㉣㉡㉢ ② ㉡㉢㉠㉣
③ ㉢㉠㉡㉣ ④ ㉣㉠㉡㉢

✔해설 난간, 다리, 배 등의 잘려진 단면을 보고 유추하여 그림을 배열한다.

88

① ㉠㉢㉡㉣
② ㉡㉣㉠㉢
③ ㉢㉡㉠㉣
④ ㉢㉡㉣㉠

 ✔해설

89

① ㉢㉣㉤㉠   ② ㉢㉤㉠㉣

③ ㉤㉠㉣㉢   ④ ㉤㉠㉢㉣

90

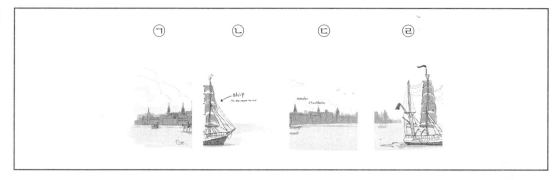

① ㉠㉢㉣㉡

② ㉡㉢㉠㉣

③ ㉢㉣㉠㉡

④ ㉣㉠㉡㉢

✔ 해설

CHAPTER

04

문제해결력

대표유형 1   **언어추리**

---

① 명제

(1) 명제의 정의

① 문장 또는 식 중에서 참, 거짓 중 어느 하나로만 분명하게 판별할 수 있는 것을 말한다.

② 명제를 나타낼 때는 보통 영문자의 소문자 p, q, r, …로 나타낸다.

(2) 명제의 부정

① 명제 p에 대하여 'p는 아니다'라는 명제를 p의 부정이라 한다. 이것을 기호로는 $\sim p$로 나타낸다.

② 명제 p의 부정 $\sim p$는 p가 참일 때 거짓, 거짓일 때 참인 것으로 정한다.

③ '$\sim$인 실수가 있다'의 부정은 '모든 실수는 $\sim$가 아니다'이다. 즉, '$x^2 = -1$인 실수가 있다'의 부정은 '모든 실수 x에 대하여 $x^2 \neq -1$이다'이다.

(3) 명제 $p \rightarrow q$의 참, 거짓

두 조건 p, q에 대하여 'p이면 q이다'의 꼴로 나타내는 명제를 $p \rightarrow q$로 나타내고, p를 가정, q를 결론이라고 한다.

① 명제 $p \rightarrow q$가 참일 때 $p \Rightarrow q$

② 명제 $p \rightarrow q$가 거짓일 때 $p \nRightarrow q$

(4) 명제의 역 · 이 · 대우

① **명제의 역** : 명제 $p \rightarrow q$에서 가정과 결론을 바꾼 명제 즉, '$p \rightarrow q$'의 역은 '$q \rightarrow p$'

② **명제의 이** : 가정과 결론을 각각 부정한 명제 즉, '$p \rightarrow q$'의 이는 '$\sim p \rightarrow \sim q$'

③ **명제의 대우** : 가정과 결론을 부정하고 위치를 바꾼 명제 즉, '$p \rightarrow q$'의 대우는 '$\sim q \rightarrow \sim p$'

(5) 역 · 이 · 대우의 참, 거짓

① 명제 '$p \rightarrow q$'가 참이면 대우 '$\sim q \rightarrow \sim p$'도 반드시 참이다.

   명제 '$p \rightarrow q$'가 거짓이면 대우 '$\sim q \rightarrow \sim p$'도 반드시 거짓이다.

② 명제 '$p \rightarrow q$'가 참이라 해서 역 '$q \rightarrow p$', 이 '$\sim p \rightarrow \sim q$'는 반드시 참인 것은 아니다.

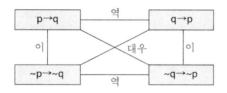

❷ 여러 가지 추론

(1) 연역추론

① **직접추론** ··· 한 개의 전제에서 새로운 결론을 이끌어 내는 추론이다.

② **간접추론** ··· 두 개 이상의 전제에서 새로운 결론을 이끌어 내는 추론이다.

　㉠ **정언삼단논법** : '모든 A는 B다', 'C는 A다', '따라서 C는 B다'와 같은 형식으로 일반적인 삼단논법이다.

　　예 • 대전제 : 인간은 모두 죽는다.
　　　• 소전제 : 소크라테스는 인간이다.
　　　• 결론 : 소크라테스는 죽는다.

　㉡ **가언삼단논법** : '만일 A라면 B다', 'A이다', '그러므로 B다'라는 형식의 논법이다.

　　예 • 대전제 : 봄이 오면 뒷 산에 개나리가 핀다.
　　　• 소전제 : 봄이 왔다.
　　　• 결론 : 그러므로 뒷 산에 개나리가 핀다.

　㉢ **선언삼단논법** : 'A거나 B이다'라는 형식의 논법이다.

　　예 • 대전제 : 내일은 눈이 오거나 바람이 분다.
　　　• 소전제 : 내일은 눈이 오지 않는다.
　　　• 결론 : 그러므로 내일은 바람이 분다.

(2) 귀납추론

특수한 사실로부터 일반적이고 보편적인 법칙을 찾아내는 추론 방법이다.

① **통계적 귀납추론** ··· 어떤 집합의 구성 요소의 일부를 관찰하고 그것을 근거로 하여 같은 종류의 모든 대상들에게 그 속성이 있을 것이라는 결론을 도출하는 방법이다.

② **인과적 귀납추론** ··· 어떤 일의 결과나 원인을 과학적 지식이나 상식에 의거하여 밝혀내는 방법이다.

③ **완전 귀납추론** ··· 관찰하고자 하는 집합의 전체 원소를 빠짐없이 관찰함으로써 그 공통점을 결론으로 이끌어 내는 방법이다.

④ **유비추론** ··· 두 개의 현상에서 일련의 요소가 동일하다는 사실을 바탕으로 그것들의 나머지 요소도 동일하리라고 추측하는 방법이다.

❸ 논리적 오류

(1) 자료적 오류

주장의 전제 또는 논거가 되는 자료를 잘못 판단하여 결론을 이끌어 내거나 원래 적합하지 못한 것임을 알면서도 의도적으로 논거로 삼음으로써 범하게 되는 오류이다.

① **성급한 일반화의 오류** … 제한된 정보, 불충분한 자료, 대표성을 결여한 사례 등 특수한 경우를 근거로 하여 이를 성급하게 일반화하는 오류이다.

② **우연의 오류(원칙 혼동의 오류)** … 일반적으로 그렇다고 해서 특수한 경우에도 그러할 것이라고 잘못 생각하는 오류이다.

③ **무지에의 호소** … 어떤 주장이 반증된 적이 없다는 이유로 받아들여져야 한다고 주장하거나, 결론이 증명된 것이 없다는 이유로 거절되어야 한다고 주장하는 오류이다.

④ **잘못된 유추의 오류** … 부당하게 적용된 유추에 의해 잘못된 결론을 이끌어 내는 오류, 즉 일부분이 비슷하다고 해서 나머지도 비슷할 것이라고 생각하는 오류이다.

⑤ **흑백논리의 오류** … 어떤 주장에 대해 선택 가능성이 두 가지밖에 없다고 생각함으로써 발생하는 오류이다.

⑥ **원인 오판의 오류(거짓 원인을 내세우는 오류, 선후 인과의 오류, 잘못된 인과 관계의 오류)** … 단순히 시간상의 선후관계만 있을 뿐인데 시간상 앞선 것을 뒤에 발생한 사건의 원인으로 보거나 시간상 뒤에 발생한 것을 앞의 사건의 결과라고 보는 오류이다.

⑦ **복합질문의 오류** … 둘 이상으로 나누어야 할 것을 하나로 묶어 질문함으로써, 대답 여하에 관계없이 대답하는 사람이 수긍할 수 없거나 수긍하고 싶지 않은 것까지도 수긍하는 결과를 가져오는 질문 때문에 발생하는 오류이다.

⑧ **논점 일탈의 오류** … 원래의 논점에 관한 결론을 내리지 않고 이와 관계없는 새로운 논점을 제시하여 엉뚱한 결론에 이르게 되는 오류이다.

⑨ **순환 논증의 오류(선결 문제 해결의 오류)** … 논증하는 주장과 동의어에 불과한 명제를 논거로 삼을 때 범하는 오류이다.

⑩ **의도 확대의 오류** … 의도하지 않은 행위의 결과를 의도가 있었다고 판단할 때 생기는 오류이다.

(2) 언어적 오류

언어를 잘못 사용하거나 잘못 이해하는 데서 발생하는 오류이다.

① 애매어의 오류 ⋯ 두 가지 이상의 의미로 사용될 수 있는 단어의 의미를 명백히 분리하여 파악하지 않고 혼동함으로써 생기는 오류이다.

② 강조의 오류 ⋯ 문장의 한 부분을 불필요하게 강조함으로써 발생하는 오류이다.

③ 은밀한 재정의의 오류 ⋯ 용어의 의미를 자의적으로 재정의하여 사용함으로써 생기는 오류이다.

④ 범주 혼동의 오류 ⋯ 서로 다른 범주에 속한 것을 같은 범주의 것으로 혼동하는 데서 생기는 오류이다.

⑤ '이다' 혼동의 오류 ⋯ 비유적으로 쓰인 표현을 무시하고 사전적 의미로 해석하거나 술어적인 '이다'와 동일성의 '이다'를 혼동해서 생기는 오류이다.

(3) 심리적 오류

어떤 주장에 대해 논리적으로 타당한 근거를 제시하지 않고 심리적인 면에 기대어 상대방을 설득하려고 할 때 발생하는 오류이다.

① 인신공격의 오류(사람에의 논증) ⋯ 논거의 부당성을 지적하기보다 그 주장을 한 사람의 인품이나 성격을 비난함으로서 그 주장이 잘못이라고 하는 데서 발생하는 오류이다.

② 동정에 호소하는 오류 ⋯ 사람의 동정심을 유발시켜 동의를 꾀할 때 발생하는 오류이다.

③ 피장파장의 오류(역공격의 오류) ⋯ 비판받은 내용이 비판하는 사람에게도 역시 동일하게 적용됨을 근거로 비판에서 벗어나려는 오류이다.

④ 힘에 호소하는 오류 ⋯ 물리적 힘을 빌어서 논의의 종결을 꾀할 때의 오류이다.

⑤ 대중에 호소하는 오류 ⋯ 군중들의 감정을 자극해서 사람들이 자기의 결론에 동조하도록 시도하는 오류이다.

⑥ 원천 봉쇄에 호소하는 오류(우물에 독 뿌리기 식의 오류) ⋯ 반론의 가능성이 있는 요소를 원천적으로 비난하여 봉쇄하는 오류이다.

⑦ 정황적 논증의 오류 ⋯ 주장이 참인가 거짓인가 하는 문제는 무시한 채 상대방이 처한 정황 또는 상황으로 보아 자기의 생각을 받아들이지 않으면 안된다고 주장하는 오류이다.

대표유형 2 | **수열추리**

① 여러 가지 수열

(1) 등차수열

첫째항부터 일정한 수를 더하여 다음 항이 얻어지는 수열이다.

일반항 $a_n = 2n - 1$

예
| 2 | 4 | 6 | 8 | 10 | 12 |

$+2$ $+2$ $+2$ $+2$ $+2$

(2) 등비수열

첫째항부터 일정한 수를 곱해 다음 항이 얻어지는 수열이다.

일반항 $a_n = 2^{n-1}$

예
| 1 | 2 | 4 | 8 | 16 | 32 |

$\times 2$ $\times 2$ $\times 2$ $\times 2$ $\times 2$

(3) 계차수열

수열 a_n의 이웃한 두 항의 차로 이루어진 수열 b_n이 있을 때, 수열 a_n에 대하여 $a_{n+1} - a_n = b_n$ $(n = 1, 2, 3, \cdots)$을 만족하는 수열 b_n을 수열 a_n의 계차수열이라 한다.

예
3 5 9 15 23 33
$+2$ $+4$ $+6$ $+8$ $+10$
$+2$ $+2$ $+2$ $+2$

(4) 조화수열

분수의 형태로 취하고 있던 수열의 역수를 취하면 등차수열이 되는 수열이다.

일반항 $a_n = \dfrac{1}{2n - 1}$

예 $1 \quad \dfrac{1}{3} \quad \dfrac{1}{5} \quad \dfrac{1}{7} \quad \dfrac{1}{9} \quad \dfrac{1}{11}$

(5) 피보나치수열

앞의 두 항의 합이 다음 항이 되는 수열이다.

예 $1 \quad 1 \quad \frac{2}{1+1} \quad \frac{3}{1+2} \quad \frac{5}{2+3} \quad \frac{8}{3+5} \quad \frac{13}{5+8}$

(6) 군수열

일정한 규칙성으로 몇 항씩 묶어서 나눈 수열이다.

예 1 1 3 1 3 5 1 3 5 7 1 3 5 7 9 ⇨ (1) (1 3) (1 3 5) (1 3 5 7) (1 3 5 7 9)

(7) 묶음형 수열

수열이 몇 개씩 묶어서 제시되어 묶음에 대한 규칙을 빠르게 찾아내야 한다.

예 1 2 3   3 4 7   5 6 11
   1+2=3   3+4=7   5+6=11

❷ 문자 수열

숫자 대신 문자가 나오며 문자의 나열에서 +, −, ×, ÷를 사용하여 일정한 규칙을 찾아 빈칸에 나올 수를 추리하는 유형으로 수열추리와 똑같이 생각하고 풀면 된다.

❸ 도형 수열

표, 원이나 삼각형 등의 도형 주위에 숫자가 배열된 형태로 직선 수열과 똑같이 해결하면 된다. 시계 방향, 시계 반대 방향, 마주보는 방향, 대칭 등의 형태가 있다.

출제예상문제

┃1~5┃ 다음 진술이 참이 되기 위해서 꼭 필요한 전제를 〈보기〉에서 모두 고르시오.

1

> 소설책을 좋아하면 냉면을 즐겨 먹는다.

─────〈보기〉─────
㉠ 소설책을 좋아하면 떡볶이를 좋아한다.
㉡ 책을 읽을 때 꼭 칵테일을 함께 마신다.
㉢ 떡볶이를 먹을 땐 꼭 튀김을 곁들인다.
㉣ 냉면을 즐겨먹지 않으면 떡볶이를 좋아하지 않는다.
㉤ 늦은 시간에 하는 독서를 즐긴다.
㉥ 칵테일을 마시면 밤을 지새울 수 있다.

① ㉠㉣   ② ㉠㉤
③ ㉡㉣   ④ ㉡㉥

✔ **해설** 대우(a는 b이다＝b가 아니면 a가 아니다)와 삼단 논법(a는 b이다, b는 c이다, 그러므로 a는 c이다) 추론할 수 있다.
　• '냉면을 즐겨먹지 않으면 떡볶이를 좋아하지 않는다'에 대우를 적용하면 '떡볶이를 좋아하면 냉면을
　　즐겨 먹는다'
　• 소설책을 좋아하면(a) 떡볶이를 좋아한다(b) → 떡볶이를 좋아하면(b) 냉면을 즐겨 먹는다(c)
　• 즉, 소설책을 좋아하면(a) 냉면을 즐겨 먹는다(c)

Answer 1.①

2

> 가이드는 신뢰할 수 있는 사람이다.

〈보기〉

㉠ 가이드는 많은 정보를 알고 있다.
㉡ 가이드는 관광객들을 이끈다.
㉢ 가이드는 누구에게나 친절하다.
㉣ 고민이 많은 사람은 성공과 실패를 할 수 있는 사람이다.
㉤ 많은 정보를 알고 있는 사람은 신뢰할 수 있는 사람이다.
㉥ 독서를 많이 하는 사람은 다양한 어휘를 사용할 수 있는 사람이다.

---

① ㉠㉣ ② ㉠㉤
③ ㉡㉣ ④ ㉢㉣

✔해설 '가이드는 신뢰할 수 있는 사람이다.'가 참이 되려면, '가이드는 많은 정보를 알고 있다.'와 '많은 정보를 알고 있는 사람은 신뢰할 수 있는 사람이다.'가 필요하다.

3

> 프로게이머는 성공할 수 있는 사람이다.

〈보기〉

㉠ 프로게이머는 순간적인 판단력이 좋다.
㉡ 프로게이머는 모든 경기에 최선을 다한다.
㉢ 경기에서 승리한 사람은 성공할 수 있는 사람이다.
㉣ 최선을 다하는 사람은 성공할 수 있는 사람이다.
㉤ 매사에 감사하며 사는 사람은 성공할 수 있는 사람이다.
㉥ 행복한 사람은 성공할 수 있는 사람이다.

---

① ㉠㉣ ② ㉢㉣
③ ㉡㉣ ④ ㉡㉤

✔해설 '프로게이머는 성공할 수 있는 사람이다.'가 참이 되려면, '프로게이머는 모든 경기에 최선을 다한다.'와 '최선을 다하는 사람은 성공할 수 있는 사람이다.'가 필요하다.

4

운동선수는 긍정적인 사람이다.

〈보기〉

㉠ 운동선수는 미래를 과감히 투자한다.
㉡ 유도선수는 자신의 잠재력을 믿는다.
㉢ 축구선수는 패스 플레이를 잘한다.
㉣ 잠재력이 풍부한 사람은 성공할 수 있다.
㉤ 잠재력을 믿는 사람은 긍정적인 사람이다.
㉥ 도전적인 사람은 실패를 두려워하지 않는 사람이다.

① ㉠㉣   ② ㉠㉤
③ ㉡㉣   ④ ㉡㉤

✔ 해설 '운동선수는 긍정적인 사람이다.'가 참이 되려면, '운동선수는 자신의 잠재력을 믿는다.'와 '잠재력을 믿는 사람은 긍정적인 사람이다.'가 필요하다.

5

진주는 부지런한 사람이다.

〈보기〉

㉠ 진주는 밀린 업무를 미리 끝낸다.
㉡ 진주는 매일 저녁에 운동을 한다.
㉢ 진주는 멜로 영화를 좋아한다.
㉣ 업무를 미리 끝내는 사람은 부지런한 사람이다.
㉤ 저녁에 운동을 하는 사람은 신뢰할 수 있는 사람이다.
㉥ 커피를 마시는 사람은 졸음에서 깨어날 수 있는 사람이다.

① ㉠㉣   ② ㉠㉤
③ ㉡㉣   ④ ㉡㉤

✔ 해설 '진주는 부지런한 사람이다.'가 참이 되려면, '진주는 밀린 업무를 미리 끝낸다.'와 '업무를 미리 끝내는 사람은 부지런한 사람이다.'가 필요하다.

Answer 2.② 3.③ 4.④ 5.①

6

> • 하양이와 파랑이는 친구이다.
> • 하양이는 친구와 함께 있으면 용감해진다.
> • 하양이는 파랑이와 함께 게임하고 있다.
> • 그러므로 _____

① 하양이는 파랑이와 함께 있을 때만 용감해진다.

② 하양이는 파랑이와 게임할 때 용감해진다.

③ 하양이는 파랑이와 게임할 때 겁을 내지 않는다.

④ 하양이는 파랑이와 함께 있을 때 공부하지 않는다.

✔해설 하양이는 친구와 있을 때 용감해지며, 파랑이와 친구이므로 파랑이와 함께 게임할 때는 용감해진다.

7

> • 해영이는 로희가 도착하기 직전에 도착했다.
> • 세 사람 중 가장 늦은 사람은 모두에게 커피를 샀다.
> • 민주는 커피를 사지 않았다.
> • 그러므로 _____

① 민주는 커피를 마시지 못했다.

② 해영이는 자기가 산 커피를 마셨다.

③ 로희는 민주보다 일찍 도착했다.

④ 해영이는 로희가 사준 커피를 마셨다.

✔해설 민주는 커피를 사지 않았으므로 가장 늦게 도착한 사람이 아니다. 또한 해영이는 로희보다는 일찍 도착했으므로 가장 늦게 도착한 사람은 로희가 된다. 따라서 커피를 산 사람은 로희다.

8

> • A는 비가 오면 하늘색 블라우스를 입는다.
> • B는 기온이 18℃ 이하이면 스카프를 한다.
> • 오늘 A는 하늘색 블라우스를 입고, B는 스카프를 했다.
> • 그러므로 _____

① 오늘 오후에는 눈이 올 것이다.
② 기상예보만으로 날씨는 예측할 수 없다.
③ 오늘은 비가 오고 기온이 18℃ 이하이다.
④ 오늘은 두 사람의 옷으로 날씨를 알 수 없다.

✔️해설 A는 하늘색 블라우스를 입고, B는 스카프를 했으므로 오늘은 비가 오고 기온이 18℃ 이하이다.

9

> • 붉은 별이 뜨면 5일 뒤에 유성이 떨어진다.
> • 유성이 떨어진 다음날에는 하늘이 맑다.
> • 4월 8일 수요일 밤에 붉은 별이 떴다.
> • 그러므로 _____

① 4월 14일에는 유성이 떨어진다.
② 4월 14일에는 하늘이 맑다.
③ 4월 13일에는 하늘이 맑다.
④ 4월 13일에는 붉은 별이 뜬다.

✔️해설 4월 8일 밤에 붉은 별이 떴으므로 5일 뒤인 4월 13일에는 유성이 떨어지며, 4월 14일에는 하늘이 맑다.

10

- 붉은 과일은 눈이 좋지 않은 사람만 먹는다.
- 눈이 좋지 않은 사람은 피부가 하얗다.
- 아린이는 붉은 과일은 먹고 있다.
- 그러므로 _____

① 아린이는 눈이 좋지 않고 피부가 하얗다.
② 아린이는 하얀색을 좋아한다.
③ 아린이는 피부가 좋다.
④ 아린이는 귀가 좋지 않다.

✔해설 붉은 과일은 눈이 좋지 않은 사람만 먹는 과일이고 아린이가 붉은 과일을 먹고 있으므로 아린이는 눈이 좋지 않다. 또 눈이 좋지 않은 사람은 피부가 하얗다고 하였으므로 아린이는 피부가 하얗다.

11

- 영희네 과수원에서 키우는 과일은 모두 빨갛다.
- 내가 산 귤은 영희네 과수원에서 키운 것이다.
- 그러므로 _____

① 내가 산 귤은 노란색이다.
② 내가 산 귤은 노란색이 아니다.
③ 내가 산 귤은 빨간색이다.
④ 내가 산 귤은 빨간색이 아니다.

✔해설 내가 산 귤은 영희네 과수원에서 키운 것이고, 영희네 과수원에서 키우는 과일은 모두 빨간색이다.

12

> • 군주가 오직 한 사람만을 신임하면 나라를 망친다.
> • 군주가 사람을 신임하지 않으면 나라를 망친다.
> • 그러므로 _____

① 어느 군주가 나라를 망치지 않았다면, 그는 오직 한 사람만을 신임한 것이다.

② 어느 군주가 나라를 망치지 않았다면, 그는 사람을 신임하지 않았다는 것이다.

③ 어느 군주가 나라를 망치지 않았다면, 그는 오직 한 사람만을 신임한 것은 아니다.

④ 어느 군주가 오직 한 사람만을 신임하지 않았다면, 그는 나라를 망치지 않은 것이다.

> ✔해설 ①② 군주가 오직 한 사람만을 신임하거나, 사람을 신임하지 않으면 나라를 망친다.
> ④ 명제가 참일지라도 이는 참이 아닐 수도 있다. 즉 군주가 오직 한 사람만을 신임하지 않았다는 것은 여러 사람을 신임한 것일 수 있으며 이때에는 나라를 망치지 않으나, 한 사람만을 신임하지 않았다는 것이 그 누구도 신임하지 않은 것일 때에는 나라를 망치게 된다.

13

> • 만약 지금 먹구름이 가득하다면 곧 비가 내릴 것이다.
> • 지금 비가 내리고 있다.
> • 그러므로 _____

① 지금 먹구름이 가득하다.

② 먹구름이 걷혔을 것이다.

③ 내일 비가 올 것이다.

④ 지금 비가 오는지 알 수 없다.

> ✔해설 '먹구름이 가득하다면 비가 내릴 것이다'라고 전제되어 있으므로 지금 먹구름이 가득하다.

Answer　10.① 11.③ 12.③ 13.①

14

> - 준서는 영어 성적이 윤재보다 20점 더 높다.
> - 영건이의 점수는 준서보다 10점 낮다.
> - 그러므로 _____

① 영건이와 윤재의 점수 차이는 10점이다.

② 윤재의 점수가 가장 높다.

③ 영건이의 점수가 가장 높다.

④ 준서의 점수는 윤재의 점수보다 낮다.

✔ **해설** 준서의 점수 = 윤재의 점수 + 20점, 영건이의 점수 = 준서의 점수 − 10점
그러므로 높은 점수의 순서는 준서 > 영건 > 윤재이며 영건이와 윤재는 10점 차이이다.

15

> - 모든 신부는 사후의 세계를 믿는다.
> - 어떤 무신론자는 사후의 세계를 의심한다.
> - 그러므로 _____

① 사후의 세계를 믿는 사람은 신부이다.

② 사후의 세계를 믿지 않으면 신부가 아니다.

③ 사후의 세계를 의심하면 무신론자이다.

④ 사후의 세계를 의심하지 않으면 무신론자가 아니다.

✔ **해설** ① 모든 신부는 사후의 세계를 믿으나 사후의 세계를 믿는다고 해서 모두 신부인 것은 아니다.
③ 어떤 무신론자는 사후의 세계를 의심하므로, 사후의 세계를 의심한다고 모두 무신론자는 아니다.
④ 제시된 명제의 대우는 "무신론자는 사후의 세계를 의심한다"로 제시된 전제는 "어떤 무신론자는 사후의 세계를 의심한다"이므로 옳지 않다.

16 갑, 을, 병, 정, 무 5명이 해외연수를 받는 순서로 가능한 경우에 해당하는 것은?

- 병과 무가 해외연수를 받는 사이에 적어도 두 사람이 해외연수를 받는다.
- 해외연수는 다섯 달 동안 매달 진행되며, 한 달에 한 사람만 받는다.
- 무가 5명 중에서 가장 먼저 해외연수를 받는 것은 아니다.
- 정이 해외연수를 받은 달은 갑이 해외연수를 받은 달과 인접하지 않는다.

---

① 갑 - 정 - 을 - 무 - 병
② 을 - 무 - 갑 - 정 - 병
③ 정 - 병 - 을 - 갑 - 무
④ 정 - 을 - 갑 - 병 - 무

✔해설 보기에 조건을 대입하여 하나씩 제거하면 답을 금방 찾을 수 있다.
- 병과 무가 해외연수를 받는 사이에 적어도 두 사람이 해외연수를 받는다고 하였으므로 병과 무 사이에 두 명이 존재한다.
- 한 달에 한 사람이 받으므로 겹치지는 않는다.
- 정과 갑은 인접해 있을 수 없으므로 최소 사이에 1명은 있어야 한다.

17 A, B, C, D, E가 서로 거주하고 있는 집에 한 번씩 방문하려고 할 때, 세 번째로 방문하는 집은 누구의 집인가?

- A ~ E는 각각의 집에 함께 방문하며, 동시에 여러 집을 방문할 수 없다.
- A의 집을 방문한 후에 B의 집을 방문하나, 바로 이어서 방문하는 것은 아니다.
- D의 집을 방문한 후에 바로 C의 집을 방문한다.
- E의 집을 A의 집보다 먼저 방문한다.

---

① A   ② B
③ C   ④ D

✔해설 주어진 내용에 따라 정리해 보면 다음과 같음을 알 수 있다.
A집 다음에 B집을 방문하나 이어서 방문하지 않고, D집 다음에는 바로 C집을 방문한다.
그리고 E집을 A집 보다 먼저 방문하므로 'E → A → D → C → B' 순서가 된다.

18 A, B, C, D 네 명의 수강생이 외국어 학원에서 영어, 일본어, 중국어, 러시아어를 수강하고 있다. 다음에 제시된 내용을 모두 고려하였을 경우 항상 거짓인 것은?

> • C는 한 과목만 수강하며, 한 명도 수강하지 않는 과목은 없다.
> • 남자는 세 명, 여자는 한 명이다.
> • 러시아어는 세 사람이 함께 수강해야 하며, 남자만 수강할 수 있다.
> • 중국어는 여자만 수강할 수 있다.
> • A는 남자이며, 일본어는 반드시 수강해야 한다.
> • 남자는 모두 두 과목을 수강한다.

① 한 과목은 남자 두 명이 수강하게 된다.
② 러시아어를 수강하고 있는 여자는 없다.
③ B는 일본어와 러시아어를 함께 수강하고 있지 않다.
④ B와 D는 영어를 수강하지 않는다.

✔ 해설 제시된 내용에 따라 정리를 하면 다음과 같다.

	영어	일본어	중국어	러시아어
A	×	○	×	○
B			×	○
C	×	×	○	×
D			×	○

④ B와 D는 영어 또는 일본어를 수강하게 되므로 틀린 내용이다.
① 영어, 일본어 둘 중 하나는 남자 두 명이 수강하게 된다.
② 러시아어를 수강하고 있는 사람은 모두 남자다.
③ B는 영어와 러시아어를 수강하게 되면 옳은 내용이 된다.

19 다음 주어진 내용을 모두 고려하였을 때 A, B, C, D, E를 몸무게가 무거운 사람부터 나열하였을 때 C는
    몇 번째에 해당하는가?

> A, B, C, D, E가 신체검사를 한 결과는 다음과 같다.
> • D는 E보다 키도 크고 몸무게도 많이 나간다.
> • A는 E보다 키는 크지만 몸무게는 적게 나간다.
> • C의 키는 E보다 작으며, A의 몸무게가 가장 적게 나가는 것은 아니다.
> • B는 A보다 몸무게가 많이 나간다.

① 두 번째
② 세 번째
③ 네 번째
④ 다섯 번째

✔해설 제시된 내용에 따라 정리해 보면,
      첫 번째와 두 번째 내용에 따라 D > E > A
      세 번째 내용을 보면 A가 가장 적게 나가는 것이 아니므로 A 뒤에 C가 온다.
      그러므로 D > E > B > A > C가 된다.

20 갑, 을, 병이 각각 다른 회사, 서로 다른 지역에서 근무하고 있을 때, 다음 중 항상 옳은 것은?

> • 갑, 을, 병은 각각 전력회사, 무역회사, 식품회사 중 서로 다른 한 곳에서 근무하며, 근무지는 서울, 제주도, 울릉도에 위치한다.
> • 전력회사는 서울에만 근무지가 있다.
> • 갑은 과거에 식품회사에서 근무했으나 현재는 다른 곳에서 근무하고 있다.
> • 을은 지금까지 섬을 떠나 생활해 본 적이 없다.
> • 병은 풍력발전에 대해 연구하고 있다.

① 갑은 무역회사에 다니거나 근무지가 서울이다.

② 을은 식품회사에 다니고 있지 않거나 근무지가 서울이다.

③ 병은 무역회사에 다니거나 섬에서 근무하고 있다.

④ 을의 근무지는 제주도 또는 울릉도이다.

✔해설 병은 풍력발전에 대해 연구하므로 전력회사에 근무하며 전력회사는 서울에만 근무지가 있다.
갑은 과거 식품회사였지만 현재는 다른 곳에서 근무하므로 무역회사에 근무하는 것이 되고, 을이 식품회사에 근무하고 있음을 알 수 있다. 을은 섬을 떠나 본 적이 없으므로 제주도 또는 울릉도에 근무지가 있는 것이다.
이를 정리하면 다음과 같다.
갑 → 무역회사 → 울릉도 또는 제주도 근무
을 → 식품회사 → 울릉도 또는 제주도 근무
병 → 전력회사 → 서울 근무

21 A, B, C, D, E가 각각 영업팀, 연구팀, 법무팀, 기획팀, 재무팀 중 서로 다른 한 곳에 소속되어 있을 때 A의 소속 팀은?

> • B는 연구팀도 재무팀도 아니며, C는 기획팀이 아니다.
> • 재무팀에 속한 사람은 C 또는 D이며, 만일 C가 재무팀이 아니라면 B는 영업팀이다.
> • D는 영업팀도 법무팀도 아니다.
> • E는 연구팀도 기획팀도 아니다.
> • 연구팀과 기획팀에는 D가 소속되어 있지 않다.

① 영업팀   ② 연구팀
③ 법무팀   ④ 기획팀

✔ 해설 제시된 내용을 표를 통해 하나씩 지워가며 정리해 보면 다음과 같다.

	영업팀	연구팀	법무팀	기획팀	재무팀
A	×	×	×	○	×
B	○	×	×	×	×
C	×	○	×	×	×
D	×	×	×	×	○
E	×	×	○	×	×

A-기획팀, B-영업팀, C-연구팀, D-재무팀, E-법무팀

22 세 극장 A, B와 C는 직선도로를 따라 서로 이웃하고 있다. 이들 극장의 건물 색깔이 회색, 파란색, 주황색
    이며 극장 앞에서 극장들을 바라볼 때 다음과 같다면 옳은 것은?

    > • B극장은 A극장의 왼쪽에 있다.
    > • C극장의 건물은 회색이다.
    > • 주황색 건물은 오른쪽 끝에 있는 극장의 것이다.

    ① A의 건물은 파란색이다.

    ② A는 가운데 극장이다.

    ③ B의 건물은 주황색이다.

    ④ C는 맨 왼쪽에 위치하는 극장이다.

    ✔해설 제시된 조건에 따라 극장과 건물 색깔을 배열하면 'C(회색) – B(파란색) –A(주황색)'가 된다.

23 6권의 책을 크기가 큰 것부터 차례대로 배열하려고 한다. 다음 조건에 맞는 진술은 어느 것인가? (단, 책
    의 크기가 동일하다면 알파벳 순서대로 배열한다)

    > 〈조건〉
    > • A는 두 번째로 큰 책이다.
    > • B는 C와 책 크기가 같다.
    > • D는 가장 작은 책이다.
    > • C는 E보다 작다.
    > • F는 B보다 크다.

    ① A는 D 다음 순서에 온다.

    ② 책의 크기는 E가 F보다 크다.

    ③ C는 D 바로 앞에 온다.

    ④ E 다음 순서로 A가 온다.

    ✔해설 ① D는 가장 작은 책이므로 마지막 순서에 온다.
           ② E와 F의 크기는 비교할 수 없다.
           ④ A와 E의 크기는 비교할 수 없다.

24 (가)~(바) 6명이 원탁에 앉아 식사를 하고 있다. (가)의 오른쪽으로 한 사람 걸러 (나)가 앉아 있고, (다)의 맞은 편에 (바)가 앉아 있다. (마)의 오른쪽 한 사람 걸러 (라)가 앉아 있다면 (가)의 맞은편에 앉아 있는 사람은?

① (다)   ② (라)

③ (마)   ④ (바)

✔해설 조건에 따라 순서를 고려하면 시계방향으로 (가), (라), (다), (마), (나), (바)의 순서로 앉게 되며 (바)와 (다)의 위치는 서로 바뀌어도 된다. 따라서 (가)의 맞은편에는 (마)가 앉아 있다.

25 일등 병원에는 갑, 을, 병, 정 네 사람의 의사가 일하고 있다. 이들이 어느 날 진행한 수술과 관련하여 다음과 같은 정보가 알려져 있다. 다음 중 반드시 참이라고 볼 수 없는 것은?

- 갑, 을, 병, 정은 적어도 1건 이상의 수술을 하였다.
- 2명 이상의 의사가 함께 한 수술은 없었다.
- 네 의사들이 진행한 수술은 총 10건이었다.
- 어떤 두 의사의 수술 건수도 3건 이상 차이가 나지는 않는다.

① 갑, 을, 병, 정 중 두 명이 각각 1건씩 수술을 하지는 않았다.
② 갑이 4건의 수술을 진행하였다면 을, 병, 정은 각각 2건씩 수술을 진행하였다.
③ 을과 병이 각각 3건의 수술을 진행하였다면, 갑과 정은 각각 2건씩 수술을 진행하였다.
④ 정이 1건의 수술을 진행하였다면, 나머지 의사들은 각각 3건씩 수술을 진행하였다.

✔해설 ① 두 명이 각각 1건씩만 수술했다면, 나머지 두 명이 8건의 수술을 해야 한다. 그런데 어떤 두 의사의 수술 건수도 3건 이상 차이가 나지는 않는다고 했으므로 틀린 말이 된다.
② 갑이 4건의 수술을 진행했다면 남은 수술 건수는 6건이다. 3건 이상 차이가 나서는 안 되므로, 나머지 세 명이 각각 2건씩 수술을 진행하였다.
③ 을과 병이 각각 3건의 수술을 진행했다면 남은 수술 건수는 4건이다. 3건 이상 차이가 나서는 안 된다는 조건을 만족하는 경우는 갑과 정이 2건씩 수술을 진행하거나 갑과 정이 1건과 3건의 수술을 진행하는 두 가지 경우가 있다.
④ 정이 1건의 수술을 진행했다면 남은 수술 건수는 9건이다. 3건 이상 차이가 나면 안 되므로 나머지 의사들이 각각 3건씩 수술을 진행하였다.

Answer 22.④ 23.③ 24.③ 25.③

26   단오는 취직 기념으로 친구들과 2박 3일 여행을 떠나려고 한다. 단오는 다음달 13일부터 출근이므로 그 전에 여행을 마칠 예정이다. 주말에는 숙박비가 비싸기 때문에 피하고 비나 눈이 오면 운전을 할 수 없어 여행 동안 비나 눈이 오지 않아야 한다. 다음달 1일 수요일부터 여행을 계획할 때 단오와 친구들이 여행을 떠나는 첫날은?(단, 일기 예보에 따르면 1일에는 눈, 9일, 17일, 21일에는 비소식이 있다)

① 2일

② 6일

③ 7일

④ 10일

✔해설   단오가 출근하기 전에 여행이 가능하고 주말은 피한다고 했으므로 4, 5, 11, 12일은 피한다. 또한 1일과 9일은 눈과 비가 오기 때문에 여행 기간에 포함 될 수 없다. 이를 고려하면 여행은 6, 7, 8일에 떠날 수 있다.

27   다음은 3학년 2반의 자리배치도이다.

칠판			
A	B	C	D
E	F	G	H
I	J	K	L
M	N	O	P

다음 보기를 참고할 때 아무도 앉지 않은 자리는 어디인가?

- 숙이와 갑이의 자리는 가장 멀리 떨어져 있다.
- 희와 석이의 자리는 나란히 붙어있으며 둘 뒤에는 아무도 앉지 않았고, 희의 왼쪽에는 자리가 없다.
- 진이와 연이의 자리는 좌우로 한 칸 떨어져 있는데, 연이는 갑이의 앞자리 이다.

① A

② G

③ J

④ N

✔해설   ㉠ 숙이와 갑이의 자리는 A-P, 혹은 D-M이다.
㉡ 희의 자리는 M, 석이의 자리는 N이다. → 숙이와 갑이의 자리는 A-P이다.
㉢ 연이의 자리는 L, 진이의 자리는 J, 갑이의 자리는 P, 숙이의 자리는 A이다.

28 노란색 2인용 장우산, 흰색 1인용 장우산, 분홍색 접이식 우산이 있다. 갑자기 비가 내리자 소영이는 비가 내리지 않는 지역에서 약속이 있고, 모영이는 혼자 마트에 가야하고, 도영이는 학교 간 동생을 데리러 가야 한다. 세 사람이 각자 편의에 맞게 우산을 나누어 가지고 나간다고 할 때 가지고 갈 우산의 색이 바르게 짝지어진 것은?

① 도영 – 흰색

② 모영 – 분홍

③ 모영 – 노랑

④ 소영 – 분홍

> ✔해설 소영이는 비가 내리지 않는 지역에서 약속이 있으므로 휴대하기 간편한 분홍색 접이식 우산을 모영이는 혼자 마트에 갈 것이므로 흰색 장우산, 도영이는 동생을 데리러 가서 함께 쓰고 올 수 있는 노란색 2인용 장우산을 가져가는 것이 가장 좋다.

29 무진, 도진, 부진, 하진은 시장조사를 위해 A식당에 갔다. 식당에는 '함박스테이크, 매운 수란파스타, 루꼴라 피자, 쉬림프 샐러드' 이 네 가지 메뉴만 판매하고 있고 각자 다른 메뉴를 시키기로 하였다. 무진이와 도진이는 1인용 음식을 시키길 원하고 하진은 다 같이 나눠 먹을 수 있는 음식을, 부진이는 샐러드를 고르려 한다. 이 중 도진이와 하진이는 매운 음식을 먹지 못한다. 다음 중 무진이가 고른 음식은?

① 함박스테이크

② 매운 수란파스타

③ 루꼴라 피자

④ 쉬림프 샐러드

> ✔해설 무진이와 도진이는 1인용 음식을 원한다고 했으므로 부진이가 고른 샐러드를 제외하고 함박스테이크와 매운 수란파스타를 각각 시킬 수 있다. 그런데 도진이는 매운 음식을 먹지 못하므로 함박스테이크를 무진이는 매운 수란파스타를 시킬 것이다.

Answer 26.② 27.② 28.④ 29.②

30 2학년 방송부(5명, 갑~무)와 연극부(7명, A~G)는 매일 각 부마다 1명씩 총 2명이 부실 청소를 한다. 7월 1일, 월요일부터 갑과 A가 청소를 하고 부마다 순서(갑~무, A~G)대로 돌아가면서 청소를 한다고 할 때, 이번 달에 같이 청소를 하지 않는 사람끼리 묶인 것은? (단, 주말인 토·일요일에는 청소를 하지 않는다)

① 병, D　　　　　　　　　　　② 무, F

③ 갑, B　　　　　　　　　　　④ 정, A

✔**해설** 주어진 조건에 따라 청소하는 날짜를 정리해 보면 다음과 같다.

월	화	수	목	금	토	일
1 : 갑, A	2 : 을, B	3 : 병, C	4 : 정, D	5 : 무, E	6	7
8 : 갑, F	9 : 을, G	10 : 병, A	11 : 정, B	12 : 무, C	13	14
15 : 갑, D	16 : 을, E	17 : 병, F	18 : 정, G	19 : 무, A	20	21
22 : 갑, B	23 : 을, C	24 : 병, D	25 : 정, E	26 : 무, F	27	28
29 : 갑, G	30 : 을, A	31 : 병, B				

31 다음의 조건이 모두 참일 때, 甲이 가장 먼저 처리해야 할 업무는?

> (가) '메일 전송'과 '파일 저장'은 연이어 일어나지 않았다.
> (나) '자료 추합'은 가장 마지막에 일어나지 않았다.
> (다) '메일 전송'은 '보고일지 작성'과 '보고서 작성' 사이에 일어났다.
> (라) '파일 저장'은 '메일 전송'과 '자료 추합' 사이에 일어났다.
> (마) '자료 추합'이 '보고일지 작성'보다 먼저 일어났다면, '보고서 작성'이 '보고일지 작성'보다 먼저 일어
>   났을 것이다.

① 메일 전송　　　　　　　　　　② 파일 저장

③ 자료 추합　　　　　　　　　　④ 보고서 작성

✔**해설** ㉠ (다)와 (마) 조건에 따르면
'자료 추합→보고서 작성→메일 전송→보고일지 작성' 순이 된다.
㉡ 그 다음 (가), (나), (라) 조건에 따르면
'자료 추합→파일 저장→보고서 작성→메일 전송→보고일지 작성' 순이 된다.
그러므로 가장 먼저 처리해야 하는 업무는 자료 추합이 된다.

32 △△사는 신사업 개발팀 결성을 위해 기존의 A~H팀의 예산을 줄이기로 하였다. △△사는 다음의 조건에
따라 예산을 감축하기로 하였다. 다음 중 옳지 않은 것을 고르면?

〈조건〉
㉠ 만약 금융팀 예산을 감축하면, 총무팀의 예산은 감축되지 않는다.
㉡ 만약 관리팀 예산을 감축하면, 영업팀과 디자인팀의 예산은 감축하지 않는다.
㉢ 만약 인사팀과 디자인팀이 모두 예산을 감축하면, 기획팀의 예산도 감축된다.
㉣ 총무팀, 기획팀, 영업팀 가운데 두 팀만 예산을 감축한다.

① 만약 기획팀과 영업팀의 예산이 감축된다면 총무팀과 관리팀은 예산이 감축되지 않는다.
② 만약 금융팀의 예산이 감축되면 기획팀의 예산은 감축되지 않는다.
③ 만약 총무팀의 예산이 감축되면 금융팀의 예산은 감축되지 않는다.
④ 만약 관리팀의 예산이 감축되면 총무팀과 기획팀의 예산이 감축된다.

✔해설 ② 만약 금융팀의 예산이 감축되면 총무팀의 예산이 감축되지 않으므로 ㉣에 따라 기획팀과 영업팀의
        예산이 감축된다.
      ① 기획팀과 영업팀의 예산이 감축되면 ㉣에 따라 총무팀은 예산이 감축되지 않고 ㉡의 대우 명제인 '영업팀이
        나 디자인팀의 예산이 감축되면 관리팀의 예산이 감축되지 않는다'에 따라 관리팀의 예산도 감축되
        지 않는다.
      ③ 총무팀의 예산이 감축될 경우 조건 ㉠의 대우 명제에 따라 금융팀의 예산은 감축되지 않는다.
      ④ 관리팀의 예산이 감축되면 영업팀과 디자인팀의 예산이 감축되지 않고 ㉣에 따라 총무팀, 기획팀의
        예산이 감축된다.

Answer 30.④ 31.③ 32.②

┃33~36┃ 다음 보기의 말은 모두 진실이다. 이를 보고 참인 것을 고르시오.

33

> • 축구를 잘하는 아이들은 대부분 족구를 잘한다.
> • 축구를 잘하는 아이들 중 족구를 못하는 아이는 발야구를 잘한다.
> • 발야구를 잘하면 인기가 많거나 공부를 잘한다.

① 축구를 잘하는 아이들은 대부분 인기가 많다.
② 축구를 잘하는 아이들은 발야구를 못하면 족구를 잘한다.
③ 축구를 잘하는 아이들은 족구와 공부를 잘한다.
④ 족구를 잘하는 아이들은 축구를 잘한다.

✔해설 '축구를 잘하는 아이들 중 족구를 못하는 아이는 발야구를 잘한다'의 대우명제이므로 항상 참이다.

34

> • 점박이 물고기는 이끼를 먹고 산다.
> • 이끼를 먹는 물고기는 커다란 돌 틈에 산다.
> • 돌과 돌 사이에 사는 물고기들은 겨울잠을 잔다.

① 점박이 물고기는 겨울잠을 잔다.
② 이끼를 먹는 물고기는 점박이 무늬를 가졌다.
③ 점박이 물고기는 강 속 깊은 곳에 살고 있다.
④ 돌 틈에 사는 물고기들은 이끼를 좋아한다.

✔해설 점박이 물고기 → 이끼 먹음 → 돌 틈에 서식 → 겨울잠의 관계를 가지므로 '점박이 물고기는 겨울잠을 잔다'는 항상 참이다.

35

> • 눈이 오면 교실이 조용하다.
> • 교실이 조용하거나 복도가 깨끗하다.
> • 복도가 깨끗한데 눈이 오지 않으면, 운동장이 깨끗하다.

① 눈이 오지 않으면 교실이 조용하지 않다.
② 복도가 깨끗하면 교실이 조용하다.
③ 교실이 조용하지 않으면 복도가 깨끗하다.
④ 복도가 깨끗한데 눈이 오면 운동장도 깨끗하다.

✔해설 교실이 조용함, 복도가 깨끗함은 동시에 일어나지 않고 둘 중 하나만 발생하는 조건이므로 교실이 조용하지 않으면 항상 복도가 깨끗하다. '눈이 오면 교실이 조용하다'의 이 명제이므로 항상 참이라고 할 수 없으며 '교실이 조용하거나 복도가 깨끗하다'의 역 명제이므로 항상 참이라고 할 수 없다.

36

> • 잠이 부족한 사람은 몸이 쉽게 지친다.
> • 몸이 쉽게 지치는 사람은 작은 일에도 쉽게 화를 내기 쉽다.
> • 화가 많은 사람은 적이 많다.

① 잠이 부족한 사람은 잠을 몰아서 잔다.
② 화를 잘 내는 사람은 몸이 쉽게 지친다.
③ 몸이 쉽게 지치는 사람은 잠이 부족한 사람이다.
④ 잠이 부족한 사람은 적이 많다.

✔해설 잠이 부족한 사람은 몸이 쉽게 지치고, 몸이 쉽게 지치는 사람은 화를 잘 내고, 그런 사람은 적이 많다고 했으므로 '잠이 부족한 사람은 적이 많다.'는 참이다.

Answer 33.② 34.① 35.③ 36.④

▍37 ~ 39 ▍ 다음의 말이 전부 진실일 때 항상 거짓인 것을 고르시오.

37

> • 동네 떡집에는 남은 떡이 5개 있다.
> • 종류가 같은 떡이 4개 있다.
> • 종류가 다른 떡은 1개 있다.
> • 떡집에서 시루떡을 하나 구입했다.

① 떡집에 남아있는 떡은 모두 같은 종류이다.

② 떡집에 남아있는 떡은 모두 시루떡이 아니다.

③ 떡집에 남아있는 떡은 모두 쑥떡이다.

④ 떡집에 남아있는 떡은 모두 시루떡이다.

✔ 해설 4개는 같은 종류이고, 1개는 다른 종류라고 했으므로 남아있는 떡은 모두 시루떡이거나, 시루떡 3개와 쑥떡 1개로 이루어져 있을 것이다.

38

> • 민수는 25살이다.
> • 민수는 2년 터울의 여동생이 2명 있다.
> • 영민이는 29살이다.
> • 영민이는 3년 터울의 여동생이 2명 있다.

① 영민이의 첫째 동생이 동생들 중 나이가 가장 많다.

② 영민이의 둘째 동생과 민수의 첫째 동생은 나이가 같다.

③ 민수의 막내동생이 가장 어리다.

④ 민수는 영민이의 첫째 동생보다는 나이가 많다.

✔ 해설 영민이의 첫째 동생은 26살, 민수는 25살로 영민이의 첫째 동생이 민수보다 나이가 많다.

39

- 최씨는 삼수 후 대입에 성공했다.
- 최씨는 현재 3학기째 수업을 들을 차례이다.
- 정씨는 빠른 년생이고, 재수없이 한번에 대입에 성공했다.
- 정씨는 1학년 2학기 종강 후 휴학을 1년하고, 이번 학기에 복학했다.

① 정씨는 최씨보다 선배이다.
② 정씨와 최씨는 현재 나이가 같다.
③ 둘 다 앞으로 휴학없이 학교생활을 한다면, 최씨와 정씨는 졸업을 같은 시기에 할 것이다.
④ 최씨가 입학 했을 때 정씨는 휴학한 상태였다.

✔ **해설** 정씨는 19살에 입학, 20살 휴학, 현재 21살이고 최씨는 22살에 입학, 현재 23살이다.

┃ 40 ~ 49 ┃ 다음 제시된 숫자의 배열을 보고 규칙을 적용하여 빈칸에 들어갈 알맞은 숫자를 고르시오.

40

21 16 13 12 13 16 21 (   )

① −4
② 4
③ 28
④ 32

✔ **해설** 제시된 수열은 첫 번째 숫자에서 5부터 2씩 작은 수가 감소하고 있다.
21 (−5) 16 (−3) 13 (−1) 12 (−(−1)) 13 (−(−3)) 16 (−(−5)) 21 (−(−7)) 28

41

29 34 26 28 23 22 20 14 ( )

① 13 ② 14
③ 16 ④ 17

✔해설 제시된 수열은 첫 번째, 세 번째, 다섯 번째, …와 두 번째, 네 번째, 여섯 번째 등 두 개의 수열로 나눌 수 있다. 첫 번째 수열을 29부터 −3씩 감소하고 두 번째 수열은 34에서 −6씩 감소하고 있으므로 빈칸에는 20에서 3이 감소된 17이 들어간다.

42

3 9 5 15 11 33 ( )

① 27 ② 29
③ 31 ④ 35

✔해설 제시된 수열은 ×3과 −4의 수식이 반복해서 행해지고 있다.
3 (×3) 9 (−4) 5 (×3) 15 (−4) 11 (×3) 33 (−4) 29

43

2 6 8 14 22 36 58 94 ( )

① 152 ② 158
③ 164 ④ 166

✔해설 제시된 수열은 세 번째 항부터 앞의 두 수를 더한 수가 다음으로 온다. 그러므로 빈 칸에는 58+94인 152이 들어간다.

44

| 2 2 4 12 48 240 ( ) |

① 1240

② 1340

③ 1440

④ 1540

✔**해설** 2 (×1) 2 (×2) 4 (×3) 12 (×4) 48 (×5) 240 (×6) 1440

45

| 13 16 8 14 7 16 8 ( ) |

① 18

② 19

③ 20

④ 21

✔**해설** 처음의 숫자에서 +3×n, ÷2가 반복되고 있다.
13 (+3×1) 16 (÷2) 8 (+3×2) 14 (÷2) 7 (+3×3) 16 (÷2) 8 (+3×4) 20

46

| $\frac{1}{10}$ $\frac{4}{20}$ $\frac{7}{30}$ ( ) $\frac{13}{50}$ $\frac{16}{60}$ |

① $\frac{9}{40}$

② $\frac{10}{40}$

③ $\frac{11}{40}$

④ $\frac{10}{50}$

✔**해설** 분자의 경우는 3씩 증가하고 분모의 경우는 10씩 증가하고 있다.

Answer 41.④ 42.② 43.① 44.③ 45.③ 46.②

47

1 1 3 8 9 27 27 ( )

① 32　　　　　　　　　　　　② 42

③ 54　　　　　　　　　　　　④ 64

✔ 해설 1항, 3항, 5항, 7항의 홀수항은 각각 3^0, 3^1, 3^2, 3^3이고 2항, 4항, 6항의 짝수항은 각각 1^3, 2^3, 3^3이므로 ( )안은 $4^3 = 64$가 된다.

48

1 2 −1 8 ( ) 62

① −19　　　　　　　　　　　② −15

③ 10　　　　　　　　　　　　④ 12

✔ 해설 처음의 숫자에 3^0, -3^1, 3^2, -3^3, 3^4이 더해지고 있다.

49

$\sqrt{4}$　　$\sqrt{16}$　　$\sqrt{64}$　　( )　　$\sqrt{1024}$　　$\sqrt{4096}$

① $\sqrt{128}$　　　　　　　　　② $\sqrt{256}$

③ $\sqrt{512}$　　　　　　　　　④ $\sqrt{814}$

✔ 해설 제시된 숫자는 $\sqrt{2^2}$　$\sqrt{4^2}$　$\sqrt{8^2}$　( )　$\sqrt{32^2}$　$\sqrt{64^2}$ 이렇게 나타낼 수 있고, 여기서 주어진 숫자의 규칙은 $\sqrt{(2^n)^2}$ 라는 것을 알 수 있다. 따라서 ( )에는 $\sqrt{(2^4)^2} = \sqrt{16^2} = \sqrt{256}$ 이 들어간다.

|50~59| 배열된 수 또는 문자의 일정한 규칙을 추리하여 (   ) 안에 알맞은 수 또는 문자를 고르시오.

50

> 3 5 12   4 7 25   5 6 27   6 7 (   )

① 25   ② 29

③ 39   ④ 42

> ✔️**해설** 규칙성을 찾으면 $3 \times 5 - 12 = 3$, $4 \times 7 - 25 = 3$, $5 \times 6 - 27 = 3$이므로
> $6 \times 7 - ($ $) = 3$
> ∴ (   ) 안에 들어갈 수는 39이다.

51

> 14 2 8   20 4 6   (   ) 6 5

① 22   ② 24

③ 32   ④ 34

> ✔️**해설** 첫 번째 수를 두 번째 수로 나눈 후 그 몫에 1을 더하고 있다. 그러므로 5에서 1을 뺀 후 거기에 6을
> 곱하면 24가 된다.

52

> 8 3 2   14 4 3   20 6 3   (   ) 7 4

① 25   ② 27

③ 30   ④ 34

> ✔️**해설** 규칙성을 찾으면 $8 = (3 \times 2) + 2$, $14 = (4 \times 3) + 2$, $20 = (6 \times 3) + 2$이므로
> (   ) $= (7 \times 4) + 2$
> ∴ (   ) 안에 들어갈 수는 30이다.

53

14 2 6 2	23 3 5 8	27 4 5 ( )

① 5　　　　　　　　　　　　　　② 7
③ 9　　　　　　　　　　　　　　④ 11

> ✔해설 첫 번째 숫자-(두 번째 숫자×세 번째 숫자)=네 번째 숫자
> 즉 14-(2×6)=2, 23-(3×5)=8, 27-(4×5)=7이 된다.

54

2 5 10 7 16	3 2 6 7 12	5 2 ( ) 6 15

① 8　　　　　　　　　　　　　　② 10
③ 12　　　　　　　　　　　　　　④ 14

> ✔해설 규칙성을 찾으면 2 5 10 7 16에서 첫 번째 수와 두 번째 수를 곱하면 세 번째 수가 나오고 세 번째
> 수와 네 번째 수를 더한 후 1을 빼면 다섯 번째 수가 된다.
> ∴ ( ) 안에 들어갈 수는 10이다.

55

J - G - L - I - N - ( )

① J　　　　　　　　　　　　　　② K
③ L　　　　　　　　　　　　　　④ M

> ✔해설 문자에 숫자를 대입하여 풀면 쉽게 풀 수 있다. 각 숫자의 차가 3으로 줄었다가 5가 더해지고 있다.

56

S − N − K − J − E − ( )

① A   ② B

③ C   ④ D

✔️해설 각 문자의 차가 5, 3, 1의 순서로 바뀌고 있다.

57

ㄱ − ㅋ − ㅈ − ㅅ − ㅁ − ( )

① ㄴ   ② ㄷ

③ ㅂ   ④ ㅇ

✔️해설 처음 문자에 10이 더해진 후 2씩 줄어들고 있다.

58

ㄴ − ㄹ − ㅁ − ㅅ − ㅇ − ( )

① ㅈ   ② ㅊ

③ ㅋ   ④ ㅍ

✔️해설 처음의 문자에서 +2, +1을 반복하고 있다.

Answer 53.② 54.② 55.② 56.② 57.② 58.②

59

$$C - D - G - L - (\quad)$$

① C

② P

③ R

④ S

> **✔해설** 처음의 문자에서 1, 3, 5의 순서로 변하므로 빈칸에는 앞의 글자에 7을 더한 문자가 와야 한다.

| 60 ~ 70 | 다음의 빈칸에 들어갈 알맞은 수를 고르시오.

60

$$6 * 5 = 2 \quad 7 * 9 = 7 \quad 3 * 5 = (\quad)$$

① 4

② 5

③ 6

④ 7

> **✔해설** 계산법칙을 유추하면 첫 번째 수를 두 번째 수로 나눈 값의 소수점 첫 번째 자리수를 구하고 있다. 빈칸의 경우 3÷5=0.6이므로 답은 6이다.

61

$$3 \& 7 = 12 \quad 4 \& 9 = 63 \quad 6 \& 8 = (\quad)$$

① 76

② 84

③ 86

④ 73

> **✔해설** 계산법칙을 유추하면 두 수를 곱한 후 일의 자리와 십의 자리 수를 바꾼 것이다.

62

3@8 = 16	4@6 = 18	5@5 = 20	6@(7@2) = ( )

① 60　　　　　　　　　　　　② 64

③ 68　　　　　　　　　　　　④ 72

✔해설 계산 법칙을 유추하면 두 수를 곱한 후 두 번째 수를 뺀 것이다.
따라서 6@(7×2−2) = 6@12 = 6×12−12 = 60이 된다.

63

2&7 = 95	5&8 = 133	8&3 = 115	9&2 = ( )

① 711　　　　　　　　　　　② 718

③ 117　　　　　　　　　　　④ 187

✔해설 계산법칙을 유추하면 두 수의 합과 두 수의 차를 나란히 쓴 것이다.

64

5@15 = 7	7@28 = 17	9@18 = 7	6@30 = ( )

① 18　　　　　　　　　　　② 19

③ 20　　　　　　　　　　　④ 21

✔해설 계산법칙을 유추하면 두 번째 수−((두 번째 수÷첫 번째 수)+첫번째 수)이다.
따라서 30−((30÷6)+6) = 19가 된다.

65

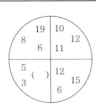

① 12

② 19

③ 25

④ 32

✔해설 원의 나누어진 한 부분의 합이 33이 되어야 한다.

66

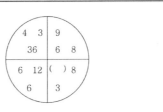

① 12

② 14

③ 16

④ 18

✔해설 원의 나누어진 한 부분의 숫자는 모두 곱하면 432가 된다.

67

① 2

② 8

③ 14

④ 20

✔해설 원의 위쪽 부분은 모두 더해서 60이 되고 아랫 부분은 모두 곱해서 60이 된다.

68

① 14 ② 16
③ 18 ④ 20

✔해설 원의 나누어진 부분 중 서로 마주보는 부분의 숫자의 합이 같다.

69

3 8 13 5	1 12 7 6
4 2 7 ( )	10 2 6 52

① 9 ② 11
③ 13 ④ 15

✔해설 대각선끼리 각 숫자를 곱한 값이 같다. 따라서 $1 \times 12 \times 7 \times 6 = 4 \times 2 \times 7 \times ($ $)$이므로 ( )는 9가 된다.

70

21 8	20 10	8 18
4 33	4 25	4 ( )

① 37 ② 38
③ 39 ④ 40

✔해설 한줄씩, 위칸 숫자의 곱+아래칸 B숫자의 곱=300이다.
따라서 $300 = 8 \times 18 + 4 \times ($ $)$이므로 ( )는 39이다.

┃71 ～ 74┃ 다음 ▲ 표시된 곳의 숫자에서부터 시계방향으로 진행하면서 숫자와의 관계를 고려하여 ? 표시된 곳에 들어갈 알맞은 숫자를 고르시오.

71

		▲
?	3	9
1		6
3	6	2

① 1   ② 3

③ 6   ④ 9

✔**해설** 3부터 각 숫자가 ×3, −3, ÷3의 순서로 변한다.

72

5488	392	
		28
76832	1075648	?

▲

① 2   ② 4

③ 6   ④ 8

✔**해설** 각 숫자에 $\frac{1}{14}$가 곱해지면서 변하고 있다.

73

15	31	
		127
3	511	?

▲

① 250

② 255

③ 260

④ 265

✔**해설** 각 숫자에 ×2+1을 한 값이다. 따라서 127×2+1=255가 된다.

74

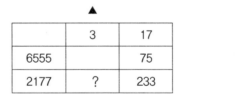

① 523

② 623

③ 723

④ 823

✔**해설** 각 숫자에 ×3+8, (+8)×3 순서로 적용하고 있다. 따라서 (233+8)×3=723이 된다.

75

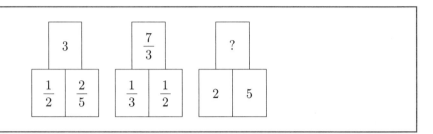

① $\dfrac{11}{5}$　　　　　　　　② $\dfrac{17}{5}$

③ $\dfrac{11}{2}$　　　　　　　　④ $\dfrac{17}{2}$

 해설

 ㉠＝㉡＋$\dfrac{1}{㉢}$으로 계산하면 된다.

76

① 5　　　　　　　　　② 8

③ 11　　　　　　　　④ 14

✔ 해설 한 변의 숫자를 더하면 모두 25가 되어야 한다.

77

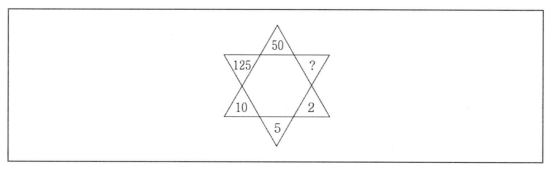

① 21   ② 23

③ 25   ④ 27

✔해설 마주 보고 있는 숫자를 곱하면 모두 250이 되어야 한다.

78

27	18	15
16	?	33
17	31	12

① 10   ② 11

③ 12   ④ 13

✔해설 각 행의 합, 열의 합이 모두 60이므로 빈칸의 숫자는 11이 된다.

79

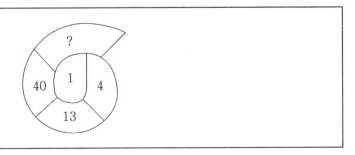

① 120

② 121

③ 122

④ 123

> ✔해설 1에서부터 시계방향으로 (주어진 숫자)×3+1의 규칙으로 변하고 있다.
> $1 \times 3 + 1 = 4$, $4 \times 3 + 1 = 13$, $13 \times 3 + 1 = 40$, $40 \times 3 + 1 = 121$

80

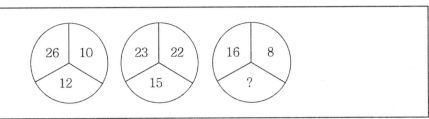

① 8

② 10

③ 12

④ 14

> ✔해설
> ㉢ $= \dfrac{㉠ + ㉡}{3}$ 의 형태로 계산하면 된다.

81

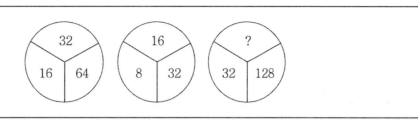

① 60   ② 62

③ 64   ④ 66

  ⓐ＝㉠×4, ⓑ＝㉡×$\frac{1}{2}$로 변하고 있다.

82

$\frac{1}{5}$	$\frac{1}{14}$	$\frac{2}{5}$	?

① $\frac{2}{7}$ ② $\frac{2}{9}$

③ $\frac{2}{11}$ ④ $\frac{2}{13}$

 ⬭는 분자 1을 나타내며, 분모의 경우 ∧은 10을 나타낸다. 또한 $\frac{2}{5}$는 두 분수 $\frac{1}{3}$, $\frac{1}{15}$를 더한 값으로 표현하였다. 그러므로 ?에 들어갈 수는 $\frac{1}{5}+\frac{1}{45}=\frac{10}{45}=\frac{2}{9}$가 된다.

Answer　79.② 80.① 81.③ 82.②

83

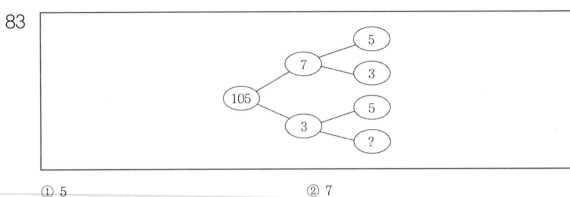

① 5   ② 7

③ 9   ④ 11

✔해설 맨 끝의 숫자 2개가 곱해진 수에 가운데 수가 곱해져 105가 된다.

84

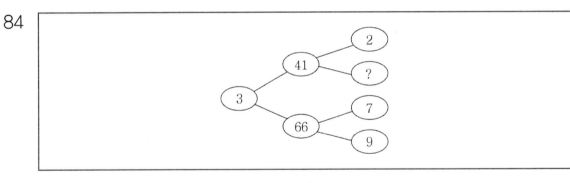

① 17   ② 18

③ 19   ④ 20

✔해설 중간자리 숫자(66) − 맨 끝의 숫자끼리의 곱(7×9)=3이 된다. 따라서 $41 - (2 \times ?) = 3$이므로 ?는 19가 된다.

85

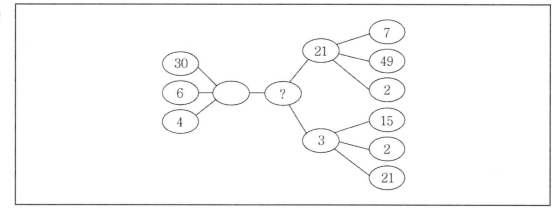

① 5   ② 6

③ 7   ④ 8

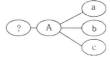 해설

a, b, c 중 (제일 큰 수−중간 수)÷가장 적은 수=A가 된다. 즉 (49−7)÷2=21이 된다는 말이다. 이에 따라 ?를 구하기 전 빈칸을 먼저 구해보면 (30−6)÷4=6이 되고, 따라서 ?=(21−6)÷3=5가 된다.

86

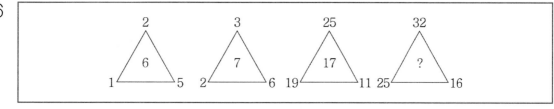

① 14   ② 17

③ 20   ④ 23

 해설

㉠−㉡+㉢=㉣

87

① 3　　　　　　　　　　　　　② 4

③ 5　　　　　　　　　　　　　④ 6

　ㄹ=(ㄱ-ㄷ)×ㄴ

$12=(9-?)×3 → 4=9-?$, 따라서 ?=5이다.

88

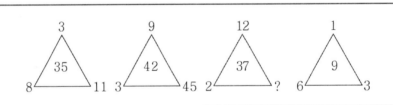

① 10　　　　　　　　　　　　② 11

③ 12　　　　　　　　　　　　④ 13

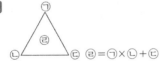　ㄹ=ㄱ×ㄴ+ㄷ

89

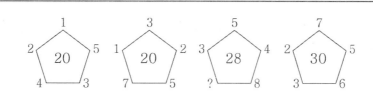

① 5   ② 6

③ 7   ④ 8

$\textcircled{\text{ㅂ}} = (\textcircled{\text{ㄱ}} + \textcircled{\text{ㄴ}} + \textcircled{\text{ㄷ}} - \textcircled{\text{ㄹ}}) \times \textcircled{\text{ㅁ}}$

90

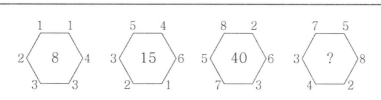

① 17   ② 18

③ 19   ④ 20

$\textcircled{\text{ㅅ}} = \textcircled{\text{ㄱ}} \times \textcircled{\text{ㄹ}} + \textcircled{\text{ㄴ}} \times \textcircled{\text{ㅁ}} - \textcircled{\text{ㄷ}} \times \textcircled{\text{ㅂ}}$

관찰탐구력

| 대표유형 1 | 기호·문자·숫자 비교 |

숫자 · 문자 · 기호 등을 불규칙하게 나열해 놓고 좌우를 비교하는 유형이다. 시각적인 차이점을 정확히 찾아내는 능력을 파악하며, 비교적 간단한 문제들이 출제된다. 그러나 빠르게 찾아낼 수 있는 집중력이 더욱 필요한 파트이다. 한글, 알파벳, 로마자, 세 자리 숫자, 전각기호 등이 나왔고, 아랍어도 출제되었다. 사전에 비슷한 유형의 문제를 풀어보는 것이 중요하며 가장 직관적으로 접해야 하는 파트이다. 전체적인 것을 보고 문제를 해결하려고 하지 말고, 특징적인 부분을 파악하여 해결하는 연습을 하면 빠른 시간 안에 풀 수 있다.

예제풀이

짝지어진 문자가 서로 다른 것은?

① abcdefghijklmn − abcdefghijklmn
② 가갸거겨고교구규그기 − 가갸거겨고교구규그기
③ 13421423455543 − 13421423455543
④ 小貪大失 − 小償大失

[해설]
①②③④를 좌우를 비교했을 때, ④는 '小貪大失 − 小償大失' 밑줄 친 글자가 다르다. 이렇게 양쪽을 비교하는 문제가 출제된다.

답 ④

큰 지문에 다양한 문자 · 숫자 · 기호들을 섞어놓고 문제에서 제시한 문자 · 숫자 · 기호를 지문 안에서 찾는 유형이다.

① 제시되지 않은 문자 또는 모형 고르기

② 제시된 문자 또는 기호가 모두 몇 번 제시되었는지 개수 찾기

예제풀이

다음에서 마늘은 몇 번 제시되었나?

마음	마을	마늘	마야	마약	마우	마술
마부	마력	마루	마늘	말다	마당	마마
마디	마감	마개	마린	마크	마임	마중
마취	망상	막차	마하	막리	막간	막내

① 1번 　　　　　　　② 2번
③ 3번 　　　　　　　④ 4번

[해설]
아래의 표를 보면 마늘은 두 번 제시되었다.

마음 마을 <u>마늘</u> 마야 마약 마우 마술
마부 마력 마루 <u>마늘</u> 말다 마당 마마
마디 마감 마개 마린 마크 마임 마중
마취 망상 막차 마하 막리 막간 막내

답 ②

---

1 여러 가지 힘과 에너지

(1) 중력과 탄성력

① 힘 ··· 물체의 모양이나 운동 상태를 변화시키는 원인

　㉠ 힘의 효과

　　ⓐ 모양이 변한다.

　　ⓑ 운동 상태가 변한다(속력이나 방향이 바뀜).

　　ⓒ 모양과 운동 상태가 동시에 변한다.

ⓛ 힘의 단위와 표시
　ⓐ 힘의 단위 : N(뉴턴)
　ⓑ 힘의 크기와 표시 : 물체가 변형된 정도로 크기를 측정하며, 화살표로 표시한다. 화살표의 길이
　　가 길수록 힘의 크기가 크다.

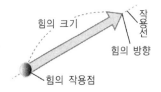

② 중력 ⋯ 지구가 물체를 끌어당기는 힘
　㉠ 크기 : 물체의 질량에 비례하며, 지구에 가까울수록 중력이 크다. 이 중력의 크기를 무게라고 한
　　다.
　㉡ 방향 : 지구의 중심방향(=연직방향)
　㉢ 중력에 의한 현상과 이용
　　ⓐ 고드름이 아래로 자란다.
　　ⓑ 물이 높은 곳에서 낮은 곳으로 흐른다.
　　ⓒ 달이 지구 주위를 공전한다.
　　ⓓ 물건을 던지면 아래로 떨어진다.
　㉣ 질량과 무게
　　ⓐ 질량 : 장소에 따라 변하지 않는 물체의 고유한 양이며, 측정 장소에 따라 달라지지 않는다(단
　　　위 : kg, g).
　　ⓑ 무게 : 물체에 작용하는 중력의 크기이며, 측정 장소에 따라 달라진다(단위 : N).
　　ⓒ 질량과 무게의 관계 : 질량이 큰 물체일수록 물체에 작용하는 중력의 크기는 커진다. 즉 물체의
　　　무게는 질량에 비례한다.

③ 탄성력 ⋯ 변형된 물체가 원래의 모양으로 되돌아가려는 힘
　㉠ 방향 : 물체에 작용한 힘의 방향과 반대 방향
　㉡ 크기 : 탄성체의 변형된 정도가 클수록 크며, 탄성체에 작용한 힘의 크기와 같다.
　㉢ 탄성력의 이용 : 양궁, 침대의 매트리스, 고무줄, 용수철 등

③ 마찰력 ⋯ 물체와 접촉면 사이에서 물체의 운동을 방해하는 힘
　㉠ 방향 : 물체의 운동 방향과 반대 방향

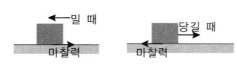

ⓛ 크기 : 물체의 무게가 무거울수록, 접촉면이 거칠수록 크다. 접촉면의 넓이와는 관계없다.

ⓒ 마찰력의 이용

    ⓐ **마찰력을 크게 하는 경우** : 자동차 스노우체인, 미끄럼 방지 패드, 등산화 바닥 등

    ⓑ **마찰력을 작게 하는 경우** : 수영장 미끄럼틀, 창문에 사용하는 바퀴, 스케이트 등

④ **부력** … 액체나 기체가 그 속에 있는 물체를 밀어 올리는 힘

  ㉠ **방향** : 중력과 반대인 위쪽 방향

  ⓛ **크기** : 물에 잠긴 물체의 부피가 클수록 크다. 물체의 질량과는 관계없다.

  ⓒ **부력과 중력의 크기(무게) 비교**

    ⓐ 부력이 무게보다 크면 물체는 떠오르고, 부력이 무게보다 작으면 물체는 가라앉는다.

    ⓑ 물체가 떠 있을 때는 부력과 중력의 크기가 같다.

  ⓔ **부력의 이용**

    ⓐ 수영장에서 튜브를 이용하면 물에 쉽게 뜬다.

    ⓑ 열기구 속의 공기를 가열하여 부피를 크게 하면 더 큰 부력을 받아 위로 올라간다.

    ⓒ 잠수함의 통속에 물을 채우면 가라앉고 물을 비우면 떠오른다.

(2) 운동

① **운동** … 시간에 따라 위치가 변하는 현상이다.

  ㉠ 운동하는 물체의 빠르기 비교

    ⓐ 같은 거리를 이동할 때 : 걸린 시간이 짧을수록 빠르다.

    ⓑ 같은 시간 동안 이동할 때 : 이동한 거리가 길수록 빠르다.

② **속력** … 물체의 빠르기를 나타내는 값으로 단위 시간 동안 이동한 거리를 뜻한다.

    ㉠ 단위 : m/s, km/h

    ㉡ 속력$(V) = \dfrac{이동거리(s)}{걸린시간(t)}$

③ **등속운동** … 속력과 방향이 변하지 않고 일정한 운동이다.

④ **자유낙하운동** … 공기저항이 없을 때 정지해 있던 물체가 중력만 받으면서 아래로 떨어지는 운동이다. 같은 시간 동안 물체가 이동하는 거리는 점점 증가한다.

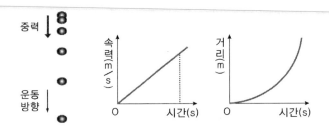

⑤ **질량이 다른 물체의 자유 낙하 운동**

    ㉠ 진공 상태에서 질량이 다른 두 물체를 같은 높이에서 동시에 떨어뜨리면 동시에 바닥에 도달한다.

    ㉡ 공기저항이 낙하운동에 미치는 영향

        ⓐ 공기저항이 있을 때 : 쇠구슬보다 깃털이 천천히 떨어진다.

        ⓑ 공기저항이 없을 때 : 쇠구슬과 깃털이 동시에 떨어진다.

(3) 일과 에너지

① **일** … 물체에 힘을 주어서 힘의 방향으로 이동한 거리가 있을 경우 일을 했다라고 한다.

    ㉠ 일의 양 = 힘의 크기×힘의 방향으로 이동한 거리(일의 단위 : J, N · m)

    ㉡ 과학에서 일을 하지 않은 경우(일의 양이 0)

        ⓐ 물체의 이동거리가 0일 때 : 벽을 미는 경우, 짐을 들고 가만히 서 있는 경우

        ⓑ 물체에 작용하는 힘이 0일 때 : 마찰이 없는 얼음판에서 미끄러져 등속 직선 운동을 하는 경우

        ⓒ 물체의 이동 방향과 힘이 방향이 수직일 때 : 가방을 들고 수평 방향으로 걸어가는 경우

② **에너지** … 일을 할 수 있는 능력을 말한다(단위 : J).

    ㉠ 운동에너지 : 운동하는 물체가 갖는 에너지

    ㉡ 위치에너지 : 어떤 위치에 있는 물체가 갖는 에너지

(4) 에너지의 전환과 보존

① 역학적 에너지

물체가 가지고 있는 위치 에너지와 운동 에너지의 합

> 역학적 에너지 = 위치 에너지 + 운동 에너지

② 역학적 에너지 보존

ㄱ 역학적 에너지 보존 법칙 : 마찰이나 공기의 저항이 없으면 물체의 역학적 에너지는 일정하게 보존된다.

> 역학적 에너지 = 위치 에너지 + 운동 에너지 = 일정

ㄴ 역학적 에너지가 보존될 때 위치 에너지와 운동 에너지의 전환

ⓐ 물체가 내려올 때 : 높이 감소(위치 에너지 감소), 속력 증가(운동 에너지 증가)
- 위치 에너지 → 운동 에너지
- 감소한 위치 에너지 = 증가한 운동 에너지

ⓑ 물체가 올라갈 때 : 높이 증가(위치 에너지 증가), 속력 감소(운동 에너지 감소)
- 운동 에너지 → 위치 에너지
- 증가한 위치 에너지 = 감소한 운동 에너지

ㄷ 여러 가지 운동에서 역학적 에너지 보존

ⓐ 낙하하는 물체의 운동

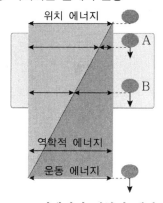

- A점에서의 역학적 에너지 = B점에서의 역학적 에너지
- A~B에서 감소한 위치 에너지 = A~B에서 증가한 운동 에너지
- 꼭대기의 위치에너지 = 바닥의 운동에너지

ⓑ 진자의 운동

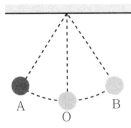

구분	A	A→O	O	O→B	B
위치 에너지	최대	감소	0	증가	최대
운동 에너지	0	증가	최대	감소	0
역학적 에너지	일정				

ⓒ 포물선 운동

• C점에서 운동에너지가 존재한다.
• A, E지점의 운동에너지는 C지점의 역학적 에너지(위치 에너지 + 운동 에너지)와 같다.

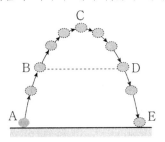

구분	A	B	C	D	E
위치 에너지	최소	증가	최대	감소	최소
운동 에너지	최대	감소	최소	증가	최대
역학적 에너지	일정				

ⓓ 수평으로 던진 공의 운동

• A점의 운동에너지가 존재한다.
• A지점의 역학적 에너지(위치 에너지 + 운동 에너지)는 C지점의 운동 에너지와 같다.

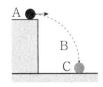

구분	A	B	C
위치 에너지	최대	감소	0
운동 에너지	최소	증가	최대
역학적 에너지	일정		

③ 여러 가지 에너지

㉠ 화학 에너지 : 화석연료(석유, 석탄, 천연가스), 음식과 전지

㉡ 소리 에너지 : 물체의 진동으로 발생, 공기를 통해 전달되는 파동

㉢ 빛 에너지 : 태양이나 조명에서 나오는 에너지. 물체를 볼 수 있게 하고 진공에서도 전달된다.

㉣ 열 에너지 : 온도나 상태를 변화시키는 에너지

㉤ 핵 에너지 : 우라늄의 원자핵에 저장되어 있는 에너지

㉥ 전기 에너지 : 전자의 이동으로 일을 하거나 다른 에너지를 발생시킬 수 있는 에너지. 다른 에너지로 전환이 쉽고 편리하다.

④ 전기 에너지의 전환과 이용

㉠ 전기 에너지의 발생과 에너지 전환 : 일상에서 사용하는 전기 에너지는 주로 발전소에서 화학 에너지, 핵 에너지, 역학적 에너지, 빛 에너지 등 다양한 에너지원을 이용하여 생산한다.

ⓐ 화력발전 : 연료를 태워 물을 가열하고, 이때 발생하는 높은 압력의 수증기로 발전기를 회전시킨다. 연료의 화학에너지→열에너지→발전기의 운동에너지→전기에너지

ⓑ 수력발전 : 댐에 있는 물을 흘려 보내 발전기를 회전시킨다. 물의 위치에너지→발전기의 운동에너지→전기에너지

ⓒ 풍력발전 : 바람의 힘으로 발전기를 회전시킨다. 바람의 운동에너지→발전기의 운동에너지→전기에너지

㉡ 가정에서 전기 에너지의 전환

ⓐ 전등 : 빛에너지, 열에너지

ⓑ 청소기 : 운동에너지, 소리에너지

ⓒ 토스터기 : 열에너지

ⓓ 세탁기 : 운동에너지

ⓔ 선풍기 : 운동에너지

ⓕ 난로 : 열에너지

(5) 뉴턴의 운동법칙

① 뉴턴의 운동 제1법칙 : 관성의 법칙

외부로부터 물체에 어떤 힘이 작용하지 않는 한, 그 물체가 자신의 운동 상태를 계속해서 유지하려고 하는 성질이 '관성'이다. 예를 들어, 정지해 있는 물체는 계속해서 정지해 있으려 하고, 운동하고 있는 물체는 계속해서 일정한 속력으로 운동하려고 한다.

※ 관성의 예

㉠ 버스가 출발하면 사람 몸이 뒤로 쏠린다.

㉡ 이불에 있는 먼지를 털 때 먼지가 떨어진다.

㉢ 망치가 자루에서 빠지지 않도록 망치 자루를 세워서 바닥에 친다.

㉣ 지구의 인력을 벗어난 로켓은 관성의 힘으로 달까지 움직인다.

② 뉴턴의 운동 제2법칙 : 가속도의 법칙

물체의 운동 상태는 물체에 작용하는 힘의 크기와 방향에 따라 변한다. 이와 같은 운동 상태의 변화(속도의 변화)를 가속도라고 한다. 즉, 물체에 힘이 작용하면 물체는 그 힘에 비례해서 가속도를 갖게 된다. 예를 들면 축구공을 세게 차면 빠른 속도로 날아가고, 약하게 차면 천천히 날아간다.

※ 가속도의 예

㉠ 공을 얼마만큼 세게 차느냐에 따라 속도가 달라진다.

㉡ 비탈면에서 점점 빨라지는 것

㉢ 물건을 떨어뜨리고 일정한 시간(거의 0.1초)마다 사진을 찍으면 점점 빨라지는 것을 알 수 있다.

㉣ 자전거 페달을 더 세게 밟으면 더 빠르게 움직인다.

③ 뉴턴의 운동 제3법칙 : 작용과 반작용의 법칙

밀고 당기는 힘은 두 물체 사이에 일어나는 상호 작용이다. 두 물체가 서로 밀 때, 두 물체가 서로에게 작용하는 힘의 크기는 같지만 방향은 반대가 된다. 이때 한쪽 힘은 작용, 다른 쪽 힘은 반작용이다. 작용과 반작용은 힘의 크기가 같고 방향이 반대이며 동일 직선상에서 작용한다. 예를 들어 덩치 큰 사람과 날씬한 사람이 손바닥 밀기 게임을 할 때, 힘의 방향은 서로 반대이지만 크기는 같다.

※ 작용 · 반작용의 예

㉠ 포탄이 발사되면 포신이 뒤로 밀린다.

㉡ 가스를 뒤로 분사하면서 로켓이 날아간다.

㉢ 사람이 땅을 뒤로 밀어서 앞으로 걸어간다.

㉣ 자석이 철을 끌어당기면 철도 자석을 끌어당긴다.

④ 만유인력의 법칙(중력) ⋯ 질량을 가진 두 물체 사이에 작용하는 힘으로 두 물체의 곱에 비례하고 거리의 제곱에 반비례한다.

❷ 빛과 파동

(1) 빛과 색

① 물체가 보이는 이유

　㉠ 빛의 직진 : 광원에서 나온 빛이 한 물질 내에서 곧게 나아가는 현상이다.

　　예 그림자, 레이저, 일식 · 월식현상 등

　㉡ 물체가 보이는 원리 : 광원에서 나온 빛이 물체에서 반사되어 우리의 눈으로 들어오기 때문이다.

② 빛의 분해

　㉠ 빛의 분산 : 빛이 여러 가지 색으로 나누어지는 현상이다.

　　ⓐ 빛이 분산되는 원인 : 빛의 색에 따라 굴절하는 정도가 다르기 때문이다.

　　ⓑ 빛이 굴절하는 정도 : 빨강 < 주황 < 노랑 < 초록 < 파랑 < 남색 < 보라

　㉡ 빛의 분산에 의한 현상 : 무지개, 프리즘을 통과한 햇빛 등

③ 빛의 합성

　㉠ 빛의 합성 : 여러 가지 색의 빛을 합하는 것을 말한다.

　　예 텔레비전, 모니터 등

　㉡ 빛의 삼원색 : 빨간색, 초록색, 파란색

　　ⓐ 빛의 삼원색을 합치면 흰색, 백색광이 된다.

　　　• 빨간색 + 초록색 = 노란색
　　　• 빨간색 + 파란색 = 자홍색
　　　• 파란색 + 초록색 = 청록색

　　ⓑ 텔레비전은 빛의 3원색으로 이루어진 화소에 켜져 있는 빛의 색에 따라 다양한 색을 만들어 보여진다.

(2) 빛의 반사와 굴절

① **빛의 반사** … 빛이 진행하다 다른 물질을 만나면 경계면에서 부딪쳐 되돌아 나오는 현상이다.

　㉠ 반사의 법칙 : 입사각과 반사각은 항상 같다.

　㉡ 반사의 종류 : 매끄러운 면에서 일어나는 정반사와 거친 면에서 일어나는 난반사가 있다.

　㉢ 거울에 의한 상

　　ⓐ **평면거울** : 상의 크기는 같고 좌우가 바뀌어 보인다. 실제 물체와 같은 모습을 보아야 할 때 사용한다.

　　　예 전신거울, 자동차의 후방거울 등

　　ⓑ **볼록거울과 오목거울**

　　　• 볼록거울에 의한 상

　　　− 물체를 어디에 놓던지 항상 실제보다 작고 바로 선 상

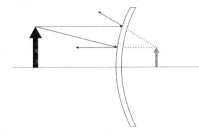

　　　− 넓은 범위를 보아야 할 때

　　　　예 도로 반사경, 편의점의 거울, 자동차의 사이드미러 등

　　　• 오목거울에 의한 상

　　　− 물체가 초점 안에 있을 때 : 크고 바로 선 상

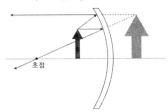

　　　− 물체가 초점 밖에 있을 때 : 작고 거꾸로 선 상

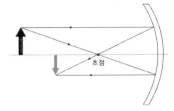

　　　− 반사된 빛을 모아야 하는 곳이나 실제 물체보다 큰 상이 필요할 때

　　　　예 반사 망원경, 치과용 치아거울, 등대, 손전등, 성화 채화 등

② **빛의 굴절** … 빛이 다른 물질로 들어갈 때 꺾이는 현상을 말한다.

　㉠ **빛의 굴절 이유** : 물질마다 빛의 속력이 다르기 때문이다.

　㉡ **빛의 굴절에 의한 현상** : 아지랑이, 신기루, 물 속의 빨대가 꺾여 보이는 것, 물 속의 물체가 떠 보이는 것, 물 속에 잠긴 부분이 짧아 보이는 것 등

　㉢ **빛의 굴절 현상을 이용한 렌즈**

　　ⓐ **볼록렌즈와 오목렌즈**
　　　• 볼록렌즈에 의한 상
　　　– 물체가 가까이 있을 때 : 크고 바로 선 상

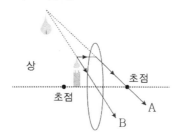

　　　– 물체가 멀리 있을 때 : 작고 거꾸로 선 상

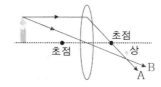

　　　– 들어오는 빛을 모은다.
　　　　예 돋보기, 확대경, 현미경 등
　　　• 오목렌즈에 의한 상

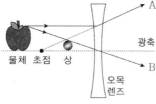

　　　– 빛을 퍼지게 하고 항상 작게 바로 선 상
　　　　예 근시교정용 안경 등

③ **빛의 회절** … 빛이 슬릿이나 구멍을 통과할 때 직진하지 않고 동심원을 그리며 퍼져 나가는 현상. 파장이 길수록 슬릿의 틈이 좁을수록 잘 일어난다.

(3) 파동과 소리

① **파동** … 한곳에서 생성된 진동이 물질을 통해 전달되는 현상이다.

　㉠ **매질** : 파동을 전달해 주는 물질을 말한다. 매질은 이동하지 않고 같은 위치에서 진동한다. 단, 빛과 전파는 매질이 없이도 전달된다.

　㉡ **파동의 역할** : 에너지를 전달한다.

② **파동의 종류** … 파동의 진행방향과 매질의 진동방향에 따라 구분한다.

　㉠ **횡파** : 파동의 진행방향과 매질의 진동방향이 수직이다.

　　예 줄의 진동, 물결파, 빛, 전파, 지진파의 S파

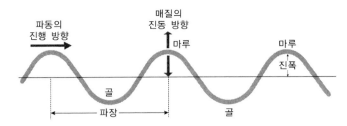

　㉡ **종파** : 파동의 진행방향과 매질의 진동방향이 나란하다.

　　예 소리(음파), 초음파, 지진파의 P파

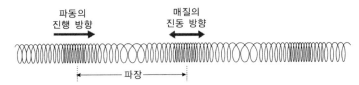

③ **파동의 성질**

　㉠ **반사** : 파동이 진행 하다가 장애물에 부딪쳐 되돌아 나오는 현상이다.
　　ⓐ 파동이 반사될 때는 방향만 변하고 파장, 속력, 진동수 등은 변하지 않는다.
　　ⓑ 반사를 이용한 예 : 어군 탐지기, 음악당의 천장, 메아리 등

　㉡ **굴절** : 두 매질에서 파동의 전파 속력이 다르므로 매질의 성질이 달라지는 경계면에서 진행 방향이 꺾이는 현상이다.
　　ⓐ 물결파의 굴절 : 파도가 해변으로 다가오면서 수심이 얕은 쪽으로 꺾인다.
　　ⓑ 소리의 굴절 : 밤에는 소리가 아래로 굴절되고, 낮에는 위로 굴절된다.

④ **소리의 발생과 전달**

　㉠ 소리의 발생

@ 소리(음파) : 물체가 진동하여 발생하고 주로 공기를 매질로 전달되는 파동이다.

ⓑ 소리의 특징 : 종파이며 반사, 굴절, 회절한다.

ⓒ 소리의 전달 과정 : 물체의 떨림으로 발생한 진동이 매질을 통하여 귀의 고막을 진동시키면 소리를 들을 수 있다.

> 물체의 진동 → 주변 공기의 진동 → 고막의 진동 → 소리를 인식

ⓒ 매질의 종류와 소리의 전달

@ 공기가 없는 진공 속에서는 소리가 전달되지 않는다.

ⓑ 고체 > 액체 > 기체 순으로 소리의 전달이 빠르다.

ⓒ 온도가 높을수록 소리의 전달이 빠르다.

ⓔ 소리의 3요소 : 소리의 특징을 나타내는 소리의 크기(세기), 높낮이, 음색을 소리의 3요소라 한다.

❸ 전기와 자기

(1) 정전기

① 원자의 구조

㉠ 원자핵 : (+)전하를 띤다.

㉡ 전자 : (−)전하를 띤다.

㉢ 원자 : 원자핵의 (+)저하량과 전자들의 (−)전하량이 같아 전기적으로 중성이다.

② 마찰 전기 … 서로 다른 두 물체를 마찰시킬 때 물체가 띠는 전기이다.

㉠ 원인 : 마찰 과정에서 전자가 한 물체에서 다른 물체로 이동하기 때문이다.

㉡ 마찰한 두 물체가 띠는 전하 : 전자를 얻은 물체는 (−)전하, 전자를 잃은 물체는 (+)전하로 대전 된다. 그래서 마찰한 두 물체는 서로 끌어당긴다.

③ 대전 … 물체가 전하를 띠게 되는 현상을 말한다.

㉠ 대전체 : 대전된 물체

㉡ 대전열 : 물체를 마찰시킬 때 전자를 잃기 쉬운 순서대로 나열한 것이다.

> 털가죽 – 상아 – 유리 – 명주 – 나무 – 고무 – 플라스틱
> (+)   (−)

④ 전기력

　　㉠ 인력 : 다른 종류의 전하를 띤 물체 사이에서 서로 끌어당기는 힘이다.

　　㉡ 척력 : 같은 종류의 전하를 띤 물체 사이에서 서로 밀어내는 힘이다.

　　㉢ 전기력의 응용 예 : 터치스크린, 공기청정기 등

(2) 전류, 전압, 저항

① 전류(I)

　　㉠ 전류 : 전하의 흐름을 말한다.

　　㉡ 도선에서 전류가 흐르는 이유 : 도선을 따라 전자가 이동하면서 전하를 운반하기 때문이다.

　　　ⓐ 전류의 이동방향 : (+) → (−)

　　　ⓑ 전자의 이동방향 : (−) → (+)

　　㉢ 전류의 세기와 측정

　　　ⓐ 전류의 세기 : 1초 동안 흐른 전하의 양으로 나타낸다.

　　　ⓑ 전류의 단위 : A(암페어), mA

　　㉣ 전하량보존의 법칙

　　　ⓐ 전하량 : 전하의 총량을 말한다.

　　　ⓑ 전하량 보존의 법칙 : 도선에 흐르는 전하는 없어지거나 새로 생겨나지 않고 언제나 처음의 양이
　　　　그대로 보존된다.
　　　　　• 직렬연결 : 어디에서나 전류의 세기는 같다.
　　　　　• 병렬연결 : 나누어진 도선에 흐르는 전류의 세기의 합은 나누어지기 전과 같다.

　　㉤ 전기회로 : 전류가 흐르는 길이다.

② 전압(V)

　　㉠ 전압 : 전기회로에 전류를 흐르게 하는 능력이다.

　　㉡ 전압과 수압의 비교

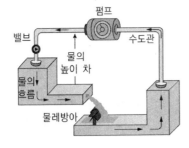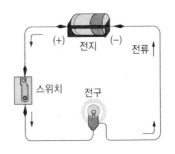

물	물의 흐름	수도관	물의 높이차 (수압)	펌프	물레방아	밸브
전기	전류	도선	전압	전지	전구	스위치

③ 저항(R)

　㉠ **저항** : 전류의 흐름을 방해하는 정도를 말한다. 저항의 원인은 도선을 따라 이동하는 전자가 원자와 충돌하기 때문이다.

　㉡ **전기 저항의 크기** : 물질마다 저항은 다르며, 길이에 비례하고 단면적에 반비례한다.

　㉢ **옴의 법칙** : 전류는 전압에 비례하고 저항에 반비례한다.

$$V = IR \qquad I = \frac{V}{R} \qquad R = \frac{V}{I}$$
$$(V : 전압, \ I : 전류, \ R : 저항)$$

　ⓐ **저항의 직렬연결** : 저항을 직렬로 연결할수록 전체 저항은 증가하고 전체 전류는 감소한다. 각각의 저항에 흐르는 전류와 걸리는 전압은 감소한다.

　　예 누전차단기, 퓨즈, 한 줄로 연결된 장식용 전구 등

　ⓑ **저항의 병렬연결** : 저항을 병렬로 연결할수록 전체 저항은 감소하고 전체 전류는 증가한다. 각각의 저항에 흐르는 전류와 걸리는 전압은 일정하다.

　　예 멀티탭, 가로등 등

	저항의 직렬연결	저항의 병렬연결
정의		
전체전류	전하량 보존 법칙에 의해 각 저항에 흐르는 전류와 같다. $I = I_1 = I_2$	전하량 보존 법칙에 의해 각 저항에 흐르는 전류의 합과 같다. $I = I_1 + I_2$
전체전압	각 저항에 걸리는 전압의 합과 같다. $V = V_1 + V_2$	각 저항에 걸리는 전압과 같다. $V = V_1 = V_2$
전체저항	각 저항의 합과 같다. $R = R_1 + R_2$	전체 저항의 역수는 각 저항의 역수의 합과 같다. $\dfrac{1}{R} = \dfrac{1}{R_1} + \dfrac{1}{R_2}$

❶ 기체의 성질

(1) 기체의 부피변화

① 압력에 따른 기체의 부피변화

　㉠ 압력과 기체의 부피 관계 : 온도가 일정할 때, 압력이 증가하면 기체의 부피는 감소하고, 압력이 감소하면 기체의 부피는 증가한다.

　㉡ 보일의 법칙 : 온도가 일정할 때, 압력이 증가하면 기체의 부피는 감소하고, 압력이 감소하면 기체의 부피는 증가한다.

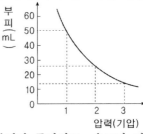

　　ⓐ 풍선이 하늘 높이 올라가면 점점 커지다가 터진다.

　　ⓑ 주사기의 피스톤을 누르면 주사기 속 공기의 부피가 줄어든다.

　　ⓒ 보온병의 꼭지를 누르면 보온병 안의 공기가 압축되어 물이 나온다.

② 온도에 따른 기체의 부피변화

　㉠ 온도와 기체의 부피 관계 : 압력이 일정할 때, 온도가 높아지면 기체의 부피가 증가하고, 온도가 낮아지면 기체의 부피가 감소한다.

　㉡ 샤를의 법칙 : 압력이 일정할 때, 온도가 높아지면 기체의 부피가 증가하고, 온도가 낮아지면 기체의 부피가 감소한다.

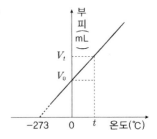

　　ⓐ 찌그러진 탁구공을 뜨거운 물에 넣으면 펴진다.

　　ⓑ 열기구 속 기체를 가열하면 열기구가 떠오른다.

　　ⓒ 여름철에는 겨울철보다 자동차 타이어에 공기를 적게 넣는다.

(2) 물질의 상태변화

① 물질의 상태 변화 … 온도와 압력에 따라 변함

　㉠ 온도에 따른 상태 변화

　　ⓐ 승화 : 고체가 직접 기체로, 또는 기체가 직접 고체로 변하는 현상

　　　[예] 드라이아이스가 작아진다. 냉동실의 얼음이 작아진다. 서리가 내린다. 성에가 낀다. 눈의 결정

　　ⓑ 융해 : 고체가 액체로 변하는 현상

　　　[예] 얼음이 녹는다. 초가 녹아 촛농이 생긴다.

ⓒ 응고 : 액체가 고체로 변하는 현상

　　예 녹은 양초의 촛농이 다시 굳는다. 고드름이 생긴다. 물이 언다.

ⓓ 기화 : 증발이라고도 한다. 액체가 기체로 변하는 현상

　　예 물이 끓어 수증기가 된다. 빨래가 마른다. 염전에서 소금이 나온다.

ⓔ 액화 : 기체가 액체로 변하는 현상

　　예 새벽에 이슬이 맺힌다. 욕실에 물방울이 맺힌다. 물이 끓을 때 김이 생긴다.

ⓛ 압력에 따른 상태 변화

ⓐ 일반적으로 압력이 커질 때 : 기체 → 액체 → 고체로 상태가 변한다.

　　예 부탄가스 등

ⓑ 얼음에 압력을 가하면 녹는점이 낮아져 물로 상태가 변한다.

　　예 스케이트 날이 얼음에 압력을 가해 얼음이 녹아 스케이트가 미끄러진다.

(3) 상태변화와 열에너지

① **상태변화와 열에너지** … 물질은 상태에 따라 가지고 있는 에너지의 양이 다르므로 열에너지를 흡수하거나 방출하면 물질의 상태가 변한다.

ⓣ **열에너지를 흡수하는 상태변화** : 융해, 기화, 승화(고체 → 기체). 상태가 변할 때 열에너지를 흡수하므로 주위 온도가 내려간다.

ⓛ **열에너지를 방출하는 상태변화** : 응고, 액화, 승화(기체 → 고체). 상태가 변할 때 열에너지를 방출하므로 주위의 온도가 올라간다.

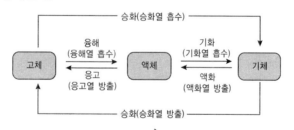

구분	생활 속의 예
응고(응고열방출)	• 이글루에 물을 뿌리면 이글루 안이 따뜻해진다.
액화(액화열방출)	• 스팀 난방으로 집 안을 따뜻하게 한다.
승화(기체 → 고체) (승화열방출)	• 눈이 내리는 날은 포근하다.
융해(융해열흡수)	• 음료수에 얼음을 넣으면 점점 음료수가 시원해진다.
기화(기화열흡수)	• 더운날 물을 뿌리면 시원해진다. • 여름에는 땀을 흘려 체온을 조절한다.
승화(고체 → 기체) (승화열흡수)	• 아이스크림 포장용기에 드라이아이스를 넣어 아이스크림이 녹지 않게 한다.

② 물질의 구성

(1) 원소

① 원소 … 더 이상 다른 종류의 물질로 분해되지 않는, 물질을 이루는 기본 성분

② 여러 가지 원소 기호 … 수소(H), 헬륨(He), 탄소(C), 질소(N), 산소(O), 규소(Si), 염소(Cl), 리튬(Li), 알루미늄(Al), 칼슘(Ca), 철(Fe), 구리(Cu), 수은(Hg), 금(Au) 등

(2) 원자와 분자

① 원자 … 더 이상 분해 할 수 없는 물질을 구성하는 기본 입자

② 분자 … 원소와 원소가 결합한 화합물로 독립적으로 존재하며 물질의 성질을 갖는 가장 작은 입자

③ 분자식과 분자모형 이해하기

　㉠ 분자식

$$3H_2$$

　　ⓐ　ⓑ　ⓒ

　ⓐ 분자수, ⓑ 원소기호, ⓒ 한 분자당 원자수
　즉, 분자수는 3개이고 한 분자당 2개의 수소 원자가 들어 있으며 총 원자수는 6개이다.

　㉡ 분자 모형
　　• 물(H_2O)의 분자 모형

　㉢ 여러 가지 분자식 : 수소(H_2), 산소(O_2), 질소(N_2), 오존(O_3), 이산화탄소(CO_2), 암모니아(NH_3), 황산(H_2SO_4), 과산화수소(H_2O_2), 물(H_2O), 염화수소(HCl), 일산화탄소(CO) 등

(3) 혼합물의 분리

① 밀도차이를 이용한 분리

    ㉠ 녹지 않는 고체 혼합물 : 소금물로 볍씨 고르기, 사금 채취, 소금물로 싱싱한 달걀 고르기 등

    ㉡ 섞이지 않는 액체 혼합물 : 바다에 유출된 기름 제거, 식용유 분리 등

② 끓는점 차이를 이용한 분리 … 증류

    예 전통주 만들기, 원유 분리 등

③ 용해도 차이를 이용한 분리

    ㉠ 거름 : 혼합물에서 용매에 녹지 않는 물질을 거름장치로 걸러서 분리

        예 물에 녹인 모래와 소금을 거름종이위에서 분리

    ㉡ 추출 : 혼합물 중 특정한 한 성분만을 녹일 수 있는 용매를 사용하여 분리

        예 나물을 물에 담가 쓴맛 없애기, 감을 소금물에 담가 쓴맛 없애기, 원두커피 추출하기 등

❸ 열

(1) 열의 이동방법

① 전도 … 물체를 이루는 입자의 운동이 이웃한 입자에 차례로 전달되어 열이 이동하는 방법. 주로 고체에서 일어나는 열의 이동방법

    예 전기장판 위에 앉아 있으면 엉덩이가 따뜻해진다. 뜨거운 국이 담긴 냄비 속의 숟가락이 뜨거워졌다.

② 대류 … 기체나 액체를 이루는 입자가 직접 이동하여 열을 전달하는 방법. 액체 또는 기체에서 일어나는 열의 이동방법. 찬 공기는 아래로, 따뜻한 공기는 위로 움직이며 공기가 둥글게 도는 것

    예 에어컨을 켜면 방 안 공기가 시원해진다.

③ 복사 … 물질의 도움 없이 직접 열이 전달되는 방법. 주로 공기 중이나 진공상태에서 일어난다.

    예 전기난로를 향해 손을 내밀면 손이 따뜻해진다.

④ 단열 … 열의 이동을 막는 것. 전도, 대류, 복사로 인한 열의 이동을 모두 막아야 단열이 잘 된다.

    예 스티로폼, 양모 등 전도가 잘 일어나지 않는 재질

❹ 화학반응

(1) 물질의 변화

① **물리 변화** ⋯ 물질의 고유한 성질은 변하지 않으면서 모양이나 상태 등이 변하는 현상
  예 설탕이 물에 녹는다. 물을 끓이면 수증기가 된다.

② **화학 변화** ⋯ 어떤 물질이 처음과 성질이 전혀 다른 새로운 물질로 변하는 현상
  예 못이 녹슨다. 양초가 빛과 열을 내며 탄다.

③ **질량보존의 법칙** ⋯ 화학반응의 전후에서 반응물질의 총질량과 생성물질의 총질량은 같다고 하는 법칙이다.

(2) 물질의 특성

물의 산성이나 염기성의 정도를 나타내는 수치로 수소 이온 농도의 지수인 pH가 있다. 수소 이온은 pH를 낮추므로 수소이온 농도가 낮아지면 pH는 증가하고, pH가 낮다는 것은 수소이온이 많다는 것을 의미한다.

① **산성** ⋯ pH7보다 낮은 용액
  예 식초, 사이다, 레몬주스 등

② **중성** ⋯ 산성도 아니고 염기성도 아닌 용액
  예 물, 설탕물, 소금물 등

③ **염기성(알카리성)** ⋯ pH7보다 높은 용액
  예 비눗물, 암모니아수 등

대표유형 5 | **생물영역**

---

❶ 식물과 에너지

(1) 광합성

엽록체에서 빛에너지를 이용하여 물과 이산화탄소를 원료로 포도당을 만드는 과정이다.

$$물 + 이산화탄소 \xrightarrow{빛에너지} 포도당 + 산소$$

(2) 증산작용

잎의 기공을 통해 식물체 내의 물이 수증기 형태로 증발되는 현상이다. 기공은 광합성이 활발한 낮에 열린다.

(3) 식물의 호흡

식물을 구성하는 모든 세포에서 양분을 분해하여 생명활동에 필요한 에너지를 얻는 작용이다.

포도당 + 산소 → 물 + 이산화탄소 + 에너지

❷ 동물과 에너지, 순환

(1) 영양소

① 영양소의 역할 … 몸에 필요한 물질을 제공한다. 생명활동에 필요한 에너지원으로 쓰인다.

② 생물의 영양 획득 방법 … 식물은 광합성, 동물은 외부로부터 양분을 섭취해야 한다.

③ 3대 영양소 … 에너지원으로 이용되는 영양소

ㄱ 탄수화물
ⓐ 주에너지원으로 사용된다.(체내 구성 성분 중 가장 적다)
ⓑ 곡류, 쌀, 감자 등

ㄴ 지방
ⓐ 에너지원으로 사용된다.
ⓑ 세포막 등 몸의 구성 성분이 된다.
ⓒ 버터, 식용유 등

ㄷ 단백질
ⓐ 에너지원으로 사용된다.
ⓑ 아미노산이 결합하여 형성된다.
ⓒ 체조직을 구성, 효소, 호르몬의 성분이다.
ⓓ 살코기, 달걀, 콩, 두부, 치즈 등

ⓔ 물, 비타민, 무기염류 : 에너지원은 아니지만 몸의 구성 성분이 되거나 생리 작용을 조절한다.

    ⓐ 물
- 동물의 70%를 구성한다.
- 혈액과 림프의 성분이며 체내 화학반응에 관여하고 물질의 운반, 체온조절을 담당한다.

    ⓑ 비타민
- 몸의 생리작용을 조절하고 반드시 음식물로 섭취해야한다.
- 부족하면 결핍증이 생긴다.(A – 야맹증, B1 – 각기병, C – 괴혈병, D – 구루병)
- 몸에 저장되지 않고 배출된다.
- 과일과 채소류에 많이 포함되어있다.

    ⓒ 무기염류
- 몸의 구성성분이다.
- 생리 작용 조절, 뼈나 혈액을 구성한다.
- 우유, 치즈 등 유제품과 멸치, 해조류 등에 많이 포함되어있다.

(2) 순환

① **혈액의 조성과 기능** … 혈액의 액체성분을 혈장, 고체성분은 혈구라고 한다.

② **혈구**

    ㉠ **적혈구** : 핵이 없다. 산소운반 혈구 중 90%를 차지한다. 철을 포함한 색소 단백질인 헤모글로빈이 들어 있어 붉게 보인다.

    ㉡ **백혈구** : 핵이 있다. 식균작용을 한다. 모양이 불규칙하다.

    ㉢ **혈소판** : 핵이 없다. 혈액응고에 관여한다.

③ **혈장** … 물, 혈장 단백질, 영양소, 호르몬, 노폐물 등을 포함한다.

    ㉠ 양분과 노폐물, 이산화탄소 등을 운반한다.

    ㉡ 비열이 커 체온을 유지시킨다.

    ㉢ 면역관련물질을 포함한다.

(3) 신체기관

① 위 … 염산이 분비되어 살균, 음식물 부패방지를 돕는다.

② 이자 … 3대 영양소 분해 효소를 생성한다.

③ 소장 … 대부분의 영양소를 흡수한다.

④ 심장 … 심방과 심실의 규칙적인 수축, 이완 운동으로 온몸으로 혈액을 순환시킨다.

⑤ 폐 … 폐포와 모세혈관 사이에서 산소와 이산화탄소의 교환이 이루어진다.

⑥ 신장 … 혈액 속의 노폐물을 걸러낸다. 체액의 조성을 일정하게 유지시킨다.

❸ 유전

(1) 유전용어

① 형질 … 크기나 모양, 성질 등 생물이 가지는 여러 가지 특성

② 대립 형질 … 같은 종류의 형질에 대해 서로 명확하게 대비되는 형질
예 둥근 완두 ↔ 주름진 완두

③ 표현형과 유전자형
　㉠ 표현형 : 유전자 구성에 따라 겉으로 드러나는 형질
　　예 완두 씨의 둥근 모양, 주름진 모양
　㉡ 유전자형 : 유전자 구성을 기호로 나타낸 것
　　예 RR, RrYy

④ 순종과 잡종
　㉠ 순종 : 한 형질을 나타내는 유전자의 구성이 같은 개체
　　예 RR, rryy
　㉡ 잡종 : 한 형질을 나타내는 유전자의 구성이 다른 개체
　　예 Rr, RrYy

⑤ 우성과 열성
　㉠ 우성 : 순종의 대립형질을 교배할 경우, 잡종 제1대에 나타나는 형질
　㉡ 열성 : 순종의 대립형질을 교배할 경우, 잡종 제1대에 나타나지 않는 형질

(2) 멘델의 실험(완두의 유전연구)

① 멘델의 실험 가설

    ㉠ 완두에는 특정한 형질을 결정하는 유전인자가 두 개 있으며, 자손은 부모로부터 유전 인자를 하나씩 물려받는다.

    ㉡ 유전 인자들은 변함이 없는 단위로 자손에게 전달된다.

    ㉢ 유전 인자들은 생식세포가 만들어질 때 분리된 단위로서 각각의 생식세포에 하나씩 나뉘어 들어간다.

    ㉣ 특정한 형질에 대해 서로 다른 유전 인자를 가지고 있을 때 그 중 한 유전 인자가 다른 유전 인자를 전적으로 억제하고 하나의 유전 인자만 표현된다.

    ㉤ 한 쌍의 대립 형질의 유전

        ⓐ **우열의 법칙** : 대립 형질을 가진 순종의 개체끼리 교배하여 얻은 잡종 1대에서는 대립 형질 중 한 가지만 나타나는데, 잡종 1대에서 나타나는 형질이 우성, 나타나지 않는 형질이 열성이다.

        ⓑ **분리의 법칙** : 생식세포를 만드는 과정에서 한 쌍의 대립 유전자가 분리되어 서로 다른 생식세포로 들어가는 현상이다. 그 결과 잡종 1대를 자가 수분하여 얻은 잡종 2대에서 우성과 열성이 일정한 비율로 나타난다.

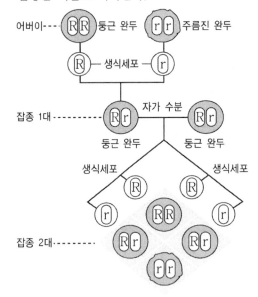

ⓑ 두쌍의 대립 형질의 유전

ⓐ **독립의 법칙** : 두 쌍 이상의 대립 형질이 동시에 유전될 때 각각의 형질이 서로 영향을 주지 않으며 독립적으로 유전되는 현상이다.

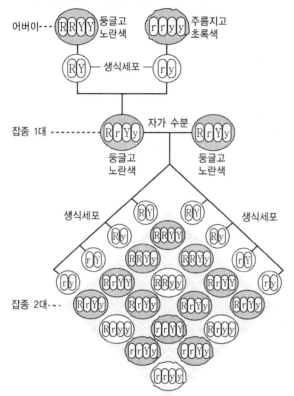

(3) 중간 유전

① 중간 유전 … 대립 유전자 사이에 우열 관계가 뚜렷하지 않아 어버이의 중간 형질이 나타나는 현상이다.

　　예 분꽃의 꽃잎 색깔, 금어초의 꽃잎 색깔 등

② 중간 유전의 특징 … 우성과 열성에 대해 설명한 멘델의 가설에 맞지 않지만, 분리 법칙은 따른다.

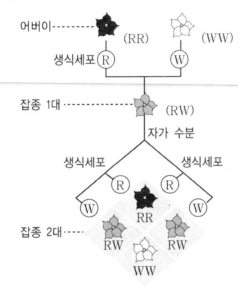

(4) 사람의 유전

① 사람의 유전 연구 방법 … 가계도 조사

② 가계도 분석 방법

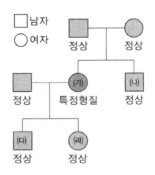

○ 부모에게 없던 특정 형질이 자녀 ㈎에게 나타났다.

→ 부모의 정상 형질이 우성, 자녀 ㈎의 특정 형질이 열성이다.

→ 정상 유전자를 A, 특정 형질 유전자를 a라고 할 때, 특정 형질을 가진 자녀 ㈎(aa)는 부모로 부터 열성 유전자를 하나씩 물려받았으므로 정상인 부모의 유전자형은 정상 유전자와 특정 형질 유전자를 하나씩 가지는 잡종(Aa)이다.

ⓛ ㈏는 유전자형이 순종(AA)인지 잡종(Aa)인지 정확히 알 수 없다.

ⓒ 부모 중 한명인 ㈎는 열성 형질을 나타내므로 자녀 ㈐와 ㈑는 우성 형질을 나타내지만 열성 유전자를 가진다.

→ ㈐와 ㈑의 유전자형은 잡종(Aa)이다.

(5) ABO식 혈액형

① ABO식 혈액형 ⋯ 한 쌍의 대립 유전자에 의해 결정되는데, 대립 유전자의 종류는 A, B, O 세가지이다(우열관계 : A = B > O).

표현형(혈액형)	A형	B형	AB형	O형
유전자형	AA, AO	BB, BO	AB	OO

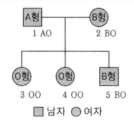

(6) 성염색체에 의한 유전 – 색맹

① 색맹 ⋯ 색깔을 잘 구별하지 못하는 눈의 이상

○ 색맹 유전자는 X 염색체에 있어 여자보다 남자에게 많이 나타난다(반성유전).

ⓛ 정상이 색맹에 대해 우성이다.

구분	남자		여자	
표현형	정상	색맹	정상	색맹
유전자형	XY	X'Y	XX, XX'(보인자)	X'X'

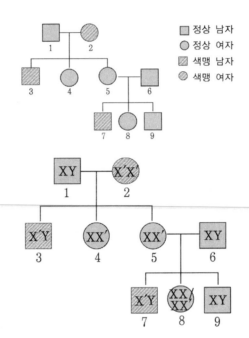

정상 남자
정상 여자
색맹 남자
색맹 여자

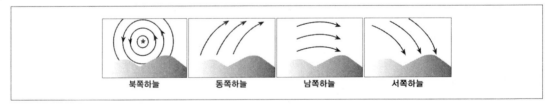

(1) 지구의 자전과 공전

① 지구의 자전

   ⊙ 지구가 자전축을 중심으로 하루에 한 바퀴씩 도는 운동

   ⓒ 자전에 의한 현상 : 별과 태양의 일주 운동, 밤과 낮의 반복, 밀물과 썰물의 반복, 인공 위성 궤도의 서편 현상 등

   ⓒ 별의 일주운동 : 별이 북극성을 중심으로 동쪽에서 서쪽으로 1시간에 약 $15°$씩 도는 운동

북쪽하늘	동쪽하늘	남쪽하늘	서쪽하늘

② 지구의 공전

   ⊙ 지구가 태양을 중심으로 1년에 한 바퀴씩 도는 운동

ⓒ 태양의 연주운동 : 태양이 황도를 따라 하루에 약 1°씩 서쪽에서 동쪽으로 이동하는 운동

ⓒ 별의 연주운동 : 천구상에서 하루에 약 1°씩 동쪽에서 서쪽으로 이동하는 겉보기 운동

ⓒ 계절의 변화 : 지구의 자전축이 공전 궤도면에 대해 약 66.5° 기울어진 채 공전하기 때문에 계절의 변화가 나타난다.

③ 달의 자전 … 달이 자전축을 중심으로 한 달에 한 바퀴씩 도는 운동

ⓐ 서쪽에서 동쪽으로 하루에 약 13°씩 회전한다.

ⓑ 달의 모양은 변해도 표면 무늬는 변하지 않는다.

④ 달의 공전 … 달이 지구를 중심으로 한 달에 한 바퀴씩 도는 운동

ⓐ 서쪽에서 동쪽으로 하루에 약 13°씩 회전한다.

ⓑ 달의 모양이 변하는 이유이다.

ⓒ 달이 뜨는 시각이 매일 약 50분씩 늦어진다.

⑤ 일식과 월식

ⓐ 일식 : 달에 의해 태양이 가려지는 현상

　　ⓐ 개기 일식 : 달의 본그림자 지역에서 태양이 달에 의해 완전히 가려지는 현상

　　ⓑ 부분 일식 : 달의 반그림자 지역에서 태양의 일부가 달에 의해 가려지는 현상

　　ⓒ 지속 시간 : 짧다

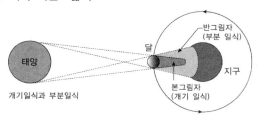

개기일식과 부분일식

ⓑ 월식 : 달이 지구의 그림자 속으로 들어가 보이지 않는 현상

　　ⓐ 개기 월식 : 달 전체가 지구의 본그림자 속으로 들어가 가려지는 현상

　　ⓑ 부분 월식 : 달의 일부가 지구의 본그림자 속으로 들어가 가려지는 현상

　　ⓒ 지속 시간 : 길다.

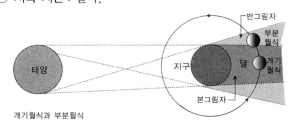

개기월식과 부분월식

(2) 지구의 대기

① 대기권 … 지구 중력에 이끌려 지표를 덮고 있는 높이 약 1,000km까지의 영역이다.

② 대기의 성분 … 질소 > 산소 > 아르곤 > 이산화탄소

③ 대기의 역할

    ㉠ 태양으로부터 오는 해로운 자외선을 막아준다.

    ㉡ 운석의 충돌을 막아주는 보호막 역할을 한다.

    ㉢ 지표에서 방출되는 열을 흡수하여 지구를 보온시켜 준다.

    ㉣ 생명체가 살 수 있도록 산소와 이산화탄소를 공급해 준다.

    ㉤ 대기 중의 수증기는 구름, 눈, 비와 같은 기상현상을 일으킨다.

    ㉥ 저위도의 남는 열을 고위도로 전달하여 지구 표면 전체의 온도차를 줄여준다.

④ 대기권의 구조

    ㉠ 대류권 : 지표 ~ 약 11km

        ⓐ 전체 대기의 75% 차지한다.

        ⓑ 올라갈수록 온도가 낮아진다.

        ⓒ 대류 및 기상 현상이 일어난다.

        ⓓ 무지개가 생긴다.

    ㉡ 성층권 : 약 11km ~ 50km

        ⓐ 대기가 안정하여 비행기의 항로로 이용된다.

        ⓑ 오존층이 있어 자외선을 흡수한다. 지구상의 생물체를 보호하고 성층권내의 기온 상승의 원인이 된다.

    ㉢ 중간권 : 약 50km ~ 80km

        ⓐ 위로 올라갈수록 지구복사에너지를 적게 받기 때문에 기온이 내려간다.

        ⓑ 공기의 양은 적지만 약한 대류현상이 일어난다.

        ⓒ 수증기가 없어 기상현상이 일어나지 않는다.

        ⓓ 유성이 관측된다.

    ㉣ 열권 : 약 80km 이상

        ⓐ 태양복사에너지를 흡수하여 기온이 상승한다.

        ⓑ 극지방에서 오로라가 나타난다.

        ⓒ 대기가 희박하여 밤과 낮의 온도차가 심하다.

        ⓓ 전파를 반사하는 전리층이 존재한다.

(3) 푄현상

높은 산을 넘어온 고온 건조한 바람이 부는 현상. 산맥을 경계로 정상으로 향하는 동안 공기는 단열 팽창하여 많은 비나 눈을 내리고 건조하게 된다. 산의 정상을 지나 경사면을 타고 내려오면서 공기는 단열 압축되어 다시 온도가 올라가게 되는데 이 결과로 공기는 지면에 고온 건조한 바람을 불게 한다. 우리나라도 태백산맥을 경계로 푄 현상이 자주 나타난다.

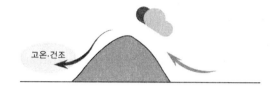

(4) 엘니뇨와 라니냐

지구 온난화로 인한 이상기후의 원인이 되고 있다. 엘니뇨와 라니냐는 각각 다른 현상이 아니라 서로 관련되어 연속적으로 일어난다.

① 엘니뇨 … 바다 표면의 온도가 6개월 이상 평균 수온보다 0.5℃ 이상 높아지는 현상이다. 무역풍이 약하게 불면 서태평양에 있는 필리핀과 인도네시아에서는 평소보다 비가 적게 내려 가뭄을 겪고, 동태평양에 있는 페루와 에콰도르에는 비가 많이 내리기도 한다.

② 라니냐 … 엘니뇨와 반대로 바닷물의 온도가 0.5℃ 이상 낮아지는 현상이다. 바닷물의 온도가 낮아지면 대기 순환에 영향을 주어 이상 기후가 나타난다. 그래서 인도네시아, 필리핀 등에 보통 때보다 더 많은 비가 내리며 페루 등 남아메리카는 서늘해지고 북아메리카에는 강추위가 찾아오기도 한다.

(5) 오존(O_3)

① 성층권 오존 … 오존층은 태양으로부터의 자외선을 차단하여 지상의 생물체를 보호해 주는 유익한 역할을 한다. 오존층을 파괴하는 가장 큰 원인은 프레온 가스이다. 프레온 가스는 냉장고나 에어컨을 시원하게 하는 데 쓰이며, 햇빛의 자외선과 만나면 오존층을 파괴한다.

② 대류권 오존 … 대도시의 여름철에 발령되는 오존주의보에서 오존은 자동차의 배기 가스에서 배출되는 이산화질소(NO_2)가 자외선에 의해 분해되어 생기는 2차 오염 물질로 광화학 스모그를 유발하고 호흡기를 자극하며 식물의 생장을 억제한다.

출제예상문제

▌1 ~ 10▐ 다음 제시된 문자를 서로 비교하여 다른 것을 고르시오.

1   ① 4937285164 – 4937285164
     ② 7810648239 – 7810648239
     ③ 3051349826 – 3051349826
     ④ 4108824712 – 4100824712

   ✔해설 4108824712 – 4100824712

2   ① 6696999659659 – 6696999659659
     ② 6559569569665 – 6559569569955
     ③ 5969959566959 – 5969959566959
     ④ 9959695695969 – 9959695695969

   ✔해설 6559569569665 – 6559569569955

3   ① 가갸갸가겨거기게그 – 가갸갸가겨거기게그
     ② 려료루류료리르류래 – 려료루류료리르류래
     ③ 쇼소소샤셔쇼수스시 – 쇼소소샤셔쇼수스시
     ④ 효햐혀혀허햐혀히호 – 효햐허혀허햐혀히호

   ✔해설 효햐혀혀허햐혀히호 – 효햐허혀허햐혀히호

4
① VWWVYVWYVW – VWWVYYWYVW
② VVUYVYYVUWV – VVUYVYYVUWV
③ OQOPQOQQOPQ – OQOPQOQQOPQ
④ XMNNXMXIMXN – XMNNXMXIMXN

✔해설 VWWVYVWYVW – VWWVY<u>Y</u>WYVW

5
① ⸫⸫⸍⸬⸬⸱⸱⸱⸍⸱⸬⸍⸍ – ⸫⸫⸍⸬⸬⸱⸱⸱⸍⸱⸬⸍⸍
② ⸬⸱⸬⸍⸱⸱⸱⸍⸍⸬⸍⸱ – ⸬⸱⸬⸍⸱⸱⸱⸍⸍⸱⸬⸱
③ ⸬⸱⸱⸍⸍⸱⸍⸱⸱⸱⸬ – ⸬⸱⸱⸍⸍⸱⸱⸱⸍⸍⸬
④ ⸱⸍⸱⸬⸱⸱⸱⸱⸍⸱⸍⸱ – ⸱⸍⸱⸬⸱⸱⸱⸱⸱⸍⸱⸍⸱

✔해설 ⸬⸱⸬⸍⸱⸱⸱⸍⸍⸬⸍⸱ – ⸬⸱⸬⸍⸱⸱⸱⸍<u>⸍⸱⸬</u>⸱

6
① 此亦何如彼亦何如 – 此亦何如彼亦何如
② 城隍堂後垣頹落亦何如 – 城隍堂後垣頹落亦何如
③ 白骨为尘土魂魄有也无 – 白骨为尘土混魄有也无
④ 我輩若此爲不死亦何如 – 我輩若此爲不死亦何如

✔해설 白骨为尘土魂魄有也无 – 白骨为尘土<u>混</u>魄有也无

Answer 1.④ 2.② 3.④ 4.① 5.② 6.③

7 ① 0080890809 – 0080890809

② FPPFOFPFEP – FPPFOFPFEP

③ 픽핀찜밈민핍몀믐묨퓸 – 픽핀찜밈민핍몀믐묨퓸

④ 向主一片丹心宁有该理坎 – 向主一片丹心宁有该璃坎

✔ 해설 向主一片丹心宁有该理坎 – 向主一片丹心宁有该璃坎

8 ① ㄱㅊㅅㅂㅇㅌㄷㅈㅍㅊㅇ – ㄱㅊㅅㅂㅇㅌㄷㅈㅍㅈㅇ

② ㅂㅍㅂㅌㅂㄱㅋㅅㅇㅂㄹ – ㅂㅍㅂㅌㅂㄱㅋㅅㅇㅂㄹ

③ ㅎㅇㅁㅅㅂㅊㅌㄱㅈㅋㅁ – ㅎㅇㅁㅅㅂㅊㅌㄱㅈㅋㅁ

④ ㄷㅌㄷㅈㅋㅁㄱㄴㅂㅇㄴ – ㄷㅌㄷㅈㅋㅁㄱㄴㅂㅇㄴ

✔ 해설 ㄱㅊㅅㅂㅇㅌㄷㅈㅍㅊㅇ – ㄱㅊㅅㅂㅇㅌㄷㅈㅍㅈㅇ

9 ① SERVANTSUVRVUV – SERVANTSUVRVUV

② 마머마먀모묘무뮤믜미 – 마머마먀묘모무뮤믜미

③ 13267245812538941 – 13267245812538941

④ 구그기긔거겨고교구규 – 구그기긔거겨고교구규

✔ 해설 마머마먀모묘무뮤믜미 – 마머마먀묘모무뮤믜미

10 ① ◇■●◎○◆■△▽▲□ – ◇■●◎○◆■△▽▲□

② ◉◑◐◑◉◆◈■◐◑◐◑ – ◉◐◑◐◑◉◆◈■◐◑◐◑

③ ◻◆◻◈◻◆◈◇◻◇◻ – ◻◆◻◻◈◆◈◇◻◇◻

④ ═══≡══════≣≣═ – ═══≡══════≣≣═

✔ 해설 ◻◆◻◈◻◆◈◇◻◇◻ – ◻◆◻◻◈◆◈◇◻◇◻

| 11 ~ 12 | 다음 제시된 단어와 같은 단어의 개수를 모두 고르시오.

도움	도착	도시	도민	도미	도로	도서	도구	도자
도마	도장	도모	도입	도전	도정	도인	도루	도탄
도빈	도덕	도심	도망	도달	도통	도청	도착	도움
도가	도척	도독	도덕	도법	도인	도루	도락	도량
도약	도수	도회	도침	도령	도끼	도적	도전	도래
도둑	도도	도탄	도적	도자	도창	도현	도말	도모

11

도미   도모   도령   도끼   도덕

① 7개   ② 6개
③ 5개   ④ 4개

✔ 해설 도미, 도끼, 도령이 각 1개씩, 도모, 도덕이 각 2개씩 제시되어있다.

12

도달   도심   도회   도수   도래

① 5   ② 6
③ 7   ④ 8

✔ 해설 도달, 도심, 도회, 도수, 도래 각 1개씩 제시되어있다.

Answer   7.④   8.①   9.②   10.③   11.①   12.①

┃13~14┃ 다음 제시된 단어와 같은 단어의 개수를 모두 고르시오.

나말	나정	나군	나엽	나속	나비	나선
나사	나처	나이	나륙	나인	나국	나부
나충	나상	나식	나틀	나무	나병	나이
나륙	나이	나룡	나건	나사	나상	나륙
나속	나사	나사	나엽	나국	나지	나획
나열	나취	나송	나마	나떡	나포	나마

13

나말　나인　나사　나떡　나마

① 7　　　　　　　　　　　② 8
③ 9　　　　　　　　　　　④ 10

✔해설　나말, 나인, 나떡 1개씩, 나마 2개, 나사 4개가 제시되어 있다.

14

나틀　나무　나국　나이　나열

① 5　　　　　　　　　　　② 6
③ 7　　　　　　　　　　　④ 8

✔해설　나틀, 나무, 나열 1개씩, 나국 2개, 나이 3개가 제시되어 있다.

a = 어	d = 동	g = 필	j = 세	n = 아
b = 남	e = 다	h = 루	k = 돌	m = 억
c = 발	f = 렵	i = 법	l = 랑	o = 만

15

다 랑 남 아 렵 만

① e l h c j d   ② e l b n f o
③ a g b n i k   ④ a g c l f o

✔해설 다 랑 남 아 렵 만 － e l b n f o

16

랑 렵 억 만 세 필 동

① l f k m o g d   ② l f m o j g d
③ i f e o g j d   ④ j f o m g l d

✔해설 랑 렵 억 만 세 필 동 － l f m o j g d

┃17 ～ 19 ┃ 주어진 보기를 참고하여 제시된 단어가 바르게 표기된 것을 고르시오.

Ⅰ =아	Ⅱ =의	Ⅲ =여	Ⅳ =어	Ⅴ =에
i =우	ii =야	iii =예	iv =유	v =요
Ⅵ =애	vi =얘	Ⅶ =오	vii =이	viii =여

17

어 여 아 유 야 이 의

① Ⅳ Ⅲ Ⅰ iv ii Ⅶ v   ② Ⅳ Ⅲ Ⅰ iv ii vii Ⅱ
③ Ⅳ Ⅲ iii v vii Ⅵ viii   ④ Ⅱ vii ii vii vi Ⅵ Ⅴ

✔️**해설** 어 여 아 유 야 이 의 – Ⅳ Ⅲ Ⅰ iv ii vii Ⅱ

18

야 우 어 오 요 예 이

① ii i Ⅳ vii Ⅰ Ⅴ Ⅱ   ② ii ii Ⅵ vii Ⅰ Ⅴ Ⅱ
③ ii i Ⅳ Ⅶ viii v Ⅲ   ④ ii i Ⅳ Ⅶ v iii vii

✔️**해설** 야 우 어 오 요 예 이 – ii i Ⅳ Ⅶ v iii vii

19

오 어 여 에 우 얘 의

① Ⅷ Ⅳ viii Ⅴ i vi Ⅱ   ② Ⅶ Ⅳ viii Ⅴ ii Ⅵ Ⅰ
③ Ⅶ Ⅵ viii v i vi Ⅱ   ④ Ⅷ Ⅳ vii v i Ⅵ Ⅱ

✔️**해설** 오 어 여 에 우 얘 의 – Ⅷ Ⅳ viii Ⅴ i vi Ⅱ

┃20 ~ 23┃ 다음은 한글의 자음과 모음을 영문 알파벳의 대문자와 소문자로 대응한 것이다. 이를 참고하여 제시된 단어를 알파벳으로 바르게 표기한 것을 고르시오.

ㄱ	ㄴ	ㄷ	ㄹ	ㅁ	ㅂ	ㅅ	ㅇ	ㅈ	ㅊ	ㅋ	ㅌ	ㅍ	ㅎ
A	B	C	D	E	F	G	H	I	J	K	L	M	N
ㅏ	ㅑ	ㅓ	ㅕ	ㅗ	ㅛ	ㅜ	ㅠ	ㅡ	ㅣ	ㅔ	ㅐ	ㅖ	ㅒ
a	b	c	d	e	f	g	h	i	j	k	l	m	n

20

> 대한민국

① ClNaBEjBAgA
② CiNaBEjBaga
③ ClnaBEjBaGa
④ CiNabejBAgA

> ✔해설 ㄷ→C, ㅐ→l, ㅎ→N, ㅏ→a, ㄴ→B, ㅁ→E, ㅣ→j, ㄴ→B, ㄱ→A, ㅜ→g, ㄱ→A

21

> 엘리트주의

① HkDDjLiIgHij
② HkDDjLiIgHjj
③ HkDDjLjIgHij
④ HkDDiLiIgHij

> ✔해설 ㅇ→H, ㅔ→k, ㄹ→D, ㄹ→D, ㅣ→j, ㅌ→L, ㅡ→i, ㅈ→I, ㅜ→g, ㅇ→H, ㅡ→i, ㅣ→ j

22

순발력강화

① GgBFaDdDAAaHNea

② GgBFaDDdAaAHNea

③ GgBFaDDdAAaHNea

④ GgBFaDDdAAaHNae

✔ 해설 ㅅ→G, ㅜ→g, ㄴ→B, ㅂ→F, ㅏ→a, ㄹ→D, ㄹ→D, ㅕ→d, ㄱ→A, ㄱ→A, ㅏ→a, ㅇ →H, ㅎ→N, ㅗ→e, ㅏ→a

23

인적성검사

① HjBjcAGcHAcEGa

② HjBIcACcHAcEGa

③ HjBIcAGcHAcEGe

④ HjBIcAGcHAcEGa

✔ 해설 ㅇ→H, ㅣ→j, ㄴ→B, ㅈ→I, ㅓ→c, ㄱ→A, ㅅ→G, ㅓ→c, ㅇ→H, ㄱ→A, ㅓ→c, ㅁ →E, ㅅ→G, ㅏ→a

┃24 ∼ 25┃ 다음은 한글의 자음과 모음을 영문 알파벳의 대문자와 소문자로 대응한 것이다. 이를 참고하여
제시된 알파벳을 한글로 바르게 표기한 것을 고르시오.

ㄱ	ㄴ	ㄷ	ㄹ	ㅁ	ㅂ	ㅅ	ㅇ	ㅈ	ㅊ	ㅋ	ㅌ	ㅍ	ㅎ
A	B	C	D	E	F	G	H	I	J	K	L	M	N
ㅏ	ㅑ	ㅓ	ㅕ	ㅗ	ㅛ	ㅜ	ㅠ	ㅡ	ㅣ	ㅔ	ㅐ	ㅖ	ㅒ
a	b	c	d	e	f	g	h	i	j	k	l	m	n

24

FcGilcHDhlaH

① 버스정류장   ② 택시승강장
③ 버스정거장   ④ 택시정거장

✔해설 F→ㅂ, c→ㅓ, G→ㅅ, i→ㅡ, I→ㅈ, c→ㅓ, H→ㅇ, D→ㄹ, h→ㅠ, I→ㅈ, a→ㅏ, H→ ㅇ

25

NaBDaGaBCiHFaB

① 한라산악회   ② 한라산등산
③ 한라산등반   ④ 한라산정상

✔해설 N→ㅎ, a→ㅏ, B→ㄴ, D→ㄹ, a→ㅏ, G→ㅅ, a→ㅏ, B→ㄴ, C→ㄷ, i→ㅡ, H→ㅇ, F→ ㅂ, a→ㅏ, B→ㄴ

Answer   22.③   23.④   24.①   25.③

∥ 26 ∼ 30 ∥ 다음 제시된 문자들을 뒤에서부터 거꾸로 쓴 것을 고르시오.

26

QIAXEZWIHAD

① DAHWIZEXAIQ

② DAHIWZEXAIQ

③ DAHIWEZXAIQ

④ DAHIWZEXIAQ

✔ 해설 QIAXEZWIHAD를 거꾸로 쓰면 <u>DAHIWZEXAIQ</u>가 된다.

27

$\pi\ \rho\ \kappa\ \delta\ \varepsilon\ \xi\ \iota\ \tau\ \lambda\ \omega$

① $\omega\ \lambda\ \iota\ \tau\ \xi\ \varepsilon\ \delta\ \kappa\ \rho\ \pi$

② $\omega\ \lambda\ \tau\ \iota\ \varepsilon\ \xi\ \delta\ \kappa\ \rho\ \pi$

③ $\omega\ \lambda\ \tau\ \iota\ \xi\ \varepsilon\ \kappa\ \rho\ \delta\ \pi$

④ $\omega\ \lambda\ \tau\ \iota\ \xi\ \varepsilon\ \delta\ \kappa\ \rho\ \pi$

✔ 해설 $\pi\ \rho\ \kappa\ \delta\ \varepsilon\ \xi\ \iota\ \tau\ \lambda\ \omega$ 를 거꾸로 쓰면 <u>$\omega\ \lambda\ \tau\ \iota\ \xi\ \varepsilon\ \delta\ \kappa\ \rho\ \pi$</u>가 된다.

28

0800808880809008

① 8008080990080800

② 8009080888090080

③ 8009080888080080

④ 8090080980080080

✔ 해설 0800808880809008을 거꾸로 쓰면 <u>8009080888080080</u>이 된다.

29

MIALTBEEHOST

① TSOHEEBTLAIM
② TSOHEBETLAIM
③ TSOHEEBTLIAM
④ TSOHEEBTLAMI

✔해설 MIALTBEEHOST을 거꾸로 쓰면 <u>TSOHEEBTLAIM</u>이 된다.

30

쿵쾅쿵쾅두근두근킹콩

① 콩킹근두근두쿵쾅쾅쿵
② 콩킹근두근두쾅쿵쿵쾅
③ 콩킹근두근두쾅쿵쾅쿵
④ 콩킹근두두근쾅쿵쾅쿵

✔해설 쿵쾅쿵쾅두근두근킹콩을 거꾸로 쓰면 <u>콩킹근두근두쾅쿵쾅쿵</u>이 된다.

※ 31 ~ 33번은 별도의 해설이 제공되지 않습니다.

31

① 　　②

③ 　　④

32

① 　　②

③ 　　④

33

① ②

③ ④

┃34 ~ 36┃ 다음 제시된 모양을 거울에 비추었을 때 거울에 비친 모양을 고르시오.

※ 34 ~ 36번은 별도의 해설이 제공되지 않습니다.

34

① ②

③ ④

Answer 31.② 32.③ 33.④ 34.②

35

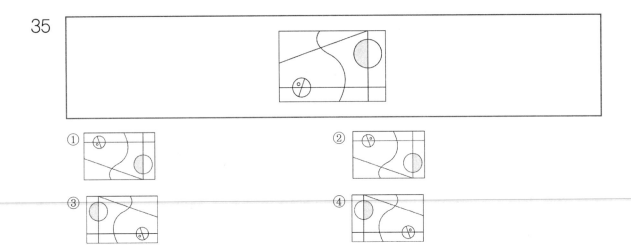

36

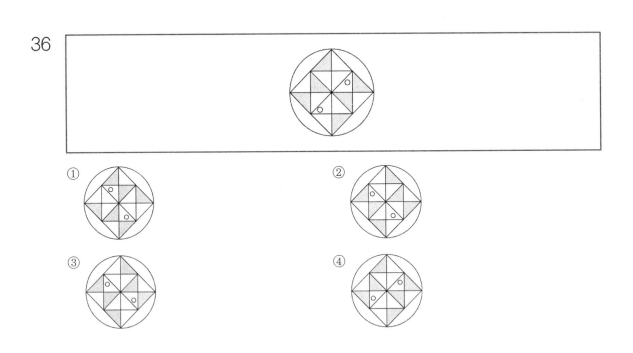

▌37 ~ 39 ▌ 다음 제시된 입체도형을 자유롭게 회전시키거나 이동시켰을 때 나머지 셋과 다른 하나를 고르시오.

※ 37 ~ 39번은 별도의 해설이 제공되지 않습니다.

37 ①   ②

③   ④

38 ① 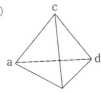 ②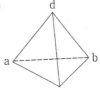

③ 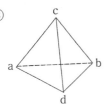 ④

Answer   35.④   36.②   37.③   38.③

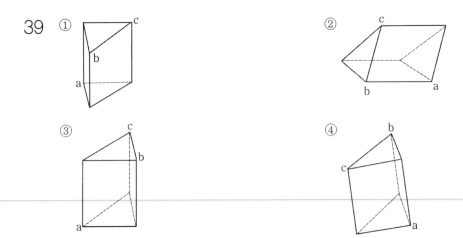

39

|40 ~ 48 | 다음 중 나머지 셋과 다른 것을 고르시오.

40

✔해설 ①②④는 회전 관계이나. ③은 그림 안의 사각형의 테두리가 다르다.

41

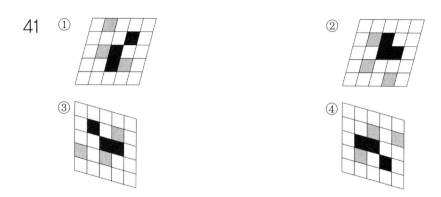

✔해설 ①③④는 회전관계이나 ②번은 세 번째 줄 네 번째 칸과 네 번째 줄 두 번째 칸의 색이 다르다.

42

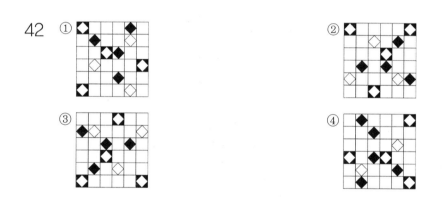

✔해설 ①②③은 회전관계이나 ④는 첫 번째 줄 두 번째 칸 도형의 색이 다르다.

43

✔ 해설 ①③④는 회전관계이지만 ②는 좌우로 반전된 그림이다.

44

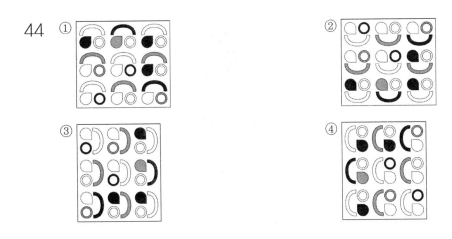

✔ 해설 ①③④는 회전 관계이지만 ②는 상하로 반전된 그림이다.

45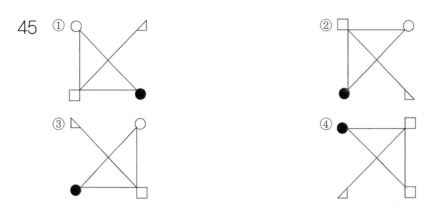

✅ 해설   ①②③은 회전·대칭관계, ④는 △의 모양이 다르다.

46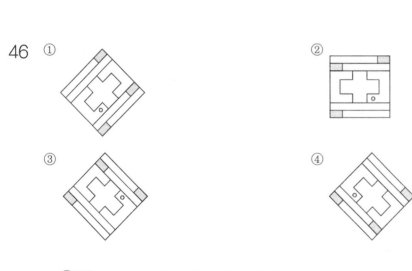

✅ 해설   ①③④ 회전관계, ②는 °의 위치가 다르다.

47 ① 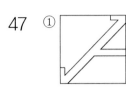 ②

③   ④

✔ 해설 ②③④ 회전관계, ①은 모양이 다르다.

48 ① 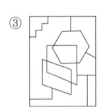 ②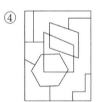

③ ④

✔ 해설 ①②④ 회전관계, ③은 모양이 다르다.

┃49 ～ 50┃ 다음 제시된 도형과 같은 도형을 고르시오.

※ 49 ～ 50번은 별도의 해설이 제공되지 않습니다.

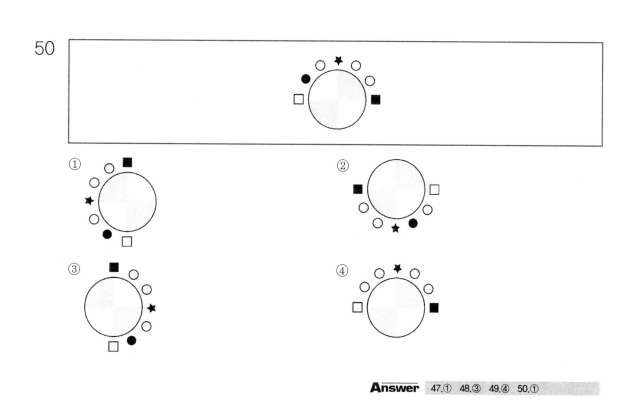

┃51 ~ 55 ┃ 다음 2개의 정사각형은 크기가 동일하다. 왼쪽의 사각형에서 색칠된 부분을 제외한 나머지 부분은 투명하다고 가정한다면 두 사각형을 겹쳤을 때 항상 볼 수 있는 숫자를 고르시오.
(단, 왼쪽 사각형은 회전시켜 겹칠 수 있다)

51

1	0	3
0	1	2
3	2	2

① 0   ② 1

③ 2   ④ 3

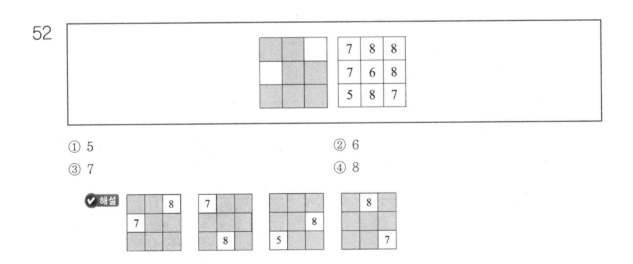

52

7	8	8
7	6	8
5	8	7

① 5   ② 6

③ 7   ④ 8

3	2	5	1
2	5	1	3
3	2	5	2
2	5	3	1

① 1   ② 2

③ 3   ④ 5

✔ 해설

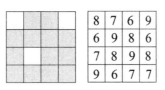

54

8	7	6	9
6	9	8	6
7	8	9	8
9	6	7	7

① 6   ② 7

③ 8   ④ 9

✔ 해설

Answer   51.③   52.④   53.④   54.④

CHAPTER 05. 관찰탐구력 » 327

55

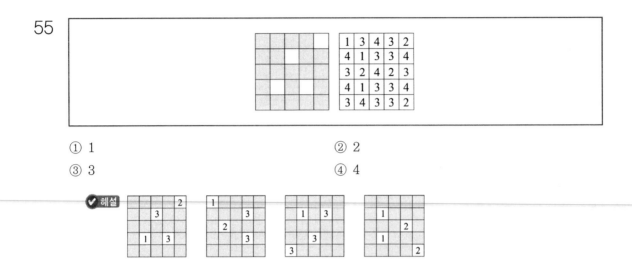

① 1   ② 2

③ 3   ④ 4

✔해설

▌56 ～ 58▌ 다음 빈칸에 들어갈 알맞은 모양으로 옳은 것을 고르시오.

56

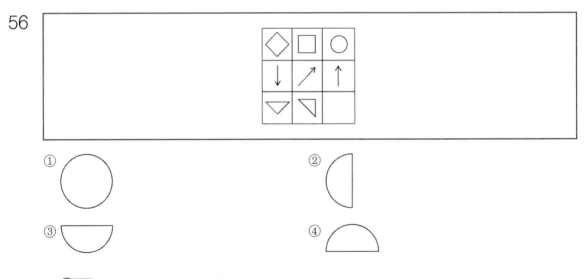

① (원)   ② (반원)

③ (반원)   ④ (반원)

✔해설 화살표 방향으로 반을 접은 모양이다.

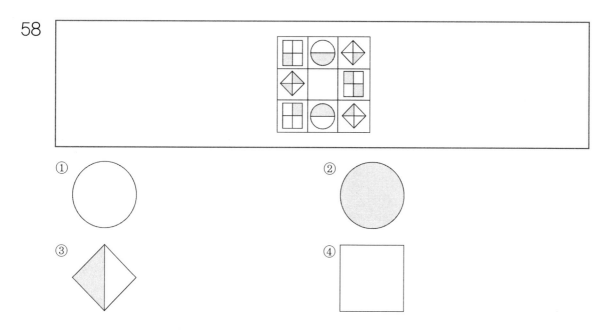

57

① ←———┤

② ├———→

③ ←———┼┼┼┼

④ ┼┼┼┼———→

✔ 해설 1열과 2열을 서로 계산하여 3열이 나오는 관계인데 화살표의 방향이 같으면 덧셈을, 화살표의 방향이 반대이면 뺄셈을 하며, 화살표의 방향은 1열과 2열 중 작대기의 수가 많은 쪽을 따른다. 화살표 끝의 작대기가 숫자의 크기를 의미한다.

58

①

②

③

④

✔ 해설 각 행과 열의 가운데 부분은 양 옆의 도형의 전체 면적에 대한 색칠한 부분의 상대적 비율의 합을 나타낸다.

Answer 55.① 56.④ 57.② 58.②

| 59 ～ 65 | 다음 ? 표시된 부분에 들어갈 알맞은 모양의 도형을 고르시오.

59

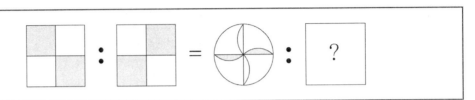

①

②

③

④

✔해설 시계 방향으로 90° 회전하는 관계이다.

60

갑을병정 : (?) = ●◎◇◆ : ◇●◆◎

① 을정병갑   ② 병을갑정

③ 을갑정병   ④ 병갑정을

✔해설 순서대로 대입하여 비교하여 바뀐 부분을 찾으면 된다.

61

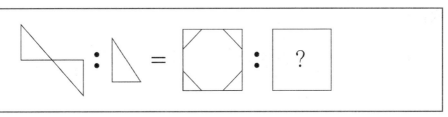

①   ②

③ ④

✔️**해설** 오른쪽 도형은 왼쪽 도형에서 삼각형을 1개 뺀 것이다.

62

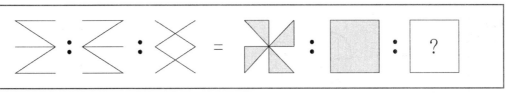

①   ②

③   ④

✔️**해설** 처음 그림과 두 번째 그림을 합쳤을 때 겹치는 부분을 삭제한 것이 세 번째 그림이 된다.

Answer   59.②   60.④   61.①   62.③

63

① ② ③ ④

✔해설 나열된 도형은 같은 도형에 색칠된 부분이 서로 반전되어 있음을 알 수 있다.

64

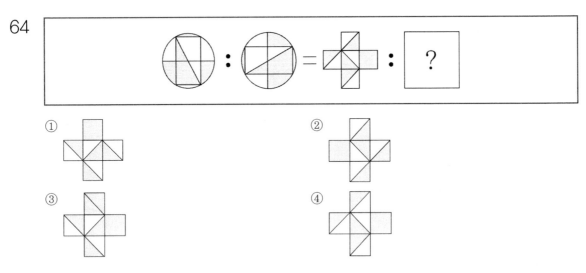

① ② ③ ④

✔해설 두 그림의 관계는 270˚ 회전하는 것임을 알 수 있다.

65

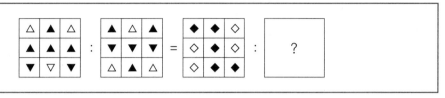

①
◇	◇	◆
◇	◆	◇
◆	◇	◇

②
◇	◇	◆
◇	◇	◇
◆	◇	◇

③
◆	◆	◇
◆	◇	◆
◇	◆	◆

④
◇	◇	◆
◆	◇	◆
◆	◇	◆

 해설 1행은 색상반전, 2행은 수직대칭, 3행은 색상반전, 수직대칭이 되어 변하고 있다.

66 다음 현상과 같은 원리로 설명할 수 있는 것은?

> 유리컵은 시멘트 바닥에 떨어지면 잘 깨지지만, 같은 높이에서 이불 위에 떨어지면 잘 깨지지 않는다.

① 대포를 쏘면 포신이 뒤로 밀린다.
② 나무에 달린 사과가 땅으로 떨어진다.
③ 달리던 사람이 돌부리에 걸리면 넘어진다.
④ 공을 받을 때 손을 몸 쪽으로 당기면서 받는다.

해설 ④ 지문은 충격력을 완화시키는 방법이다.
　　① 작용·반작용의 법칙
　　② 만유인력의 법칙
　　③ 관성의 법칙

67 다음 물질의 상태변화와 관련된 설명 중 '승화'가 아닌 것은?

① 풀잎에 맺힌 이슬이 한낮이 되면 사라진다.
② 옷장 속에 넣어둔 좀약의 크기가 작아진다.
③ 늦가을 맑은 날 아침에 서리를 관찰할 수 있다.
④ 겨울철에는 그늘에 있던 얼음의 크기가 작아진다.

> ✔해설 승화는 물질의 상태변화에서 고체가 액체 상태를 거치지 않고 바로 기체로 변하거나 기체가 바로 고체로 변하는 현상을 일컫는다. 이슬이 사라지는 현상은 액체가 기체로 변화하는 '기화'의 예이다.

68 지레를 눌러 물체를 들어올릴 때 힘이 가장 적게 드는 지점은?

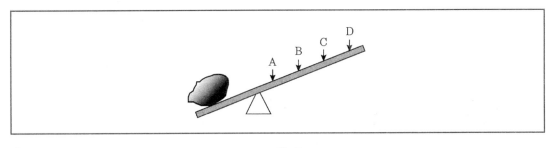

① A   ② B
③ C   ④ D

> ✔해설 힘점에서 받침점까지의 거리가 작용점에서 받침점까지의 거리보다 길수록 준 힘보다 더 큰 힘이 물체에 작용한다.

69 그림과 같은 분자 모형으로 나타낼 수 있는 것은?

① He
② H_2
③ H_2O
④ NH_3

 해설 수소원자 2개가 붙은 직선 구조

70 깜깜한 방에 들어가면 아무것도 보이지 않지만 전등을 켜면 방안의 물체들을 볼 수 있다. 이와 같이 빛이 있어야 물체가 보이는 까닭은 빛의 어떤 성질 때문인가?

① 반사
② 직진
③ 굴절
④ 회절

✔ 해설 ② 직진 : 빛이 균일한 매질 속에서 곧바로 나아가는 현상이다.
③ 굴절 : 빛이 다른 물질로 들어갈 때 경계면에서 진행 방향이 꺾이는 현상이다.
④ 회절 : 빛이 진행 도중에 틈이나 장애물을 만나면 빛의 일부분이 슬릿이나 장애물 뒤에까지 돌아 들어가는 현상이다.

71 진공 중에서 자유 낙하하는 물체와 같은 상태의 운동을 나타낸 그래프로 옳은 것은?

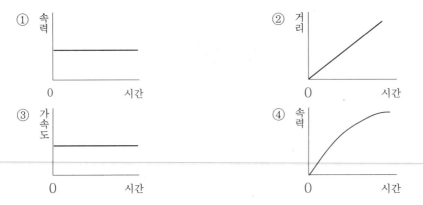

✔해설 진공 중에서 자유 낙하하는 물체는 속력이 일정하게 늘어나므로 가속도는 일정하고 이동 거리는 시간의 제곱에 비례한다.

72 그림과 같은 궤도를 가진 공의 운동에 관한 설명 중 옳은 것은? (단, 공기의 저항은 무시한다)

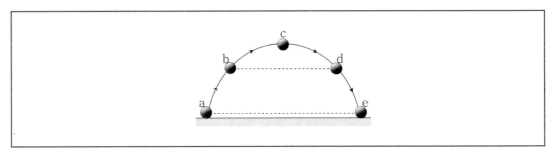

① a에서 위치 에너지가 가장 크다.
② b와 d의 역학적 에너지는 같다.
③ a에서 c로 갈수록 운동 에너지가 증가한다.
④ c에서 e로 갈수록 위치 에너지가 증가한다.

✔해설 ① c에서 위치 에너지가 가장 크다.
③ a에서 c로 갈수록 운동에너지가 감소한다.
④ c에서 e로 갈수록 위치에너지가 감소한다.

73 다음 두 가지 힘의 공통점으로 적절한 것은?

> • 전기를 띤 물체 사이에 작용하는 힘
> • 자석과 자석 또는 자석과 금속 사이에 작용하는 힘

① 지구와 달에서 힘의 크기가 다르다.
② 두 물체가 멀어질수록 힘이 약해진다.
③ 서로 접촉할 때만 작용한다.
④ 외부의 힘에 반대방향으로 작용한다.

✔️**해설** 전기력과 자기력의 공통점을 묻는 문제이다. ①의 경우 중력에 대한 내용이며 ③④의 경우 탄성력과 마찰력의 공통점에 대한 내용이다.

74 전지의 연결 방법 중 전체 전압이 가장 낮은 것은? (단, 각 전지의 전압은 1.5V이다)

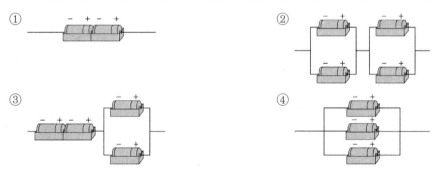

✔️**해설** 전지 두 개를 병렬로 연결하면 1개보다 밝기는 같지만 시간은 2배 더 길게 사용이 가능하다. 전지 두 개를 직렬연결하면 1개일 때 보다 전압이 2배 높아지며, 이에 따라 전류도 2배 증가하여 전력사용량은 4배가 된다. 즉 직렬연결 시 1개보다 시간은 반으로 줄어든다. 따라서 가장 전압이 낮은 것은 ④번 병렬연결이다.

Answer 71.③ 72.② 73.② 74.④

75 뉴턴의 운동 법칙에 대한 설명으로 옳은 것을 모두 고른 것은?

> ⊙ 질량이 큰 물체일수록 관성이 작다.
> ⊙ 물체의 가속도는 질량에 비례하고 힘에 반비례한다.
> ⓒ 버스가 급정지하면 앞으로 쏠리는 것은 관성 때문이다.
> ② 롤러스케이트를 타고 벽을 밀면 반대로 밀리는 것은 작용·반작용 때문이다.

① ⊙ⓒ   ② ⊙ⓒ

③ ⓒ②   ④ ⓒ②

✔해설 ⊙ 질량이 큰 물체일수록 관성이 크다.
        ⊙ 물체의 가속도는 질량에 반비례하고 힘에 비례한다.

76 그림은 지면 위에 있는 물체에 작용하는 힘들을 나타낸 것이다. '물체가 지구를 잡아당기는 힘'에 대한 반작용에 해당하는 힘은?

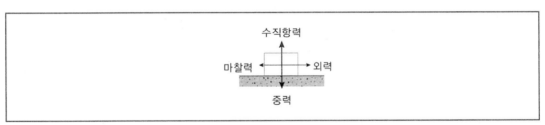

① 중력   ② 외력

③ 마찰력   ④ 수직항력

✔해설 중력 … 물체에 작용하는 지구의 인력으로 무게라고도 한다.

77 다음은 어떤 기체에 대한 설명인가?

> • 화석연료가 연소될 때 발생한다.
> • 온실효과를 일으켜 지구의 온난화를 촉진한다.

① 질소(N_2)

② 산소(O_2)

③ 아르곤(Ar)

④ 이산화탄소(CO_2)

✔해설 화석연료가 연소될 때 이산화탄소(CO_2)가 발생하며, 이산화탄소의 증가로 온실효과가 생겨 해수면 상승, 생태계 변화, 기온 상승에 영향을 미친다.

78 그림은 사람의 혀말기 유전 가계도이다. 혀를 둥글게 말 수 있는 아버지(RR)와 말 수 없는 어머니(rr) 사이에서 태어난 자녀가 모두 혀를 말 수 있었다. 이와 관계있는 유전법칙은?

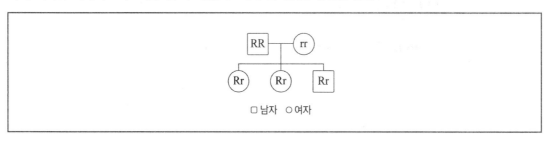

□남자 ○여자

① 중간 유전

② 우열의 법칙

③ 분리의 법칙

④ 독립의 법칙

✔해설 ① 중간 유전 : 대립 유전자 사이의 우열관계가 불완전하여 잡종 제1대에 어버이의 중간 형질이 나타나는 현상이다.
③ 분리의 법칙 : 순종을 교배한 잡종 제1대를 자가 교배 했을 때 우성과 열성이 나뉘어 나타난다는 법칙이다.
④ 독립의 법칙 : 서로 다른 형질은 독립적으로 우열의 법칙과 분리의 법칙을 만족한다는 법칙이다.

79 우리나라에서 그림과 같이 북극성을 중심으로 한 별의 일주운동 모습을 관측할 수 있는 방향은?

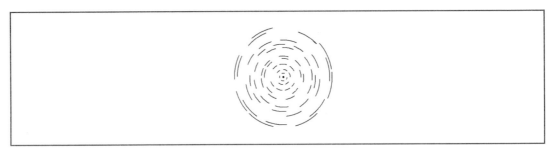

① 동쪽

② 서쪽

③ 남쪽

④ 북쪽

> ✔해설 우리나라에서 별의 일주운동 상태는 하늘의 방향에 따라 일주 운동 모습이 다르게 보인다.
> ㉠ 북쪽 하늘의 별 : 북극성 중심 → 반시계 방향 회전
> ㉡ 동쪽 하늘의 별 : 별이 남쪽으로 기울어져 떠오름
> ㉢ 남쪽 하늘의 별 : 동쪽에서 서쪽으로 이동
> ㉣ 서쪽 하늘의 별 : 별이 북쪽으로 기울어져 내려감
>
>
> 북쪽하늘   동쪽하늘   남쪽하늘   서쪽하늘

80 다음 설명에 해당하는 우리 몸의 기관은?

> • 강낭콩 모양을 하고 있다.
> • 혈액 속의 노폐물을 걸러준다.
> • 체액의 조성을 일정하게 유지시킨다.

① 심장

② 방광

③ 대장

④ 신장

> ✔해설 ① 심장 : 산소를 들이마시고 펌프작용으로 온몸에 혈액이 퍼지게 한다.
> ② 방광 : 대장에서 음식을 완전 분해하면서 우리 몸의 수분을 조절하는 곳으로 소변을 모아서 관리하는 곳이다.
> ③ 대장 : 우리 몸의 면역의 70%를 담당하는 곳으로 독소를 배출하는 기관이다.

81 물이 담긴 컵의 바닥에 난 구멍을 막고 있다가 컵을 위로 던질 때, 손을 떠난 컵 속의 물에 대한 설명으로 옳은 것은?

① 컵이 올라가는 동안만 물이 새지 않는다.

② 컵이 내려오는 동안만 물이 새지 않는다.

③ 컵이 내려오는 동안 물이 점점 강하게 샌다.

④ 컵이 올라가거나 내려오는 동안 모두 물이 새지 않는다.

✔️해설 손을 떠난 컵은 중력에 의하여 아래방향으로 생기는 가속도 g인 등가속도운동을 한다. 한편 관성력은 가속도의 반대방향으로 작용하므로 컵에는 항상 위쪽으로 작용하는 관성력이 있어 중력과 평형을 이루게 된다.

82 다음 그림과 같이 동일한 무게의 추가 매달려 있을 경우에 줄은 어느 방향으로 움직이겠는가?

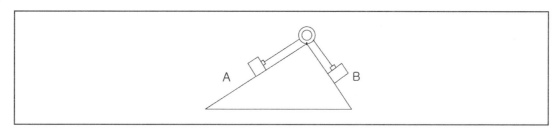

① A

② B

③ 움직이지 않고 그대로 있다.

④ 알 수 없음

✔️해설 두 비탈면에서 마찰 계수가 같다는 가정 하에 빗면방향으로 미끄러지는 힘은 다음과 같다.
빗면방향으로 미끄러지는 힘 = 질량(m) × 중력가속도(g) × $\sin\theta$ (θ = 지면과 비탈길이 이루는 각도)
따라서 B쪽의 비탈면 경사가 더 커서 B가 움직인다.

Answer 79.④ 80.④ 81.④ 82.②

83 다음 중 물체의 가속도가 일정한 경우는?

① 일정한 시간이 지날 때마다 속도의 변화량이 같은 경우

② 일정한 거리를 진행할 때마다 속도의 변화량이 같은 경우

③ 직선상에서 일정한 시간 간격마다 이동한 거리가 같은 경우

④ 일정한 시간이 지날 때마다 가속도의 변화량이 일정한 경우

✔해설 가속도는 단위시간 동안의 속도변화량이다.

84 다음과 같은 모양의 수레가 비탈길을 내려오고 있다. 다음 중 어떤 바퀴의 회전 속도가 더 빠른가?

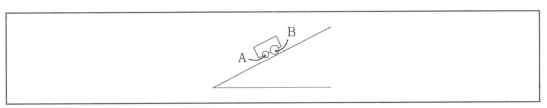

① A

② B

③ 똑같다.

④ 알 수 없음

✔해설 수레의 속도가 동일하기 때문에 작은 바퀴의 회전 속도가 더 빠르다.

┃85～87┃ 다음 문제에 제시된 상황과 같은 원리를 가지거나 관련 있는 것을 고르시오.

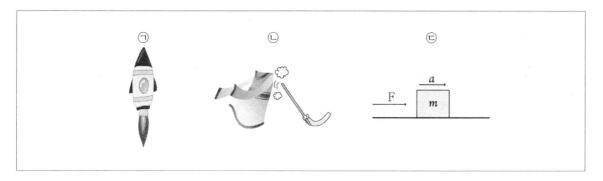

85 배를 타고 노를 저어 앞으로 나아간다.

① ㉠

② ㉡

③ ㉢

④ 관련 없음

> ✔해설 ㉠ 작용·반작용 ㉡ 관성의 법칙 ㉢ 가속도의 법칙
> 노를 저어서 앞으로 나아가는 것과 로켓이 나아갈 때 작용하는 힘 모두 작용·반작용의 원리이다.

86 병따개를 이용해 병뚜껑을 딴다.

① ㉠

② ㉡

③ ㉢

④ 관련 없음

> ✔해설 병따개를 이용해 병뚜껑을 따는 것은 지렛대의 원리를 이용한 것이다. 위에서는 지렛대의 원리를 가진 그림은 제시되지 않았다.

87 달리던 버스가 갑자기 멈추면 승객이 앞으로 넘어지려고 한다.

① ㉠   ② ㉡

③ ㉢   ④ 관련 없음

✔해설 이불의 먼지를 방망이로 터는 것은 이불을 운동시켰을 때 먼지가 정지관성에 의해 계속 정지하려다 보니 옷과 먼지가 떨어지는 것을 이용한 것으로 관성의 법칙이 작용한다. 달리던 버스가 갑자기 멈추면 승객들은 계속 앞으로 나아가려는 성질에 의해서 앞으로 넘어지게 되는 것이다.

┃88 ~ 90┃ 다음 중 문제에 제시된 상황과 같은 원리이거나 관련이 있는 것을 아래에서 고르시오.

88 달려가다가 돌에 걸려 앞으로 넘어졌다.

① ㉠   ② ㉡

③ ㉢   ④ 관련 없음

✔해설 ㉠ 관성의 법칙 ㉡ 지렛대의 원리 ㉢ 작용·반작용, 마찰력

89 가위를 이용해 종이를 오렸다.

① ㉠ ② ㉡

③ ㉢ ④ 관련 없음

> **✔해설** 가위와 병따개는 지렛대의 원리를 이용하여 실생활에서 유용하게 사용되는 대표적인 도구들이다.

90 새총을 가지고 새를 잡았다.

① ㉠ ② ㉡

③ ㉢ ④ 관련 없음

> **✔해설** 새총은 탄성력과 작용·반작용의 원리를 이용한 것이다. 스케이트를 타는 것도 작용·반작용의 원리를 이용한 것이다.

상식은 "용어사전"

용어사전으로 중요한 용어만 한눈에 보자

❊ ❶ 시사용어사전 1200

매일 접하는 각종 기사와 정보 속에서 현대인이
놓치기 쉬운, 그러나 꼭 알아야 할 최신 시사상식
을 쏙쏙 뽑아 이해하기 쉽도록 정리했다!

❊ ❷ 경제용어사전 1030

주요 경제용어는 거의 다 실었다! 경제가 쉬워지
는 책, 경제용어사전!

❊ ❸ 부동산용어사전 1300

부동산에 대한 이해를 높이고 부동산의 개발과 활
용, 투자 및 부동산 용어 학습에도 적극적으로 이
용할 수 있는 부동산용어사전!

중요한 용어만 공부하자!

- 최신 관련 기사 수록
- 다양한 용어를 수록하여 1000개 이상의 용어 한눈에 파악
- 용어별 중요도 표시 및 꼼꼼한 용어 설명
- 파트별 TEST를 통해 실력점검

자격증

한번에 따기 위한 서원각 교재

한 권에 준비하기 시리즈 / 기출문제 정복하기 시리즈를 통해 자격증 준비하자!